COMPOSICIÓN

proceso y síntesis

QUINTA EDICIÓN

GUADALUPE VALDÉS
Stanford University

TRISHA DVORAK
University of Washington

THOMASINA PAGÁN HANNUM

McGraw-Hill
Higher Education

Boston   Burr Ridge, IL   Dubuque, IA   New York
San Francisco   St. Louis   Bangkok   Bogotá   Caracas   Kuala Lumpur
Lisbon   London   Madrid   Mexico City   Milan   Montreal   New Delhi
Santiago   Seoul   Singapore   Sydney   Taipei   Toronto

McGraw-Hill
Higher Education

Published by McGraw-Hill, an imprint of The McGraw-Hill Companies, Inc.,
1221 Avenue of the Americas, New York, NY 10020. Copyright © 2008, 2004, 1999,
1989, 1984. All rights reserved. No part of this publication may be reproduced
or distributed in any form or by any means, or stored in a database or retrieval
system, without the prior written consent of The McGraw-Hill Companies, Inc.,
including, but not limited to, in any network or other electronic storage or
transmission, or broadcast for distance learning.

This book is printed on acid-free paper.

3 4 5 6 7 8 9 0 DOC/DOC 0 9

ISBN: 978-0-07-351314-0
MHID: 0-07-351314-8

Editor in Chief: *Michael Ryan*
Publisher: *William Glass*
Sponsoring Editor: *Katie Crouch*
Marketing Manager: *Jorge Arbujas Silva*
Developmental Editor: *Mara Brown*
Production Editor: *Regina Ernst*
Manuscript Editor: *Cici Teter*

Design Manager: *Margarite Reynolds*
Text Designer: *Susan Breitbard*
Cover Designer: *Asylum Studios*
Art Editor: *Ayelet Arbel*
Supplements Producer: *Louis Swaim*
Production Supervisor: *Rich DeVitto*
Composition: *10/12 New Aster by Aptara*

Printing: 45# New Era Matte Plus, R. R. Donnelley & Sons/Crawfordsville, IN

Cover: © Brand X Pictures/PunchStock

Library of Congress Cataloging-in-Publication Data

Valdés, Guadalupe.

Composición : proceso y síntesis / Guadalupe Valdés, Trisha Dvorak, Thomasina
Pagán Hannum. —5th ed.
    p. cm.
   ISBN-13: 978-0-07-351314-0 (alk. paper)
   ISBN-10: 0-07-351314-8 (alk. paper)
   1. Spanish language—Composition and exercises. I. Dvorak, Trisha. II. Han-
num, Thomasina, 1935- III. Title.

PC4420.V275 2007
808'.0461--dc22

                                                    2007041986

The Internet addresses listed in the text were accurate at the time of publication. The inclusion of a Web site does not indicate an endorsement by
the authors or McGraw-Hill, and McGraw-Hill does not guarantee the
accuracy of the information presented at these sites.

www.mhhe.com

Tabla de materias

Preface

To the Instructor

Composición: Proceso y síntesis, Quinta edición, is designed to be used by upper-division college students of Spanish in advanced composition courses. These materials develop students' abilities in composition tasks that reflect the kind of writing they are generally asked to perform as Spanish majors and minors. The skills that they learn while using this text are largely transferable to expository writing in any language or discipline.

GOALS OF THE TEXT

Composición: Proceso y síntesis approaches the teaching of writing from the perspective that instruction in this area must accomplish three things.

1. *Help students understand the nature of writing: It is important that students see writing as a process rather than a product.* As instructors guide students through the process, they need to remind beginning writers of the communicative nature of writing. Students need to reflect on the purpose of the text they write as well as on the reader for whom they are creating it. Since students could be more skillful in oral rather than in written communication, it is also important that they appreciate the differences between communicating orally and in writing. For further discussion on this point see the section To the Student (page xix).

2. *Help students understand the basic contradiction involved in any writing task: that writing is at once a communicative act and a solitary undertaking.* Writing, like any other communicative act, involves a message, a sender, and a receiver. Successful communication depends on the sender's ability to take information (what he or she knows about the topic) and modify it into a message the receiver can appreciate (what the receiver wants to know about the topic). Writers, however, must make message adjustments *alone* because there are no listeners to provide feedback about whether the writer is communicating clearly; he or she must imagine the reader, imagine what the reader's purpose is (what his or her questions about the topic will be) and the impact the words are having, and decide what changes need to be made. Becoming an effective writer means learning to play the role of the intended receiver, as well as that of the sender of the message. ***Composición: Proceso y síntesis*** helps students develop this sense of writing as interaction between writer/reader/purpose/message.

3. *Help students develop resources for managing this interaction.* Traditionally, foreign language composition textbooks have treated grammar as the writer's primary tool. More recent research on the nature and development of writing abilities and on the behavior of beginning and expert writers, however, has shown that good grammar has very little to do with good writing. Thus, ***Composición: Proceso y síntesis*** treats grammatical skill as only one of several important resources that good writers need in order to communicate effectively. The exercises in the main text and accompanying workbook help students expand and refine a number of writing tools—control of grammar, techniques to expand options for style and expression, range of vocabulary, rhetorical techniques for organizing information—as well as strategies for getting started, characterizing the reader, "writing through" problems, reading critically, revising, and rewriting.

Over the past editions of ***Composición: Proceso y síntesis,*** interest in the development of functional, purposeful language skills has grown steadily. The revisions in the Fifth Edition are in response to this interest, to the ***National Standards*** (reflected in how students generate texts to produce interpersonal exchanges; how they interpret a text generated in a different language/culture than their own; and how they present arguments in essays or research papers), to the findings of writing research, and to the helpful reactions of those who used previous editions and offered suggestions based on their experiences.

MAJOR CHANGES IN THE FIFTH EDITION

- New readings have been added throughout the main text and the workbook. These readings are intended as either models of particular types of writing or as springboards for discussion and analyis. Whenever possible, these texts were selected based on the presence of current cultural information associated with the Hispanic world. They include a reading on one of Cuba's religious belief systems with roots in Africa, a review of a movie about a young woman who traffics drugs to leave behind her life in Colombia, and an article about the preponderance of plastic surgery in Venezuela, amongst others.

- New exercises based on the new readings have been added throughout the first five chapters of the text and throughout the workbook.

- The workbook has been streamlined by the deletion of the **páginas personales** sections of each chapter. Instead of jotting down writing ideas in the workbook, students are encouraged to use a separate personal notepad (**libreta**) in which to keep track of the writing topics, notes, and drafts that emerge from textbook exercises.

- The **Rincón del escritor** found on the website at **www.mhhecom/composicion5** also includes new readings and updated how-to hints and suggestions about the writing process in Spanish.

- Also new to the Fifth Edition is the **Tabla de lecturas** in **Apéndice D** of the main text. This list includes every reading in the main text, the workbook, and the **Rincón del escritor** organized by chapter.

ORGANIZATION OF THE MAIN TEXT

Composición: Proceso y síntesis consists of two components: a main text and a workbook (***Cuaderno de práctica***) that complements and expands the text material. In addition, students can access a section on the website (**www.mhhe.com/composicion5**) called **Rincón del escritor.** This section contains extra readings, information, and examples about the numerous how-to hints and suggestions found throughout the main text and the ***Cuaderno de práctica.*** Each chapter of the main text is organized as follows.

Orientación

A brief overview of the type of writing to be practiced (for example, description, narration, and so on) opens each chapter. One or more writing models, along with an analysis of the model's organization and style, are included to familiarize students with the purpose and conventions of each type of writing. A preview of the writing task for the chapter closes this section.

Following **Orientación,** three stages (**etapas**) of the writing process are developed: (1) **Antes de redactar,** (2) **La redacción y la revisión de las versiones preliminares,** and (3) **La revisión de la forma y la preparación de la versión final.**

Primera etapa: Antes de redactar

This prewriting section contains a variety of activities designed to help students (1) explore ideas and find a theme for the chapter writing task (**tarea**), (2) experiment with various prewriting techniques and different methods of organizing their compositions, (3) define the purpose of the piece they will write, and (4) identify the characteristics and needs of the reader for whom they will write. **Antes de redactar** is divided into three steps (**pasos**).

- In the first step—**La generación y recolección de ideas**—students work, individually and in small groups, through a variety of prewriting activities: brainstorming, observing and commenting on pictures and other graphics, and reading and responding to texts on provocative topics. Students also practice techniques such as free writing and creating semantic maps.

- This step is followed by **Enfoque,** in which students select a writing topic. The remainder of the chapter activities spring from and build on this selection.

- The final step of this stage is **Técnicas de organización y expresión,** which includes a number of practice texts and analytical activities (**análisis de texto**), spread over two subsections: **Pensando en el lector** and **Estrategias del escritor.** The first contains information designed to sensitize the writer to the needs of the reader; the second helps the writer develop effective strategies for the stages of the writing process.

Throughout the **Primera etapa,** students are encouraged to note potentially useful ideas and topics suggested by the activities and to explore these further in their own personal notebook (**libreta**).

Segunda etapa: La redacción y la revisión de las versiones preliminares

The second **etapa** begins with a reiteration of the chapter **tarea,** then moves into activities designed to help students (1) create a writing plan (**plan de redacción**) for the chapter writing task, (2) take the material gathered and examined in the **Primera etapa** and develop a draft or **versión preliminar** of the writing assignment, (3) practice peer editing, developing checklists, and applying these to their own writing, and (4) develop a revision plan (**plan de revisión**) to advance their first draft toward its final version.

In this second stage, students review the steps of the chapter writing task (e.g., **cómo se escribe una narración** or **cómo se escribe un ensayo argumentativo**). The peer-editing activities are the heart of this stage: Every chapter includes one or two preliminary drafts of sample essays, along with an activity in which students peer-edit the sample draft. After students have become familiar with the peer-editing procedure and have become more comfortable working with one another, they can practice peer-editing each other's drafts. Additional peer-editing exercises appear in the *Cuaderno de práctica.*

Tercera etapa: La revisión de la forma y la preparación de la versión final

In this final stage, students should have an edited and revised draft of the chapter writing task. The content and organization of their essay should also be final. It is now time for students to focus on matters of language and expression, which has carefully been kept separate from the focus on content and organization in the first two **etapas.** The activities in this last stage are designed to help students (1) review Spanish structures that typically present difficulties for English-speaking students, (2) review and expand their repertoire of vocabulary and expressions useful for the specific writing techniques related to the chapter writing task, such as making comparisons and contrasts, writing introductions and conclusions, and so on, and (3) apply these techniques to their own draft in order to prepare a **versión final.**

ORGANIZATION OF THE *CUADERNO DE PRÁCTICA*

The workbook that accompanies the Fifth Edition of *Composición: Proceso y síntesis* complements the work covered in the main text. Each of the six workbook chapters begins with the **Plan de redacción** for the specific type of writing found in that chapter.

The remainder of each chapter is devoted to more structured exercises: **Ejercicios de redacción** and **Ejercicios de lenguaje.** Mirroring
the last two major sections of the main text, these sections focus first
on issues of content and organization, then present exercises on language and expression. Following is an overview of each.

Ejercicios de redacción

This section examines aspects of the writing process presented in the main
text. First, exercises in **Técnicas y estrategias** address topics such as how
to write descriptions using vivid language, how to decide which part of a
narration is action and which is background, and how to choose a good
title. The next subsection, **Interacciones lector/escritor,** offers additional
practice first in identifying both writer's and reader's purpose, and then in
shaping the text to correspond to this shared goal. Finally, **Corrección de
pruebas: Contenido y organización** contains actual compositions written by third-year students. Here the activities focus on both content and
style and emphasize sensitivity to the reader's needs, effectiveness of content and organization, language choice, and so on. The objective of these
exercises, like the peer-editing activities in the main text, is to give students
practice in seeing how many different factors make up a good composition. By becoming critical readers of work produced by others, students
will become more aware of the types of questions and concerns they must
address when composing and revising their own work.

Ejercicios de lenguaje

This section is designed to help students build a richer repertoire of syn-
tactic and lexical tools. The material in the first part, **Repaso de aspectos
básicos,** is not covered in the main text; it reviews structures that most
third-year college students will have already covered in their study of
Spanish, such as prepositions, use of pronouns, sentence structure, and so
on. The next two subsections, **Repaso de aspectos gramaticales** and
Repaso de vocabulario útil, provide additional practice with the grammar and vocabulary presented in the corresponding chapter of the main
text. Lastly, in addition to standard language exercises, the **Corrección de
pruebas: El lenguaje y la expresión** activities provide students with practice analyzing and revising writing samples with respect to the grammar
they have just reviewed as well as those covered in previous chapters.

ORGANIZATION OF THE *RINCÓN DEL ESCRITOR*

This website is available to students who would like to learn more about
specific writing tools and techniques mentioned in the main text. It also
has many additional readings that can be used to complement the

content in the main text. **Rincón del escritor** can be accessed online at **www.mhhe.com/composicion5.** It includes a Preface and a list of specific techniques relative to the writing process such as **La libre asociación, El mapa semántico, La organización del párrafo,** to name a few. There are also appendices that cover helpful topics such as **La correspondencia** and **La documentación bibliográfica. Apéndice E,** for example, lists specific relevant websites that can be of help in finding texts and references in Spanish.

    Rincón del escritor also includes additional readings (**Más *lecturas***) that are either written in the same style or address topics covered in the articles found in the main text.

Suggestions for Use of the Materials

Composición: Proceso y síntesis can be used in either one- or two-semester courses. Having all of the language exercises in the workbook gives instructors greater flexibility and more freedom of choice in tailoring the text to the needs and goals of their own course. To facilitate the review of structures and vocabulary, answers are provided for all form-focused exercises.

    Instructors come to the teaching of writing from various backgrounds and are at different levels in their professional development. ***Composición: Proceso y síntesis*** is intended for both beginning and experienced teachers. It is grounded on the notion of process writing. Contrary to the view of writing as a product, the process approach emphasizes paying attention to each of the steps involved in writing. The prewriting activities (such as brainstorming) and the postwriting activities (such as proofreading or peer-editing) are as important as the writing of multiple drafts. Understanding the communicative function that triggers the writing is crucial; writing is not just aspiring for lexical and grammatical accuracy, writing is paying attention to the intentions of the involved parties (the writer and the reader), and understanding the goals and needs that bring these parties together in the communicative act of writing.

    If you are a beginning teacher of writing, this book will provide you with extensive guidance throughout the process. For example, you will generate discussions on how to characterize a reader before embarking on the writing process (**Capítulo 1**), enabling students to have a reader in mind before they proceed. Before starting to write, you may want students to create a semantic map (**Capítulo 2**) or do brainstorming activities (**Capítulo 4**). You will also be presented with suggestions on how to organize your class so that it enables students to progress, both individually and collectively, in the mastery of the process. For instance, you will find examples of individual activities (**Capítulo 5**) as well as group activities (**Capítulo 6**). You will find explanations and examples of each of the steps of the writing process, accompanied by sample texts and activities to help you get started. The visual-based exercises—**observación y comentario**—as well as those based on texts and other shared experiences—**perspectivas e intercambios; lectura: análisis y discusión**—are powerful ways of engaging students in thinking about topics, imagining different ways of exploring these in writing, and trying out their ideas on others before they actually put pen to paper. The materials we provide will help you get started; we encourage you to pick and choose from all the material according to your own needs and those of your students.

If you are an experienced teacher of writing, you will want to build on your own skills. You probably have a collection of favorite texts that you would like to use to illustrate the text types of each unit; similarly, you may find that you can easily expand the suggestions in the **Tabla de ideas** with others of your own. Or, you may have some favorite pre- or postwriting activites that you want to try with the sample texts we present. We encourage you to adapt the materials in this way and hope you will find that the structure of the book makes such adaptations both easy and successful.

We encourage both beginning and experienced writing instructors to be selective: in order for learners to develop effective composition skills, they need active and frequent engagement in actual writing tasks. We suggest, then, that instructors devote as much of their class time as possible to prewriting and writing activities. After students have begun producing drafts, we suggest that instructors—especially those working on a one-semester schedule—substitute these student texts for some of those provided in **actividades con grupos de consulta** in the main text and **Corrección de pruebas** in the workbook. In this way, students will have the opportunity to develop critical reading skills based on their own and their classmates' writing as well as to practice techniques of editing and proofreading.

For students to develop good writing strategies, they need to learn to approach composition not as a means to practice grammar but as a way of effectively communicating messages. Their attitude—and that of their instructor—toward language mistakes is crucial to the success of this process. Traditionally, instructors and students alike have had more experience with "red-penning" than with any other means of evaluating writing. We have included suggestions for other ways of responding to student writing in **Apéndice A** of the **Rincón del escritor** and suggestions for helping students work as peer editors in **Apéndice E** of the **Rincón.**

Acknowledgments

The authors would like to thank those instructors using the Fourth Edition who completed the general revision questionnaire. Their comments were extremely helpful in the shaping of the Fifth Edition.

María José Bustos Férnandez, *University of Montana*

Perla Gamboa, *University of Puget Sound*

Lisa Huempfner, *Illinois State University*

Pedro J. Pérez-Leal, *Georgetown University*

Inmaculada Pertusa, *Western Kentucky University*

Fernando Sánchez-Gutiérrez, *Illinois State University*

We would also like to acknowledge and thank Claudia Angelelli for her contributions in the previous edition, including her invaluable assistance in the launching of our online **Rincón del escritor.** We are also grateful to our production staff at McGraw-Hill: for their creative skill in designing the appearance of the Fifth Edition. We would also like to thank Laura Chastain for her careful work as a native reader, Tatyana Sergeyeva for her patient compilation of the end vocabulary, our Sponsoring Editor Katherine Crouch, our Marketing Manager Jorge Arbujas and the McGraw-Hill sales force for their continued support.

Finally, our sincere thanks to our Development Editor, Mara Brown, whose enthusiasm, skill, tact, and perseverance (in many different combinations) enabled the project to move forward and kept the work fun, too.

To the Student

Up to this point in your Spanish studies you may have spent most of your time focusing on grammar and learning to communicate orally. But *writing* is also a skill that you will need when you take more advanced courses in Spanish. You may be asked to prepare reports and term papers and to write essay examinations in Spanish. Later, if you use Spanish in your professional activities, you will need the ability to communicate confidently and easily in writing. ***Composición: Proceso y síntesis*** will help you develop this important skill.

Writing is not just important in the second language class, of course. High school English classes have always emphasized the development of strong writing skills. In fact, by the time many of you enter college, you have had several years experience with high school English composition classes and with the approach to composition—called the process approach—that characterizes many of them; here are the main principles of the process approach to writing:

- Writing is not linear; that is, writing does not move in a direct line from start to finish. Rather, writing is an iterative and cyclical process, with multiple starts and stops, involving feedback and revision.

- Successful writers recognize the importance of identifying the *writer's purpose* for writing and matching this as closely as possible to the *reader's purpose* for reading.

- Successful writing develops out of feedback and revision, often multiple opportunities for each at different points in the creation of a piece of text.

Thanks to their English composition experiences, many students in the second language writing class arrive not only familiar with the principles of the process approach but also with a number of the techniques and methods for generating and organizing ideas, as well as for peer editing and revision.

Composición: Proceso y síntesis is based on the process approach to writing; for this reason, many of you may find the book's structure and the types of exercises familiar. For example, each chapter is divided into three stages or **etapas,** as shown on the following chart. The first two guide you through the process of planning, organizing, and composing your essay; in the third, you practice editing your work for issues of vocabulary, grammar, and usage.

PRIMERA ETAPA: ANTES DE REDACTAR

La generación y recolección de ideas
   Enfoque
Técnicas de organización y expresión
   Pensando en el lector
   Estrategias del escritor

SEGUNDA ETAPA: LA REDACCIÓN Y LA REVISIÓN DE LAS VERSIONES PRELIMINARES

El plan de redacción
El plan de revisión
Técnica de una lista de control

TERCERA ETAPA: LA REVISIÓN DE LA FORMA Y LA PREPARACIÓN DE LA VERSIÓN FINAL

Paso 1   Revisión de los aspectos gramaticales
Paso 2   Revisión de los aspectos gramaticales ya estudiados
Paso 3   Revisión del vocabulario y de la expresión
Paso 4   Revisión de la ortografía
Paso 5   Preparación de la versión final

Throughout the main text you will find push-pin notes with additional information relevant to the lesson in each chapter as well as **¡Piénsalo!** boxes with useful tips. You will note that, whereas you are usually addressed as **Ud.,** in the **¡Piénsalo!** boxes you are addressed using the more informal **tú.**

Also throughout the main text you will find **En su libreta...** boxes in the shape of a notepad that describe the written assignments you are to do in your own notepad.

As you work through the activities for each chapter, you will sometimes see the icon 🐱, letting you know when you are to work with partners.

Composición: Proceso y síntesis also has a *Cuaderno de práctica* that includes additional exercises (many with the answers) to help you build your composition skills, as well as to strengthen grammar, style, and expression in Spanish. There are **En el Cuaderno de práctica...** boxes along the margin of the main text that direct you to the *Cuaderno* for further information and/or activities regarding the material covered in each chapter.

In addition, the Fifth Edition of *Composición: Proceso y síntesis* includes a section on the website called **Rincón del escritor** that gathers together in one place additional information and examples about the numerous how-to hints and suggestions (for example, how to use a technique called **la redacción libre,** or how to construct and use a **mapa semántico,** or what's involved in a technique called "nutshelling") found throughout the main text and the *Cuaderno.* You can access the **Rincón del escritor** at **www.mhhe.com/composicion5.** References to such tools and techniques appear <u>underlined</u> whenever they occur in the main text; the first time they are mentioned, the underlined terms are also accompanied by this icon 🕸 to remind you that you can consult the **Rincón del escritor** for more information. You will see the icon 🐱 when you are being directed to the **Rincón del escritor** for additional readings (*Más lecturas*) or other interesting information.

If you don't need additional review of how the writing process works, then you're ready to start with **Capítulo 1.** However, if you want a bit more review of the principles of the process approach, you may want to read the section **¿En qué son distintas la escritura y el habla?** on pages x–x and then work through the exercises in the **Capítulo preliminar** before going on to **Capítulo 1.**

Capítulo preliminar

¿En qué son distintas la escritura y el habla?

La escritura, como el habla, consiste en el intento por parte de una persona de comunicar una idea; intento que siempre tiene una motivación específica. El escritor tiene un objetivo en mente cuando envía el mensaje, ya sea convencer, entretener, informar, criticar, cuestionar o recomendar. El lector también tiene un objetivo: obtener información, tomar una decisión («¿Iré a ver esta película o no?»), descubrir lo que el autor piensa, entretenerse o descubrir si su opinión acerca de un tema específico es compartida por otros. De esta forma, la comunicación escrita, cuando es efectiva, depende antes que nada del establecimiento de objetivos compartidos por parte del escritor y el lector; en otras palabras, el escritor intenta anticipar y responder a todas las preguntas relevantes que pueda tener el lector.

Desde luego, este proceso suena mucho más sencillo de lo que en realidad es. Los escritores, a diferencia de los oradores, no tienen la ventaja de la retroalimentación inmediata. El orador puede observar las reacciones de quien lo escucha y modificar su discurso si el receptor no comprende o parece desinteresado; por ejemplo, puede ofrecer más detalles para esclarecer cualquier tipo de duda. Si el receptor tiene objeciones, el orador puede también proporcionar contraargumentos al instante. El escritor, por el contrario, no puede contar con esta «segunda oportunidad». Una vez escrito, el párrafo tiene éxito (o fracasa) por cuenta propia.

Así, el primer paso para escribir con éxito consiste en anticipar cualquier pregunta que puedan tener los lectores potenciales de un texto. El segundo paso consiste en hacer uso de las herramientas necesarias para traducir las ideas a un lenguaje escrito que sea claro y efectivo. La gramática y el vocabulario preciso son algunas de estas herramientas. Otra herramienta fundamental es la familiaridad con las distintas formas en que puede organizarse la información. Asimismo, es crítico poder anticipar las necesidades específicas del lector. Por ejemplo, el escritor puede evaluar una situación específica mediante el desarrollo de una lista de beneficios y otra de perjuicios. Sin embargo, es posible que el lector quiera conocer la importancia relativa de cada punto de ambas listas o las interrelaciones existentes entre todos los puntos. Al tener en mente al lector, el escritor puede seguir una guía que respete el contenido, la organización y el estilo de un texto.

EN SU LIBRETA...

haga una lista de los tipos de redacción con los que Ud. está más familiarizado: cartas, correo electrónico o mensajes de texto con amigos y familiares, ensayos, apuntes de clase, poemas o cuentos, comentarios en una bitácora (weblog o blog), listas de quehaceres personales, etcétera. ¿Qué tipo de redacción emplea Ud. con más frecuencia? ¿Qué tipo le gusta más? ¿Por qué?

Cada capítulo de este libro tiene actividades que le ayudarán a explorar ideas y encontrar temas relacionados con los géneros propuestos en cada capítulo. Asimismo, Ud. tendrá la oportunidad de experimentar con varias estrategias de pre-escritura y métodos para organizar sus composiciones, y de practicar técnicas para mejorar su estilo, vocabulario y gramática en español.

Ya que la identificación del lector tendrá un impacto decisivo en sus técnicas de escritura, nos parece éste un buen punto de partida.

PRIMERA ETAPA: *Antes de redactar*

Sin importar qué tipo de texto vaya a escribirse, es importante distinguir y valorar tanto el propósito del escritor como el del lector: ambos deben servir de guía para seleccionar la información que va a incluirse en el texto. Por ejemplo, cuando una persona escribe una carta de recomendación, es normal que quiera causar una buena impresión de la persona a quien está recomendando. Así, la carta debe incluir información que enfatice las cualidades positivas de dicha persona y excluir información que no sea favorable. Pero si el lector de la carta busca específicamente a un individuo con experiencia en el campo médico (por poner un ejemplo), una carta que describa tan sólo los talentos artísticos y musicales de la persona recomendada no va a tener mucha efectividad.

Cuando se escribe un texto, ya sea descriptivo o uno que implique narración, exposición o argumentación, es importante reconocer que la tarea no se reduce a la comunicación de todo aquello que uno sabe con respecto a un tema. Escribir bien implica seleccionar los detalles de acuerdo con los propósitos conjuntos del escritor y del lector.

Actividad A   La descripción

Trabaje con dos o tres compañeros/as para desarrollar las siguientes tareas descriptivas. Identifiquen por lo menos cinco preguntas que el lector podría hacerse en cada caso.

1. La familia que aparece en la foto de la página 4 se ofrece para hospedar a un estudiante argentino que quiere pasar un año en los Estados Unidos. Ud. tiene que escribir una descripción de la familia y mandársela al estudiante, junto con la foto, para ayudarle a tomar una decisión. ¿Cuál es su propósito como escritor? ¿Y cuál es el propósito del lector? ¿Qué preguntas se hará éste sobre la familia?

2. La familia de la foto participa en un estudio sociológico sobre la estructura familiar occidental. El investigador es venezolano y Ud. lo va a ayudar a recaudar datos sobre la familia en Norteamérica. Ud. tiene que escribir una descripción de la familia para enviársela al investigador. ¿Cuál es su propósito como escritor? ¿Y cuál es el propósito del lector? ¿Qué preguntas le pueden interesar sobre la familia?

Compartan con los demás grupos de la clase las cinco preguntas que identificó su grupo en cada caso. ¿Hay mucha diferencia de opiniones?

Actividad B   La narración

Roberto, un estudiante norteamericano, recibió una beca para estudiar en Lima, Perú. La historieta que se ve en la siguiente caricatura resume algunas experiencias que tuvo durante una excursión a las ruinas de Machu Picchu. Al volver a Lima, Roberto escribió acerca de sus experiencias. Trabajando con un compañero / una compañera, escriba por lo menos cinco preguntas que habrá tenido el lector en cada uno de los siguientes casos. ¿Cómo habrán afectado los respectivos lectores la selección de detalles?

1. Roberto escribe un informe sobre su excursión para su clase de español. ¿Cuál es el propósito del profesor de Roberto al leer su informe? ¿Qué querrá saber el profesor sobre su fin de semana? ¿Qué preguntas se hará? ¿Por qué?

2. Roberto escribe una carta sobre su excursión; el destinatario (la persona a quien escribe) es un amigo íntimo en los Estados Unidos. ¿Qué querrá saber el amigo de Roberto? ¿Qué preguntas se hará? ¿Por qué?

TÉCNICAS DE ORGANIZACIÓN Y EXPRESIÓN

Pensando en el lector: La caracterización del lector

Anticipar las preguntas del lector también le ayuda al escritor a enfocar su tema. Esta anticipación puede ocurrir en casi cualquier momento del proceso de composición: cuando se están generando ideas, cuando se decide el plan de organización, cuando se escribe, cuando se corrige el borrador/versión preliminar. Sin importar cuándo suceda, el escritor siempre querrá asegurarse de que su exposición tome en cuenta las siguientes preguntas referentes a su lector:

1. ¿Qué sabe acerca del tema?

2. ¿Cuál puede ser su actitud al respecto?

3. ¿Qué necesita saber?

Analizar la información o el conocimiento que el lector pueda tener sobre algún tema le ayuda al escritor a tomar decisiones importantes: ¿Cuántos detalles necesita incluir? ¿Qué debe dejar fuera? ¿Qué tipo de terminología es apropiado: el que entiende un público general o el que sólo usan los especialistas? ¿Es necesario incluir alguna información histórica para establecer un contexto?

Reconocer por anticipado la actitud que el lector pueda tener hacia el tema también ayuda con respecto a la información que debe incluirse en una exposición. Por ejemplo, si el propósito del escritor es convencer al lector de que lleve a cabo alguna línea de acción y si sospecha que el lector se opone a ésta, tendrá que presentar información para fortalecer su punto de vista. O si su propósito es informar y a los ojos del lector el tema es aburrido o de poca importancia, el escritor tendrá que tomar medidas para captar su interés.

Pensar en las necesidades del lector equivale a pensar en su propósito como lector: ¿Por qué lee el escrito? ¿Qué información busca? ¿Por qué la busca? Si el lector lee una exposición sobre los costos de un programa de fútbol para decidir si éste debe eliminarse, no viene al caso que el escritor describa el origen del deporte en general. Por el contrario, sería de utilidad comparar los costos de un programa de fútbol con los beneficios que de él se derivan.

Actividad A   Análisis de texto

Lea el siguiente texto del Museo de Historia y de Cultura de Oslo y responda a las preguntas correspondientes.

LA PARTE «DESCONOCIDA» DE CUBA

Todo el mundo conoce a Cuba, el país del baile y la música sensuales, el mundialmente apreciado tabaco, el ron sabroso, Fidel vestido de verde olivo y el famoso Ché Guevara. Pero casi nadie conoce la santería, la versión cubana de la religión vudú de Haití y la religión candomblé de Brasil. La santería es parte viva de la cultura cubana, una religión influyente en la vida de muchos cubanos.

La santería es una religión cubana que tiene sus raíces en el oeste de África. La religión llegó a Cuba con los esclavos africanos que fueron traídos por el mar hasta Cuba, donde su creencia se encontró con un país nuevo y con la creencia de los colonizadores.

Los devotos de la santería creen en un panteón de más o menos veinte santos, en el que todos gobiernan sobre diferentes elementos de la naturaleza y sobre diferentes cualidades del ser humano. Por eso existen un santo del trueno y la sexualidad, otro del agua dulce y el amor y otro del mal tiempo y el cambio de humor.

Los creyentes en la santería consideran a su religión como una religión del presente, una religión que resuelve tanto los problemas grandes como los pequeños. Puede tratarse de un vecino molesto, un examen difícil o un novio celoso. Para obtener la ayuda de los santos, los creyentes tienen que ofrecer comida, bebida y regalos, celebrar fiestas en honor del santo y respetar las prohibiciones que les imponen los santos. Los santos viven en soperas de distintos colores en casa de los creyentes, donde cada uno de los santos tiene su espacio en el altar.

Antes la religión santera era la religión de los descendientes de esclavos, pero actualmente la religión se practica en todos los ámbitos de la población cubana. Inmediatamente después del triunfo de la revolución de 1959, la religión estuvo totalmente prohibida y la gente la practicaba a escondidas. A principios de 1990 se produjo una apertura religiosa y hoy la santería es muy popular y está muy presente. La religión santera está presente en la música salsa, en shows de bailes para los turistas y, quien conoce un poquito de santería, puede descubrir ofrendas en las calles de la Habana.

1. En su opinión, ¿para quién fue escrito este texto? ¿Fue escrito para una persona interesada en la geografía y el clima cubanos, un devoto de la santería, un estudiante de la mezcla de culturas en el mundo hispano o para otra persona? Justifique sus respuestas con ejemplos tomados del texto.

2. ¿Cree Ud. que se tendría que modificar este texto si el lector fuera una de las personas nombradas a continuación? Si dice que sí, ¿qué cambios sugeriría en cada caso?

   a. una persona que quisiera hacer una comparación y establecer un contraste entre la santería, el vudú y el candomblé
   b. una persona que no supiera nada de la Revolución cubana de 1959
   c. una persona que pensara que las prácticas santeras son sumamente peligrosas

Actividad B   Análisis de texto

Lea el texto «Las lecciones de *El Quijote*» que aparece en las páginas 78–80 y luego responda a las siguientes preguntas.

1. Muchas veces es posible identificar al lector de un escrito si se toma en cuenta la información que *no* aparece en el texto. La omisión de ciertos datos sugiere que el autor ha dado por sentado que el lector ya los conoce. Por ejemplo, ¿encuentra Ud. en el texto detalles sobre dónde y cuándo vivió don Quijote? ¿Encuentra detalles sobre su familia, su profesión, el motivo de sus acciones o sobre la «famosa arremetida contra los molinos de viento»? ¿Se habla de la identidad de Sancho Panza y de su relación con don Quijote o por qué puede resultar sorprendente pensar en don Quijote como ideal corporativo? ¿Puede Ud. identificar otro tipo de datos que el autor haya supuesto que el lector ya conoce? ¿Cuáles son las ventajas y los peligros de dar por sentado que un lector ya conoce ciertos datos relacionados con un texto?

2. El autor tiene una perspectiva claramente positiva acerca de las cualidades de liderazgo que incluye en su artículo. ¿Cree que el lector para quien está escrito comparte su actitud? ¿Cómo se tendría que modificar el texto si fuera para un lector que tuviera una posición contraria?

SEGUNDA ETAPA: *La redacción y la revisión de las versiones preliminares*

Las actividades con grupos de consulta (*peer-editing activities*) son fundamentales en esta etapa de la escritura. Cada capítulo incluye uno o más borradores junto con varias actividades que simulan grupos de consulta. Repase la siguiente sección para familiarizarse con el proceso de edición de dichos grupos.

ACTIVIDADES CON GRUPOS DE CONSULTA

El hecho de revisar un escrito implica hacer cambios para mejorar el escrito en su totalidad: eliminar y añadir ideas, reorganizar detalles y producir una nueva versión que frecuentemente se parece muy poco al primer borrador. Al escribir un borrador, se trabaja rápidamente para captar las ideas antes de que éstas se escapen. Con frecuencia se omiten datos importantes o se incluyen detalles que poco aportan al propósito principal del escrito. Revisar, entonces, quiere decir volver a conceptuar el escrito en su totalidad.

La redacción es una experiencia solitaria; hay actividades de grupo para generar ideas y explorar temas, pero cuando llega el momento de transferir las ideas a la página, el escritor trabaja solo. Sin embargo, como cualquier acto comunicativo, la redacción implica un intercambio con otra persona. Al compartir el borrador con un amigo, por ejemplo, se tiene la oportunidad de averiguar qué impacto puede tener un escrito en otra persona. Las opiniones francas y directas de un lector objetivo son siempre una guía importante y valiosa. Por otra parte, al pedir opiniones y sugerencias el escritor no renuncia al control de su texto. El lector objetivo puede hacer sugerencias, pero sólo el escritor puede decidir cuáles va a aceptar y de qué forma va a aplicarlas.

Modelos del proceso

1. Observación: Jake Andrews es estudiante en una clase de composición. La profesora le ha dado como tarea que redacte una descripción de sí mismo. A continuación presentamos su experiencia con las diversas etapas del proceso de redacción. Examine la experiencia de Jake y luego haga el análisis de la segunda parte de esta actividad.

La prerredacción

- Tema: Autorretrato

- Propósito y lector: La profesora de español le ha pedido a cada alumno que escriba una breve carta presentándose a sus compañeros de clase. La carta también servirá para despertar un mayor interés en los lectores.

- Generación de ideas: Para comenzar su autorretrato, Jake hizo el siguiente mapa semántico.

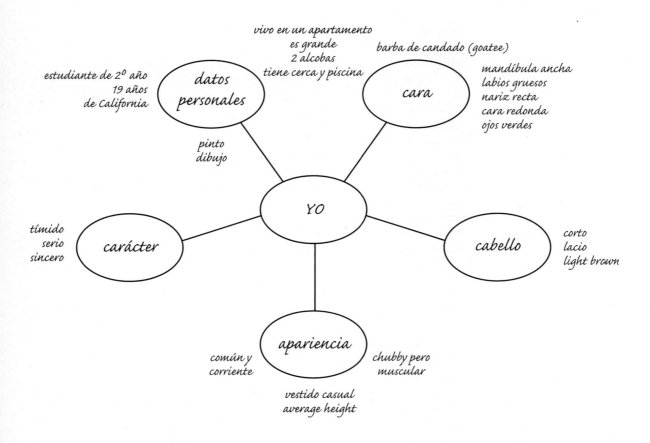

estudiante de 2º año
19 años
de California

**datos
personales**

vivo en un apartamento
es grande
2 alcobas
tiene cerca y piscina

barba de candado (goatee)

cara

mandíbula ancha
labios gruesos
nariz recta
cara redonda
ojos verdes

pinto
dibujo

YO

tímido
serio
sincero

carácter

cabello

corto
lacio
light brown

apariencia

común y
corriente

chubby pero
muscular

vestido casual
average height

! **Piénsalo...**   Nota que Jake usó tanto el inglés como el español para apuntar sus primeras ideas. Después buscará el vocabulario necesario para redactar su descripción. En esta primera etapa, es mejor que no te detengas a buscar palabras en el diccionario, para evitar distracciones.

La redacción

- Borrador (primera versión del escrito): Basándose en las ideas generadas anteriormente, Jake hizo el siguiente borrador de su autorretrato. Dejó un margen amplio a la derecha para los comentarios de su profesora.

> Estimados compañeros de clase:
>
> Quiero presentarme a Uds. Me llamo Jake Andrews. Soy estudiante de segundo año en esta universidad. Me especializo en estudios latinoamericanos y mi ambición es llegar a hablar y escribir el español perfectamente.
>
> Soy un joven de estatura mediana, de cabello castaño claro. Es lacio y corto. Tengo ojos verdes, cara redonda, mandíbula ancha y labios gruesos. Llevo barba de candado. Generalmente, me visto de forma desenfadada.
>
> Estoy seguro de que después de conocerme un poco, Uds. se darán cuenta de que soy agradable y sincero, aunque también un poco tímido.

Al terminar el borrador, Jake apuntó estos comentarios en su libreta.

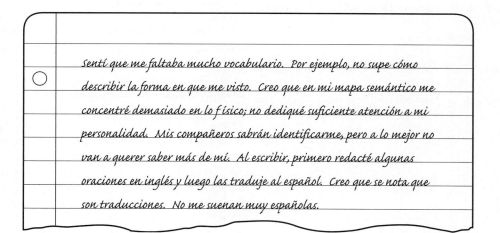

Sentí que me faltaba mucho vocabulario. Por ejemplo, no supe cómo describir la forma en que me visto. Creo que en mi mapa semántico me concentré demasiado en lo físico; no dediqué suficiente atención a mi personalidad. Mis compañeros sabrán identificarme, pero a lo mejor no van a querer saber más de mí. Al escribir, primero redacté algunas oraciones en inglés y luego las traduje al español. Creo que se nota que son traducciones. No me suenan muy españolas.

La revisión

- La colaboración con los compañeros: Antes de entregarle su texto a la profesora, Jake decidió mostrarle el borrador a un compañero, quien le hizo los siguientes comentarios.

Estimados compañeros de clase:

Quiero presentarme a Uds. Me llamo Jake Andrews. Soy estudiante de segundo año en esta universidad. Me especializo en estudios latinoamericanos y <u>mi ambición es llegar a hablar y escribir el español perfectamente.</u>

Soy un joven de estatura mediana, de cabello castaño claro. Es lacio y corto. Tengo ojos verdes, cara redonda, mandíbula ancha y labios gruesos. <u>Llevo barba de candado.</u> Generalmente, me visto de forma desenfadada.

Estoy seguro de que después de conocerme un poco, Uds. se darán cuenta de que soy <u>agradable y sincero</u>, aunque también un poco <u>tímido.</u>

- *¿Por qué?*

- *Lo físico de tu persona está a la vista muy claro: ¡¡puedo verte!! Pero no sé si me interesa conocerte mejor. Necesito más información sobre tu persona: ¿Tienes pasatiempos? ¿talentos especiales?*

- *¡Ajá! ¿Símbolo de rebeldía bajo la timidez?*

- *¿Puedes demostrarme esto de alguna manera en tu descripción? Me lo dices, pero las acciones hablan más que las palabras. ¿Me puedes dar un ejemplo específico? ¿alguna anécdota?*

- Segundo borrador: Después de considerar los comentarios de su lector-compañero, Jake modificó su carta como se ve en la próxima página.

Estimados compañeros de clase:

Quiero presentarme a Uds. Me llamo Jake Andrews y soy estudiante de segundo año en esta universidad.

«Soy estudiante» es la respuesta que sale primero cuando alguien me pregunta: «¿Quién eres?» Pero al igual que muchos de Uds., tengo otras respuestas. Soy lector ávido de novelas policíacas. Tengo cinco hermanas (soy el único varón en la familia, lo cual en sí es un tema para otro ensayo). Soy un atleta entusiasta. También soy artista; me gusta pintar y dibujar; prefiero los retratos a la naturaleza muerta o al paisaje. En mis libretas de clase (para ilustrar mis apuntes brillantes y perspicaces, claro) siempre hago garabatos y caricaturas. Cuando estoy en grupo prefiero escuchar en vez de hablar; en las fiestas, prefiero escuchar que bailar. Supongo que no necesito confesar que soy un poco tímido.

Soy de estatura mediana y cabello castaño claro. Llevo barba de candado. Generalmente, me visto de forma desenfadada.

Me especializo en estudios latinoamericanos y mi ambición —todavía no sé por qué— es llegar a hablar y escribir el español perfectamente. Soy serio con respecto a mis estudios, es cierto, pero no soy empollón. Me gusta llegar a conocer a nuevas personas y paso la mayoría de mi tiempo libre con mis amistades. ¡Me ilusiona mucho pensar que en este momento quizás un nuevo amigo esté leyendo esta carta!

—*Jake Andrews*

2. Dividan la clase en grupos de tres o cuatro estudiantes y lean de nuevo los comentarios que le hizo a Jake su lector-compañero.

- Según el lector, ¿cuáles son los puntos fuertes y cuáles son los puntos débiles de la primera versión? ¿Están todos de acuerdo? ¿Qué otras sugerencias le habrían hecho a Jake?

- ¿Incorporó Jake todas las sugerencias que le hizo su lector-compañero? ¿Hizo cambios no indicados por éste?

- En la opinión del grupo, ¿es más efectivo el segundo borrador? Expliquen.

- En su opinión, ¿ha hecho una buena lectura del texto de Jake su lector-compañero? ¿Por qué sí o por qué no? ¿Le harían Uds. algunas sugerencias con respecto a su técnica de lector-compañero?

Compartan su análisis con los demás grupos de la clase. ¿Hay mucha diferencia de opiniones?

1
CAPÍTULO

La descripción

14

Orientación

LA DESCRIPCIÓN

Una descripción es una representación de personas, cosas, acciones o lugares cuyo lenguaje pretende hacer que el lector visualice o tenga idea cabal de aquello que se está representando. En general, la descripción forma parte de un texto más grande, donde puede tener varios propósitos. Por ejemplo, en las cartas de recomendación se utilizan las descripciones para convencer al lector acerca de las cualidades de alguien; en un anuncio de venta, se utiliza la descripción para atraer a posibles compradores; en un ensayo, la descripción puede usarse para revelar las opiniones del escritor; en una novela se incluye, entre otras razones, para crear un «ambiente» específico.

Cuando observamos un objeto, un lugar, una persona o una acción en la vida real, generalmente reaccionamos a la totalidad de lo que vemos; pero al intentar describir algo, es necesario enfocarnos en detalles sobresalientes para crear una impresión determinada. Así, para escribir una descripción debemos seleccionar detalles con base en nuestros propósitos: ¿Por qué la estamos escribiendo? ¿Qué impresión queremos dejar? ¿Qué intentamos lograr? Al mismo tiempo, al seleccionar los datos para hacer una descripción, hay que tomar en cuenta el propósito del lector: ¿Quién va a leer nuestro texto y por qué?

Describir es como pintar un cuadro; hay que saber escoger y organizar los detalles para que el cuadro sea preciso. La organización de una descripción se hace, generalmente, enfocando la realidad espacial o la temporal. Si se enfocan aspectos espaciales, el objeto puede describirse de arriba a abajo, de derecha a izquierda o en cualquier orden que se asemeje al proceso natural que sigue la vista cuando algo capta su atención. Si se enfocan aspectos temporales, especialmente si se describe una acción o un proceso, es necesario reflejar el orden en que éstos ocurren en el tiempo real; se describe lo que pasa primero, luego lo que pasa después.

La descripción puede también incluir detalles que reflejen el impacto que el objeto descrito ejerce en los otros sentidos, por ejemplo, en el olfato o el tacto. Incluso puede hacer sentir el efecto de lo descrito en el lector, o reflejar los sentimientos del escritor hacia lo que se describe. Las mejores descripciones objetivas se caracterizan precisamente por eso: porque permiten que el lector se asome a las impresiones personales del escritor.

EN SU LIBRETA...

apunte sus primeras reflexiones sobre el tema del capítulo. Describa brevemente a una persona (o un animal), una cosa o un lugar que se relacione con su juventud. ¿Qué características físicas tiene? ¿Cuáles son las características distintivas de su personalidad? ¿Cómo lo afecta a Ud.? ¿Le trae buenos recuerdos? Explique.

> **Piénsalo...** Para apuntar tus reflexiones en tu libreta, escribe palabras, frases u oraciones: lo que te venga a la mente (<u>libre asociación</u>) al recordar el objeto y el impacto que este tuvo en tu vida. Utiliza el inglés, o combine el inglés con el español (<u>redacción bilingüe</u>) si es necesario.

Tarea

En este capítulo, Ud. va a redactar una descripción de un lugar, una cosa o una persona (o un animal) que signifique mucho para Ud. Esta tarea la va a completar en tres etapas.

PRIMERA ETAPA: *Antes de redactar*

En esta primera parte del capítulo, Ud. tendrá la oportunidad de

- explorar ideas con respecto a varios temas que se prestan a la descripción
- experimentar con varias técnicas de prerredacción para luego elegir un tema específico
- explorar varios formatos en los que la descripción figura comúnmente
- definir el propósito de su escrito
- identificar las necesidades de su lector

LA GENERACIÓN Y RECOLECCIÓN DE IDEAS

Describir, ya se dijo, es como pintar un cuadro: Es necesario escoger los detalles que mejor puedan revelar las características únicas o distintivas de lo que se describe. Cuando Ud. piensa en describirle algo de importancia a un amigo, ¿qué le viene primero a la mente? ¿Un objeto de valor que posee? ¿Un lugar que Ud. ha visitado y que ahora provoca en Ud. asociaciones especiales? ¿Una persona que ha tenido un gran impacto en su vida? ¿Qué cualidades o características tiene este tema que le puedan interesar a su amigo?

Actividad A <u>La libre asociación y la lluvia de ideas</u>

1. Mire la siguiente lista. Dedique dos o tres minutos a pensar en ejemplos para cinco de las siguientes categorías.

   - la persona más importante de su familia
   - un lugar donde Ud. siempre se siente cómodo/a y tranquilo/a

Rincón del escritor
Consulte el **Rincón del escritor** para aprender más acerca de la técnica de <u>la redacción bilingüe</u>, <u>la libre asociación</u>, <u>la lluvia de ideas</u> y otras técnicas y estrategias.
www.mhhe.com/composicion5

- la persona que entre todos sus amigos Ud. cree que llegará a ser famosa
- un lugar donde Ud. pasa mucho tiempo
- algo que le regaló un pariente o un amigo especial
- un animal que es como un miembro de su familia
- un objeto de poco valor material que Ud. valora mucho por otras razones

Las **tablas de ideas** que aparecen en el libro de texto son sugerencias solamente. Ud. debe crear su propia **tabla de ideas** en su libreta para cada capítulo.

2. Con la ayuda de un compañero / una compañera de clase, generen una lista / lluvia de ideas basándose en las tres categorías (persona/animal, lugar, objeto) de la primera parte de esta actividad. Después, analicen la lista por separado. ¿Cuáles de los temas cree Ud. que podrían interesarle a un amigo? ¿Qué opina su compañero/a? Eliminen de la lista las palabras y expresiones de menor interés y luego organicen las que quedan en una tabla de ideas como la siguiente.

TABLA DE IDEAS		
Persona/Animal	*Lugar*	*Objeto*
la tía Julia (una persona rara de mi familia)	*mi habitación en la residencia estudiantil*	*el anillo de la escuela secundaria*

Piénsalo... Al trabajar en las actividades de este capítulo, cuando se te ocurran ideas que podrían servir de tema para una futura composición, agrégalas a tu tabla de ideas en tu libreta.

Actividad B La lectura y la redacción libre

Lea la descripción que hizo Daniel de la casa de sus abuelos. ¿Puede Ud. entender por qué ha escogido Daniel este lugar en particular? ¿Qué impresión quiere Daniel que Ud., el lector, forme de esta casa?

Rincón del escritor

Consulte el **Rincón del escritor** para aprender más acerca de la redacción libre.

www.mhhe.com/composicion5

LA CASA DE MIS ABUELOS

La casa de mis abuelos está rodeada de unos árboles enormes. Es blanca, de techo negro, con ventanas pequeñas y angostas cubiertas por rejas negras. La puerta principal es de madera pesada. Al entrar hay un pequeño corredor que conduce hasta el fondo de la casa. A la izquierda de éste está la sala, un cuarto oscuro y solemne que rara vez se usa. De ahí se pasa al comedor y luego a la cocina, que es un cuarto alegre con mucha luz. Por fin se pasa al cuarto de servicio, donde se lava y se plancha. A la derecha de la entrada están los dormitorios y el baño. Hay tres dormitorios de tamaño regular, cada uno con acceso al corredor. El baño no es muy grande.

La casa de mis abuelos es como muchas otras. Sólo su olor es distinto. Tiene un olor a pan caliente, al jabón de mi abuelita, al tabaco de mi abuelo. Tiene un olor especial, extraordinario: el olor que refleja su cariño.

EN SU LIBRETA...

haga la redacción libre sobre el tema de un lugar importante. No se olvide de anotar en su tabla de ideas las ocurrencias que salgan de esta actividad.

1. La mayor parte del texto describe las características físicas de la casa. En su opinión, ¿hay algo de especial en la arquitectura de la casa? ¿Por qué cree Ud. que Daniel nos proporciona tantos detalles?

2. Para Daniel, el aspecto memorable de la casa de sus abuelos no se relaciona con la vista sino con otro sentido (el olfato). ¿Le parece extraño esto? Piense en un recuerdo especial. ¿Qué asociaciones no visuales tiene? ¿Son más importantes que las asociaciones visuales o son menos importantes? En el caso de la descripción de Daniel, ¿por qué es tan importante el olor de la casa? ¿Qué representa para él?

3. Resuma en una oración la idea básica o principal de la descripción de Daniel.

Para hacer una descripción, es útil tratar de visualizar detalladamente el objeto (persona/animal/lugar) que se va a describir. Visualice brevemente un lugar donde Ud. pasa (o ha pasado) mucho tiempo; trate de captar en la imaginación tanto los aspectos físicos del lugar como los sentimientos que provoca (o provocaba) en Ud. Ahora, en su libreta, escriba una redacción libre sobre este lugar. La redacción libre es una técnica útil para generar y captar los detalles recordados. Sin detenerse, escriba lo primero que le venga a la mente sin preocuparse por la gramática ni el estilo.

Rincón del escritor
Consulte el **Rincón del escritor** para leer la redacción libre de Laura, una estudiante que escribió sobre su habitación en la residencia estudiantil.

www.mhhe.com/composicion5

Actividad C   Observación y comentario

Dividan la clase en grupos de tres o cuatro estudiantes y comenten los temas relacionados con estas dos fotos. No se olviden de agregar otros posibles temas a la tabla de ideas en su libreta.

1. ¿Les parece bello el paisaje de la primera foto? ¿Qué adjetivos usarían para describirlo? ¿Y para describir sus emociones al mirarlo? ¿Ha visitado alguno de Uds. un lugar semejante alguna vez? Si no les gusta el paisaje de la foto, ¿qué tipo de paisaje les gusta más? ¿Cómo se sienten en ese ambiente? ¿Ha visitado alguno de Uds. un lugar parecido alguna vez?

2. Describan la escena de la segunda foto. ¿Creen Uds. que las personas y sus mascotas (animales de compañía) llegan a veces a parecerse físicamente? ¿Tienen a veces personalidades parecidas? Por ejemplo, ¿creen que hay animales «para mujeres» y animales «para hombres»? ¿Hay gente compatible con los gatos y gente compatible con los perros? Expliquen. ¿Tienen Uds. mascotas? ¿Cómo son? ¿Revelan sus respectivas mascotas algo sobre Uds.? ¿Qué cualidades o característi-cas tienen Uds. en común con sus mascotas?

Enfoque

- Repase la tabla de ideas en su libreta y los apuntes de las actividades que Ud. ha hecho hasta este punto, incluyendo <u>la redacción libre</u>.

- Escoja el tema que más le interese personalmente para la tarea de redactar una descripción para este capítulo.

Piénsalo...   Si no te gustan los temas que están en tu tabla de ideas, vuelve a tus apuntes y elige algunos temas que todavía no hayas explorado en detalle. Aplícales de nuevo una u otra de las técnicas aprendidas hasta ahora para estimular el pensamiento y generar ideas.

Rincón del escritor
Consulte el **Rincón del escritor** para repasar o aprender sobre las siguientes técnicas y estrategias: la libre asociación, la lectura, la redacción libre, la observación, la conversación, el mapa semántico o las preguntas periodísticas.
www.mhhe.com/composicion5

• Haga en su libreta un mapa semántico de los aspectos del tema de su elección que le parezcan interesantes e importantes. (Si quiere ver un ejemplo de un mapa semántico, mire el que hizo Jake en la página 9.) Para completar el suyo, considere las preguntas a continuación. (¡Ojo! Algunas de las preguntas se aplican mejor a ciertos temas que a otros.)

1. ¿Cómo es *X*? ¿Cuáles son sus características físicas?
2. ¿Cuál es (Cuáles son) su(s) característica(s) más notable(s)?
3. ¿Cuál de los sentidos (la vista, el olfato, el tacto, etcétera) asocia Ud. principalmente con *X*?
4. ¿A qué tipo de persona (no) le gusta *X*?
5. En general, ¿por qué a la gente (no) le suele gustar *X*? Y a Ud., ¿por qué (no) le gusta?
6. Identifique algo (o a alguien) que se parezca mucho (o que no se parezca nada) a *X*.
7. ¿Podría *X* ser diferente en el futuro? ¿Cómo podría llegar a serlo? ¿Cuál podría ser la causa de este cambio?

TÉCNICAS DE ORGANIZACIÓN Y EXPRESIÓN

Vuelva a examinar el texto que escribió Daniel acerca de la casa de sus abuelos (página 18). **El tema** de ese texto es sencillo y concreto: describe una casa común y corriente. Ud. ya identificó **la idea principal** del texto (en la Actividad B): Lo que hace realmente notable la casa de los abuelos son las personas que viven ahí y los momentos que ahí se han vivido; arquitectónicamente, la casa es como muchas otras.

Al describir la casa, Daniel parece estar hablando con **un lector** conocido —alguien a quien le interesa su vida privada— porque habla en la primera persona e incluye información personal. La descripción de la casa no es un tratado sobre arquitectura. Tampoco se supone que el lector esté interesado en comprar la casa. Para Daniel, la casa es un lugar cuya importancia es puramente personal; su **propósito** al describirla es compartir sus observaciones y sentimientos con otro individuo y lograr que este aprecie lo que representa para Daniel. Las preguntas que su descripción pretende contestar son las que haría un amigo o conocido: ¿Cómo es la casa? ¿Qué asocias con ella? ¿Qué importancia tiene para ti? ¿Por qué?

La organización de esta descripción se ha hecho mediante el enfoque de ciertos aspectos temporales y espaciales. Primero Daniel presenta la casa vista desde afuera, como la veríamos realmente si la visitáramos; luego nos lleva cuarto por cuarto desde la entrada hasta el fondo. Valiéndose del pasillo de entrada, divide la casa en dos y describe lo que se encuentra a la izquierda y a la derecha de dicho pasillo.

La descripción termina con un juicio. El escritor indica que la casa es como muchas otras, para luego poner énfasis en lo que la hace diferente. Para hacer esto, el autor hace a un lado lo visual y se concentra en lo olfativo. Con esto se rompe el orden lógico de los detalles escogidos. El escritor simplemente selecciona lo sobresaliente: tres aromas que para él son parte de aquella casa y que él asocia con el cariño de sus abuelos.

Estrategias del escritor: El lenguaje vivo

Para darle un tono simple y directo a la descripción, el autor de «La casa de mis abuelos» ha usado un lenguaje común que ayuda al lector a visualizar la casa y, al mismo tiempo, a destacar su carácter humilde. A pesar de la sencillez del lenguaje, el escritor logra que el lector perciba la casa como una realidad. La descripción de los efectos sensoriales le permite al lector visualizar la casa e imaginar su aroma especial. El lenguaje de una buena descripción es siempre vivo y variado, y se caracteriza por estas tres cualidades:

1. La realidad no es sólo visual; además de los colores y diseños, toda descripción gráfica incluye texturas y formas, y puede evocar el uso de otros sentidos —el tacto, el oído y el olfato.

2. Todo lenguaje convincente y memorable saca provecho de las connotaciones y las denotaciones de las palabras. La denotación de una palabra es el significado que uno encuentra en el diccionario: la azucena denota un tipo de flor; el águila denota un pájaro raptor grande. La connotación de una palabra es lo que ésta le sugiere a una persona: la connotación de «azucena» puede ser «inocencia», «pureza» o aun «tristeza», según la persona y el contexto; para muchas personas la palabra «águila» connota «fuerza», «independencia» y «libertad». La connotación de una palabra generalmente se asocia con las emociones. Al hacer una descripción, el escritor debe tener en cuenta que muchas veces la connotación de una palabra es más poderosa que su denotación.

3. Es preciso evitar los vocablos desgastados: bueno, malo, bonito, feo, grande, pequeño, amable y simpático son palabras tan usadas que han perdido la capacidad de sugerir una imagen viva y memorable

Recuerde que la fuerza de una descripción no radica en la elegancia o el rebuscamiento de sus adjetivos, sino en la efectividad con que el lector experimenta el objeto descrito.

Actividad A Categorías

Las siguientes palabras están relacionadas, sobre todo, con el tamaño de las cosas y las personas, pero connotan también otros mensajes. ¿Qué significan para Ud.? Con la ayuda de dos o tres compañeros/as, agrupe las palabras de acuerdo con la siguiente gráfica. Luego compare sus agrupaciones con las del resto de la clase. ¿Hay mucha diferencia de opiniones? Comenten. ¿Faltan palabras que puedan agregarse a cada grupo? (¡Ojo! Utilice un diccionario si no conoce el significado de todas las palabras.)

abundante	desmedrado	imperceptible	rechoncho
agotado	diminutivo	menudo	regordete
baladí	elefantino	minucioso	robusto
chiquitín	enorme	monstruoso	sobrado
crío	humilde	precioso	vigoroso

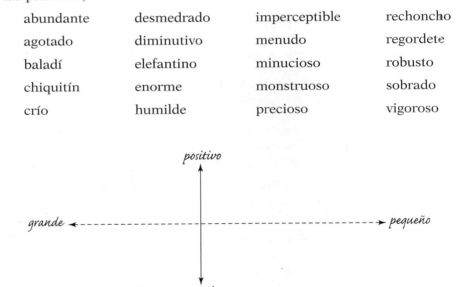

Para practicar las técnicas presentadas en el libro de texto, mire el capítulo y la etapa correspondientes en el **Cuaderno de práctica.** Ud. también puede guiarse por las notas en el margen del texto como la que sigue a continuación.

EN EL CUADERNO DE PRÁCTICA...

Hay ejercicios para practicar el uso de los adjetivos en la descripción *(Capítulo 1, Primera etapa).*

Actividad B Carta de recomendación

El siguiente texto es un fragmento de una carta de recomendación para un individuo que quiere conseguir un empleo como entrenador de uno de los equipos deportivos de su universidad. Analícelo con cuidado. En su opinión, ¿es una carta efectiva? ¿Por qué sí o por qué no? ¿Qué cambios le haría Ud.?

$\mathcal{D}$e entre los muchos jóvenes profesionales con quienes he tenido el placer de trabajar, Javier Bustos Pérez llama la atención y se destaca inmediatamente. Es un joven honesto y honrado, serio y digno de confianza. Su carácter moral y sus valores éticos son totalmente incuestionables. En los cinco años que llevo de conocerlo, nunca ha perdido un sólo día de trabajo y nunca ha dejado de alcanzar las metas que le hemos asignado. De hecho, más de una vez las ha superado todas. Javier es joven, energético, inteligente y ambicioso, y todo lo aprende fácil y rápidamente. Le gustan mucho los deportes y con frecuencia su participación es sobresaliente. La Asociación Estatal Deportista le otorgó el año pasado el Gran Premio, para reconocer su gran talento y potencial.

Me ilusiona poder recomendarle a Ud. y a su institución a Javier Bustos Pérez. No tengo la menor duda de que Javier sobresaldría como entrenador en su institución.

> **EN SU LIBRETA...**
>
> *escriba brevemente sobre el tema que escogió Ud. antes para la tarea de este capítulo. ¿Cuál es su propósito como escritor: divertir, informar, convencer, persuadir o expresar sentimientos o emociones personales? ¿Para quién escribe? ¿Cuál es el propósito de su lector? ¿Por qué leerá su escrito?*

Pensando en el lector: El propósito y la selección de detalles

Como hemos visto, la selección de la información que se incluye en un escrito debe reflejar tanto el propósito del escritor como el del lector.

Actividad A   El propósito del lector: Saber qué incluir y qué dejar fuera: Un autorretrato

Imagine que Ud. tiene las siguientes tareas descriptivas. Con la ayuda de dos o tres compañeros/as, considere el impacto del lector en cada uno de los casos. Identifiquen por lo menos cinco preguntas que este querrá que contesten en su descripción.

1. Ud. tiene que escribir una autobiografía como parte de la solicitud de una beca para estudiar en el Perú el próximo año. Su propósito es, entonces, convencer al lector de que Ud. debe ser elegido/a de entre los otros solicitantes de la beca. El lector es parte del comité que decide a quiénes se les otorgará la beca. ¿Cuál será el propósito del lector al leer su autobiografía? ¿Qué preguntas se hará sobre Ud.?

2. Ud. tiene que escribir una autobiografía como parte de una solicitud para obtener el empleo de asesor(a) en un campamento para niños en España. De nuevo, su propósito es convencer al lector de que Ud. está mejor preparado/a que los otros solicitantes. El lector es jefe de personal del campamento. ¿Cuál será su propósito al leer su autobiografía? ¿Qué preguntas se hará sobre Ud.?

Actividad B   Saber qué incluir y qué dejar fuera: Un anuncio publicitario

Con la ayuda de dos o tres compañeros/as, analice la siguiente foto o la de un folleto publicitario para su universidad. ¿Pueden Uds. identificar al público para quien fue diseñado? ¿Son futuros estudiantes? ¿Son estudiantes ya matriculados? ¿Son profesores que buscan empleo? ¿Son personas que piensan hacer una donación a la institución? Si tuvieran que modificar el folleto para atraer a otro público, ¿cómo lo cambiarían?

Rincón del escritor
En el **Rincón del escritor** bajo **Más lecturas** hay otro ejemplo de un texto descriptivo: la presentación de María Teresa Fernández de la Vega. De la Vega es la primera mujer que ocupa el cargo de vicepresidenta (la «número dos») en el gobierno de José Luis Rodríguez Zapatero, de España. El texto les presenta a de la Vega a los lectores del periódico. ¿Cuál es el propósito del artículo? ¿Qué preguntas intenta contestar el autor y por qué? ¿Qué tal acierta?
www.mhhe.com/composicion5

Actividad C   Lectura: Análisis y discusión

Rafael le escribió una carta a su hermana en la que hace una descripción de su novia, Elisa (a quien su hermana no conoce). Con un compañero / una compañera, hagan los siguientes ejercicios, pero *no* lean la carta hasta que las instrucciones se lo indiquen.

1. La hermana de Rafael no conoce a la novia de su hermano y le ha pedido información con respecto a ella. ¿Cuál será el propósito de Rafael al escribir una descripción de Elisa? ¿Y cuál será el propósito de la hermana al leerla?

2. Antes de escribir la carta, Rafael hizo una lista de las preguntas que pensaba que su hermana se habría hecho al enterarse de que

él tenía una nueva novia, y las usó como guía para su descripción. Identifiquen por lo menos cinco preguntas que Uds. incluirían en semejante lista. Es decir, en su opinión, ¿qué querrá saber la hermana de Rafael acerca de Elisa?

3. Terminada su lista de preguntas, lean la carta que redactó Rafael y analícenla para ver si ha tomado en cuenta tanto las necesidades del escritor (¿Creen Uds. que Rafael cumple su propósito?) como las necesidades de su hermana, la lectora.

UNA CARTA PERSONAL

*M*i querida hermanita:

Me has pedido que te describa a la joven de quien me he enamorado. Como sabes, esta es una tarea difícil. ¿Cómo hacerlo sin exagerar sus cualidades, sin decirte que es la mujer más bella del universo? No sé cómo, pero intentaré hacerlo.

Elisa es una mujer de estatura mediana y de cuerpo esbelto. Tiene el cabello negro, la cara redonda y la frente ancha. Usa el pelo corto, cosa que le da un aire de niña traviesa. Tiene tez morena, ojos claros y nariz pequeña. Se viste a la moda —generalmente usa traje sastre para ir a la oficina y pantalones vaqueros para estar en casa. Con frecuencia se viste de rojo, color que todos dicen que la favorece mucho. Es una chica alegre, comunicativa y risueña.

Es muy sencilla y al mismo tiempo es una persona de una profundidad asombrosa. Sé que va a simpatizarte mucho y que te va a sorprender mi buen gusto. Ya me darás tu opinión cuando la conozcas en las vacaciones.

Abrazos,
Rafael

4. La descripción de la casa que hizo Daniel (página 18) incluía detalles físicos y también información sensorial. ¿Qué tipos de información incluye Rafael en la descripción de su novia?

5. ¿Cómo organiza Rafael esta información? ¿Adopta una perspectiva estrictamente espacial? Es decir, ¿describe a Elisa de acuerdo con el proceso natural que sigue la vista: de derecha a izquierda o de arriba hacia abajo? En la descripción que hace Daniel de la casa, ¿viene lo más importante al principio de la descripción o al final? ¿Y en la descripción que hace Rafael?

6. ¿Creen Uds. que es una buena carta? ¿Por qué sí o por qué no? Si Rafael les hubiera mostrado la carta antes de mandársela a su hermana, ¿qué sugerencias le habrían hecho?

7. Vuelvan a leer la descripción que hizo Rafael de su novia. Él incluye más detalles de los que Daniel incluyó en su descripción. ¿Dirían Uds. que la información es exhaustiva o selectiva? ¿Cuál es la relación entre la información del texto y el propósito de Rafael? Si la hermana de Rafael buscara a una joven para cuidar a sus hijos durante el verano y Rafael quisiera recomendar a su novia Elisa, ¿cómo sería la descripción? ¿Qué otra información incluiría Rafael? ¿Qué información eliminaría?

SEGUNDA ETAPA: *La redacción y la revisión de las versiones preliminares*

Las actividades de prerredacción que se han llevado a cabo en la primera etapa de este capítulo le han dado a Ud. la oportunidad de desarrollar la materia prima para elaborar una descripción. En esta segunda parte del capítulo, tendrá la oportunidad de

- crear un plan de redacción para guiar la composición de su escrito

- desarrollar un borrador —una primera versión— de su escrito

- experimentar con la técnica de revisión con grupos de consulta

- experimentar con la técnica de una lista de control (*checklist*)

Tarea

Rincón del escritor
Consulte el *Apéndice B* del **Rincón del escritor** para aprender algunas frases y expresiones útiles para la correspondencia en español.

www.mhhe.com/composicion5

Como recordará, la tarea de este capítulo es redactar una descripción de un lugar, una cosa o una persona (o un animal) que signifique mucho para Ud.

Ahora que ha completado la primera etapa de esta tarea, escriba el borrador de un texto descriptivo que tenga como mínimo 150 palabras. Puede ser una simple descripción o, si quiere, una carta para un amigo o pariente, que contenga la descripción de una persona o un lugar, una carta de recomendación, un texto de publicidad acerca de una persona o un lugar o un autorretrato.

Para empezar, tendrá que planear cómo redactar la descripción. A continuación encontrará sugerencias que lo/la ayudarán a completar un **plan de redacción.**

EL PLAN DE REDACCIÓN: CÓMO SE ESCRIBE UNA DESCRIPCIÓN

PLAN DE REDACCIÓN: LA DESCRIPCIÓN
1. El tema

2. Mi propósito como escritor
   El lector
   Su propósito como lector
   Cinco preguntas cuyas respuestas el lector busca en el escrito

3. Los detalles

Los **planes de redacción** *que aparecen en el* **Cuaderno de práctica** *y en el libro de texto son sugerencias solamente. Ud. puede modificarlos según las actividades llevadas a cabo en su clase y las recomendaciones de su profesor(a).*

1. **El tema**

   • Vuelva a examinar sus notas y apuntes de la **Primera etapa.**

   • Repase los temas examinados y escoja uno.

2. **El propósito y el lector**

   • Identifique su propósito como escritor. Después de haber escogido el tema (el objeto, lugar o persona que quiere describir) de su trabajo, hágase las siguientes preguntas: ¿Por qué describo esto? ¿Qué quiero lograr con esta descripción? ¿Cuál es la reacción que quiero provocar en el lector? ¿Cuál es mi actitud hacia lo escogido? ¿Por qué me parece interesante? ¿Cuáles son los aspectos de lo que quiero describir que mejor pueden dar a conocer esta actitud al lector?

   • Identifique al lector y el propósito de este. ¿Por qué va a leer el texto? ¿Qué información busca? ¿Qué preguntas se va a hacer al respecto?

EN EL CUADERNO DE PRÁCTICA...

Ud. puede completar su **plan de redacción** *(Capítulo 1, Segunda etapa).*

En algunas ocasiones, el contexto va a parecer muy obvio: se escribe sobre un tema seleccionado por y para el profesor, porque este le ha pedido a Ud. que lo haga. Pero tanto en este caso como cuando se trata de escribir un autorretrato como parte de una solicitud, el lector tiene otros motivos aparte del de verlo/a a Ud. cumplir con el requisito. Puede que quiera descubrir lo que Ud. sabe u opina sobre algo (¿Ha entendido la novela lo suficientemente bien como para describir a la heroína?);

puede que quiera asegurarse de que Ud. tiene ciertas cualidades o habilidades; puede que quiera tomar alguna decisión acerca de lo que Ud. describe.

Antes de escribir, piense siempre en el contexto: ¿Para quién escribe? ¿Por qué va a leer esta persona lo que Ud. escribe? ¿Qué información busca? ¿Qué preguntas se va a hacer al respecto?

3. Los detalles

- Escoja los detalles que mejor se presten para lograr la meta que Ud. ha identificado. Haga una lista de todos los detalles que Ud. recuerde. Luego, elimine aquellos que no contribuyan al tono o a la descripción que Ud. busca.

- Ordene los detalles lógicamente, de acuerdo con la organización (espacial, temporal, etcétera) que Ud. prefiera.

Piénsalo...   Recuerda que el borrador no es sino una versión temprana y preliminar de tu escrito, así que no tienes que preocuparte todavía por la perfección. Trata de incluir todos los puntos identificados en tu plan de redacción, pero no te preocupes por el vocabulario ni por la gramática. Si no sabes o no recuerdas una palabra o expresión en español, introduce un <u>comodín</u>, una palabra que sirva para recordarte después que querías añadir algo, o escríbela en inglés y sigue redactando.

Trata de empezar tu descripción con una oración que identifique el tema y que incluya detalles que capten el interés de tus lectores. Escribe, por ejemplo, «Mi tía Julia es la mujer más hablantina del estado de Nevada.» Luego, utiliza los demás detalles e ideas que generaste y organizaste para desarrollar tu descripción.

 Rincón del escritor

Consulte el **Rincón del escritor** para obtener más información acerca del <u>comodín</u> y <u>la técnica de la redacción bilingüe.</u>

www.mhhe.com/composicion5

EN SU LIBRETA...

escriba el borrador para la tarea de este capítulo.

Refiérase a su plan con frecuencia al escribir el borrador de su descripción.

Antes de empezar, recuerde que aunque ya tenga un plan que guiará la redacción, lo común es que un escritor cambie algunas ideas y agregue otras al momento de escribir. Por eso se le recomienda que si surgen nuevos temas o nuevas ideas mientras escribe, no los elimine por completo. Puede incluirlos y después, al revisar el borrador, seleccionar solamente las ideas que mejor contribuyan al desarrollo del tema del escrito.

También es importante enfatizar que, en algunos casos, un escritor puede —sin proponérselo— apartarse poco a poco del tema y del enfoque originales. Cuando esto sucede, el escritor tiene dos opciones: puede empezar su redacción de nuevo, utilizando su plan de redacción, o puede empezar un nuevo plan, cambiando el tema, el propósito y el enfoque de su escrito.

EL PLAN DE REVISIÓN: ACTIVIDADES CON GRUPOS DE CONSULTA

Como ya se dijo en el **Capítulo preliminar,** revisar un escrito implica eliminar ideas, reorganizar detalles, añadir ideas que faltan y producir una nueva versión que generalmente difiere del primer borrador. Revisar implica, entonces, volver a conceptuar el escrito en su totalidad.

La redacción es una experiencia solitaria, pero las opiniones objetivas de un lector-compañero pueden ser de mucha utilidad. Es importante que el escritor no renuncie al control de su propio texto, sino que aplique las sugerencias de su lector-compañero sólo en la medida en que estas le sean útiles.

*En los **Capítulos 1** y **2** se harán las actividades con grupos de consulta basándose en dos textos que están incluidos en el capítulo. En los demás capítulos se incluirá sólo un texto; Uds. pueden hacer las prácticas de este tipo basándose en el texto incluido o en los borradores que han escrito otros estudiantes de la clase.*

Práctica con grupos de consulta

Este libro presupone que Ud. ya tiene experiencia en colaborar con un lector-compañero para revisar un escrito. Si Ud. necesita aprender o repasar la técnica de los grupos de consulta, mire las páginas 11–13 del **Capítulo preliminar.**

Leer y analizar. Lea las dos descripciones siguientes y apunte todas sus notas y respuestas a las preguntas. Complete el primer ejercicio antes de leer cada texto.

Texto A: «Julio Pastor»

El texto que sigue es una carta de recomendación para un individuo que busca un puesto de profesor en una escuela secundaria. Identifique tres o cuatro preguntas acerca del tema cuyas respuestas le gustaría encontrar en el texto. Después, siga con el análisis.

Texto A: *Julio Pastor*

*J*ulio Pastor es un hombre de buen carácter. Viene de una famila estable. Vive en Lansing con su esposa, Marta, y sus dos hijos, Luisa y Pedro. Marta es profesora de francés. Luisa asiste a Bryn Mawr, una universidad pequeña cerca de Filadelfia; es presidenta de su clase. Pedro, el mayor, trabaja como telefonista de emergencias para el 911. Las actividades favoritas de Julio son cocinar y cantar.

Análisis

1. ¿Acierta el escritor en contestar sus preguntas? ¿ Las contesta todas?

2. ¿Cuál es la idea principal que el escritor intenta expresar en este borrador?

3. ¿Se relaciona toda la información directamente con la idea principal? De lo contrario, ¿qué parte(s) no viene(n) al caso?

4. ¿Hay partes sobre las cuales le gustaría a Ud. tener más información (explicación, ejemplos, detalles)?

(continúa)

Texto A: Julio Pastor

Análisis

También es voluntario de la escuadra de ambulancia local. Julio sería una valiosa adición al profesorado de su escuela.	5. ¿Hay partes del texto en las que de repente Ud. se encuentre «perdido/a»? 6. ¿Captó su interés la introducción? ¿Quiso Ud. seguir leyendo? 7. ¿Qué parte(s) del borrador le gusta(n) más?

Texto B: «Nuevo México, tierra de encanto»

El texto es una descripción publicitaria para atraer turistas a Nuevo México. Identifique tres o cuatro preguntas acerca del tema cuyas respuestas le gustaría encontrar en el texto. Después, siga con el análisis.

Texto B: Nuevo México, tierra de encanto

Análisis

Nuevo México es un estado muy atractivo para los visitantes, tanto por su gran variedad de paisajes como por las diferentes culturas que conviven allí. El Valle del Río Grande se extiende de norte a sur, y es tierra fértil para la agricultura. El desierto de Chihuahua cubre una parte importante del territorio, pero también hay grandes extensiones de terreno montañoso, con bosques de pinos, lagos y abundante vida silvestre. Más de la mitad de la tierra del estado está formada por bosques y parques estatales y federales que ofrecen muchas oportunidades de recreo en todas las épocas del año. Aquí se encuentran las cavernas de Carlsbad, que están entre las más grandes y bellas del mundo. La presencia indígena, hispana y angloamericana puede verse por todas partes. Santa Fe, la capital del estado, es conocida tanto por su música folclórica indígena, hispana y del oeste como por su temporada de ópera. Del mismo modo, las artesanías y demás expresiones del arte y de la cultura son un reflejo de la diversidad que caracteriza a Nuevo México. Cuando el visitante se va de Nuevo México se lleva imágenes inolvidables de esta tierra y de su gente.	1. ¿Acierta el escritor en contestar sus preguntas? ¿Contesta todas? 2. ¿Cuál es la idea principal que el escritor intenta expresar en este borrador? 3. ¿Se relaciona toda la información directamente con la idea principal? De lo contrario, ¿qué parte(s) no viene(n) al caso? 4. ¿Hay partes sobre las cuales le gustaría a Ud. tener más información (explicación, ejemplos, detalles)? 5. ¿Hay partes del texto en las que de repente Ud. se encuentre «perdido/a»? 6. ¿Captó su interés la introducción? ¿Quiso Ud. seguir leyendo? 7. ¿Qué parte(s) del borrador le gusta(n) más?

Consultar y recomendar. Dividan la clase en grupos de tres o cuatro estudiantes. La mitad de los grupos comentará el Texto A y la otra mitad comentará el Texto B. Los miembros de cada grupo deben compartir entre sí su análisis del texto asignado, discutiendo las diferencias de opiniones. Después de llegar a un acuerdo colectivo, cada grupo debe formular un plan de revisión para su texto basándose en su análisis. Presenten su plan al resto de la clase y prepárense para justificar sus sugerencias.

PLAN DE REVISIÓN: LA DESCRIPCIÓN _____
(nombre del texto: A o B)

1. Comentarios positivos sobre el texto

2. La idea principal del texto
   Los lectores quieren saber lo siguiente con respecto a este tema

3. Detalles que necesitan agregarse, reorganizarse o cambiarse

4. Tener en mente las sugerencias y los ejemplos relacionados con el lenguaje vivo

5. Otros cambios que se recomiendan

Los **planes de revisión** que aparecen en el **Cuaderno de práctica** y en el libro de texto son sugerencias solamente. Ud. puede modificarlos según las actividades llevadas a cabo en su clase y las recomendaciones de su profesor(a).

Piénsalo... ¿Qué hacer si el lector dice que hay que incluir más información o si no le resulta clara la relación entre la idea principal y los detalles incluidos? Lo primero, claro, es aceptar los comentarios con una mente abierta. Recuerda que la revisión casi siempre implica la reformulación de varias (o muchas) partes de un escrito: Uno avanza, retrocede un poco, empieza nuevas exploraciones y vuelve a avanzar. Aun los escritores expertos te dirán que antes de llegar a su forma final sus textos pasaron por varias formas preliminares.

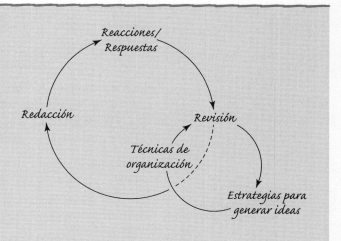

Formular un plan de revisión resulta particularmente útil cuando se hace el trabajo de consulta en grupos, como se acaba de hacer en la actividad anterior. Hay otra técnica para guiar la revisión de un texto, que se puede hacer sin compañeros. La técnica de una lista de control, que se describe a continuación, es fácil de utilizar por cuenta propia.

TÉCNICA DE UNA LISTA DE CONTROL

Suele ser más difícil elaborar un plan de revisión para el trabajo de uno mismo que elaborar uno para el escrito de otra persona. Sin embargo, los pasos que hay que seguir son los mismos. La práctica con grupos de consulta le ayudará a desarrollar las capacidades analíticas y críticas necesarias.

Otra estrategia para ayudarle a leer su propio texto objetivamente consiste en considerar una serie de preguntas preparadas para evaluar diferentes tipos de textos. Puede revisar los elementos y características del borrador que escribió Ud. para la tarea de este capítulo, respondiendo a las preguntas de la lista de control.

Cuando acabe, basándose en sus respuestas a las preguntas, formule un plan de revisión para el texto.

LISTA DE CONTROL PARA LA DESCRIPCIÓN

☐ ¿Cuál es la meta o el propósito de la descripción?

☐ ¿Qué describe específicamente mi composición?

☐ ¿Qué impresión quiero dejar en el lector?

☐ ¿Qué detalles incluí en la descripción? ¿Cómo contribuye cada detalle a lograr lo que me propongo?

☐ ¿En mi composición hay algún detalle que no contribuya lo suficiente a crear la impresión que quiero dejar?

☐ ¿Qué preguntas puede hacerse el lector con respecto a mi tema? ¿Las he contestado todas?

☐ ¿Qué detalle escogí para terminar mi descripción? ¿Por qué lo escogí?

☐ ¿Utilicé un vocabulario claro y preciso, o utilicé términos generales y abstractos que no captan la esencia de lo que quiero describir?

☐ ¿Incluí en la descripción detalles que ayudan a involucrar otros sentidos aparte del de la vista?

☐ ¿Utilicé un vocabulario connotativo para provocar emociones en el lector?

EN EL CUADERNO DE PRÁCTICA...

Ud. puede recopilar su propia lista de control, con preguntas diferentes, según los elementos que le parezcan importantes y apropiados **(Capítulo 1, Segunda etapa).**

TERCERA ETAPA: *La revisión de la forma y la preparación de la versión final*

Al llegar a esta etapa se supone que el contenido y la organización de un escrito han pasado por una revisión rigurosa y que el escritor está satisfecho con ellos. Ha llegado el momento de poner atención a las cuestiones de la forma. En esta última etapa, Ud. tendrá la oportunidad de

- repasar los verbos **ser** y **estar**
- pulir la forma de su escrito, repasando sistemáticamente la gramática, el vocabulario y la ortografía
- redactar una versión final de la tarea, para entregarla

Esta revisión le será más fácil si la emprende por pasos; en cada paso se enfoca un solo aspecto de la forma.

> **EN EL CUADERNO DE PRÁCTICA...**
>
> *Hay actividades para practicar los aspectos gramaticales y el vocabulario presentados en los siguientes pasos. También hay una sección adicional,* **Repaso de aspectos básicos,** *donde Ud. puede repasar «La estructura de la oración»* **(Capítulo 1, Tercera etapa).**

PASO 1 — REVISIÓN DE LOS ASPECTOS GRAMATICALES: *SER/ESTAR*

Ser y *estar:* Usos de mayor frecuencia

Usos en que el juicio se basa en la estructura gramatical

En ciertos casos, el uso de **ser** o **estar** depende únicamente de la estructura gramatical de la oración. Para decidir cuál de los dos verbos se ha de usar, se analiza el predicado (lo que generalmente se encuentra a la derecha del verbo en una oración declarativa).

SUJETO	VERBO: ser	PREDICADO: UN SUSTANTIVO SOLO O MODIFICADO
Juan	**es**	artista.
Luisa	**era**	mi fiel amiga.
		PREDICADO: UN ADVERBIO DE TIEMPO
La fiesta	**es**	a las ocho.
Las clases	**fueron**	por la mañana.

SUJETO	VERBO: estar	PREDICADO: UN GERUNDIO
Elena	**está**	cantando.
Mis hermanos	**estaban**	llorando mucho.

Note en los casos anteriores que, si el predicado puede clasificarse entre uno de estos tres grupos (sustantivo, adverbio de tiempo o gerundio), no es necesario analizar el significado de la oración para escoger correctamente entre **ser** o **estar.**

Usos en que el juicio se basa en el significado de la oración

En algunos casos es necesario analizar el significado de la oración para elegir correctamente entre los dos verbos. Esto sucede a menudo cuando el predicado es un adverbio de lugar o un adjetivo.

Cuando el predicado es un adverbio de lugar, se usa **ser** si el sujeto puede concebirse como un evento; de no ser un evento, se usa **estar.**

SUJETO: EVENTO	VERBO: ser	PREDICADO: UN ADVERBIO DE LUGAR
La fiesta	**es**	en la casa de Pedro.
El desayuno	**fue**	en el salón grande.

SUJETO: NO EVENTO	VERBO: estar	PREDICADO: UN ADVERBIO DE LUGAR
María	**estaba**	en el rancho.
La biblioteca	**está**	cerca del parque.

Cuando el predicado es un adjetivo, se utiliza **ser** si el adjetivo (o frase adjetival) sirve para clasificar al sujeto; es decir, si el adjetivo se refiere a una característica inherente que explica a qué clase pertenece

SUJETO	VERBO: ser	PREDICADO: UN ADJETIVO QUE CLASIFICA AL SUSTANTIVO
Marta	**es**	bonita. (*Es de la clase de mujeres bonitas.*)
Pedro	**es**	católico. (*Es de la clase de personas de religión católica.*)
Los guantes	**son**	de cuero. (*Frase adjetival que describe la clase de guantes.*)

el sustantivo. Por otro lado, se utiliza **estar** si el adjetivo comenta sobre el estado o situación en que se encuentra el sujeto.

SUJETO	VERBO: estar	PREDICADO: UN ADJETIVO QUE COMENTA SOBRE EL ESTADO EN QUE SE ENCUENTRA EL SUJETO
Estela	**está**	enojada. (*Se encuentra en ese estado.*)
La leche	**está**	fría. (*Se encuentra en esa condición.*)
Amada	**está**	de luto. (*Frase adjetival que comenta sobre el estado en que se encuentra.*)

Usos de ser y estar con adjetivos

Muchos adjetivos suelen usarse con uno u otro verbo: indican de por sí o una clasificación o un estado. El tamaño, la forma, el material y otros rasgos físicos, por ejemplo, suelen expresarse con **ser** porque se consideran clasificaciones; señalan características mediante las cuales se puede identificar y definir a una persona u objeto. Los estados de ánimo y de salud y la posición física se expresan con **estar** porque estos adjetivos por lo general describen la condición o el estado en que se encuentra la persona u objeto.

Por otro lado, hay varios adjetivos que pueden usarse con ambos verbos. En estos casos el significado del mensaje cambia de una clasificación a una descripción de estado según el verbo que se use.

SUJETO	ser/estar	SIGNIFICADO
Estas manzanas	**son** verdes.	Clasificación (*Son de la clase de manzanas verdes.*)
Estas manzanas	**están** verdes.	Condición, estado (*Se implica que este color no es el que caracteriza a estas manzanas.*)
Violeta	**es** alegre.	Clasificación (*Tiene una disposición alegre; es ese tipo de persona.*)
Violeta	**está** alegre.	Condición, estado (*Acaba de ocurrir algo que la ha puesto de este humor.*)

Cuando un adjetivo puede usarse con ambos verbos, el uso de **ser** indica que el atributo se acepta como una característica objetiva e intrínseca del sujeto. Por otro lado, el uso de **estar** puede indicar que la característica se percibe subjetivamente: no forma parte del *ser* del sujeto sino de su *condición* en determinado momento o en determinada circunstancia. En inglés se puede expresar esta diferencia de percepción por medio de los contrastes en la tabla a continuación.

INGLÉS	SIGNIFICADO	ESPAÑOL
*This coffee **is** good.*	Clasificación (*característica intrínseca, objetiva*)	Este café **es** bueno.
*This coffee **tastes** good.*	Condición, estado (*percepción subjetiva*)	Este café **está** bueno.
*Mr. Carlo **is** old.*	Clasificación (*característica objetiva*)	El Sr. Carlo **es** viejo.
*Mr. Carlo **looks** old.*	Condición, estado (*percepción subjetiva*)	El Sr. Carlo **está** viejo.
*The prices **are** high.*	Clasificación (*característica intrínseca, objetiva*)	Los precios **son** altos.
*The prices **seem** high.*	Condición, estado (*percepción subjetiva*)	Los precios **están** altos.

EN EL CUADERNO DE PRÁCTICA...

*hay listas de vocabulario útil para hacer una descripción. Consúltelas y haga las actividades correspondientes antes de revisar su escrito (**Capítulo 1, Tercera etapa**).*

PASO 2 REVISIÓN DEL VOCABULARIO Y DE LA EXPRESIÓN

Después de revisar la gramática, lea su escrito para la tarea de este capítulo de nuevo, con ojo crítico particularmente en el vocabulario.

PASO 3 REVISIÓN DE LA ORTOGRAFÍA

Depués de revisar la gramática y el vocabulario, repase su escrito, buscando los posibles errores de acentuación y ortografía.

¡Piénsalo... Si quieres una última lectura de tu trabajo, tienes que indicarle al lector-compañero precisamente lo que quieres que busque en tu escrito. Hazle una lista de los puntos gramaticales (usos de **ser,** usos de **estar,** concordancia de adjetivos, vocabulario vivo y variado) y pídele que lea tu texto varias veces. Como regla general, es bueno hacer una lectura para cada punto gramatical.

Como se vio antes con el trabajo de consulta en grupos, no tienes que aplicar todos los cambios o correcciones que tu lector-compañero te sugiera, pero sí vale la pena prestarles atención.

EN SU LIBRETA...

¡Es la hora de escribir la versión final de la tarea de este capítulo!

PASO 4 PREPARACIÓN DE LA VERSIÓN FINAL

Escriba una nueva versión de su trabajo ya con las correcciones y los cambios necesarios. Para muchos de Uds., este es el momento de pedirle a su lector-compañero que le eche una última ojeada al texto, buscando esta vez errores en la gramática o en la expresión que Uds. no hayan identificado en su propia lectura.

La narración

Orientación

LA NARRACIÓN

La narración presenta una secuencia de acontecimientos, ya sean ficticios o verdaderos. Al escribir una narración, comúnmente se habla de algo que nos ha ocurrido a nosotros o a otras personas. Los usos de la narración son muchos, así como los contextos en que se usa: narramos, por ejemplo, para recordar el argumento de un cuento o una novela, para divertir o para recrear tanto la acción como la emoción de un momento importante. En un relato biográfico, la narración puede usarse para explicar las acciones presentes o pasadas de un individuo, o para anticipar sus acciones futuras.

Las partes de la narración

En términos generales, las narraciones pueden dividirse en tres partes: **la presentación,** en donde se establecen los hechos en que se basa la acción; **la complicación,** en donde se presenta la acción principal y las tensiones que la rodean; y **el desenlace** o **la resolución,** que, como su nombre lo indica, presenta la resolución de las tensiones.

LA ARAÑA

Presentación: Había oscurecido cuando subí la escalera. Al entrar al cuarto encendí la luz y me desvestí rápidamente. Estaba cansada. Había trabajado todo el día y mi cuerpo me pedía descanso. Apagué la luz y me metí en la cama, subiéndome las cobijas hasta la nariz.

Complicación: Al moverme para acomodarme mejor, sentí unas cosquillas en la cara y me quedé paralizada. ¿Sería una araña? Me estremecí. Traté de quedarme inmóvil, casi sin respirar. Algo se movía sobre mi cara. ¿Qué hacer? ¿Gritar? ¿Darme un golpe en la cara?

Desenlace: Por fin, desesperada, salté de la cama y encendí la luz. Me sacudí el camisón y el cabello, pero no encontré nada. Apresuradamente me dirigí de nuevo a la cama. Quería encontrar al animal y matarlo antes de que se me escapara. Sacudí las sábanas, luego las cobijas y por último la almohada. Entonces se solucionó el misterio: de un pequeño agujero de la almohada salieron flotando plumas y más plumas. Mi araña imaginaria era una pluma.

El punto de vista y la perspectiva

Una narración puede escribirse desde varios puntos de vista; por ejemplo, en la tercera persona para relatar algo que le ha sucedido a alguien más, y en la primera persona para relatar algo que le ha sucedido al narrador mismo.

Por ejemplo, para hablar de lo que le sucedió a un amigo se escribiría:

> Juan se levantó tarde ese día. Se vistió rápidamente. No desayunó. Sabía que faltaban exactamente siete minutos para que comenzara el examen. Calculó lo que debía hacer: tenía dos minutos para llegar a la universidad, un minuto para estacionar el auto, tres minutos para llegar al edificio y un minuto para llegar al salón de clase.
>
> Al llegar vio a don Mauro. Como de costumbre, el profesor lo esperaba reloj en mano. El joven vaciló un instante. El viejo lo miró un segundo y, sin decir nada, cerró la puerta.

En este caso, la narración está escrita en tercera persona, pues se habla de Juan y el profesor: en otras palabras, de *ellos*. El mismo caso podría contarse en primera persona, desde la perspectiva de Juan, el protagonista de los hechos.

> Me levanté tarde ese día. Me vestí rápidamente. No desayuné. Sabía que faltaban exactamente siete minutos para que comenzara el examen. Calculé lo que debía hacer: tenía dos minutos para llegar a la universidad, un minuto para estacionar el auto, tres minutos para llegar al edificio y un minuto para llegar al salón de clase.
>
> Al llegar vi a don Mauro. Como de costumbre, me esperaba reloj en mano. Vacilé un instante. Don Mauro me miró un segundo y, sin decir nada, cerró la puerta.

Como esta última narración está escrita en la primera persona, no contiene algunos detalles de la primera narración. Por ejemplo, no fue necesario distinguir entre los dos protagonistas masculinos con frases como «el joven» y «el viejo». Aunque similares, las narraciones no son idénticas.

La descripción en la narración

Como Ud. ya sabe, las descripciones retratan personas, objetos o lugares. Las narraciones, en cambio, cuentan sucesos. Es posible hacer descripciones que no narren y narraciones que no contengan descripción alguna, pero lo más común es encontrarlas juntas. Generalmente, las descripciones pintan cuadros dentro de los cuales se realizan acciones específicas, mientras que las narraciones ofrecen la descripción de escenas y personajes para crear ciertas expectativas en el lector. A veces el narrador confirma estas expectativas; en otras ocasiones prefiere sorprender al lector con desenlaces inesperados.

A continuación se narra la historia del famoso Ratón Pérez, también llamado Ratoncito Pérez o simplemente Rastón de los dientes, basado en un cuento original de Luis Coloma (1851–1914). El cuento de Coloma, originalmente destinado para el hijo del rey español, dio origen a este personaje que deja a los niños regalitos debajo de la almohada en cambio de sus dientes de leche. Note las diferencias entre dos formas distintas de narrar un mismo evento.

VERSIÓN A

Había una vez un pequeño príncipe al que llamaban Buby. Una noche, Buby puso debajo de la almohada un diente. Cuando ya se quedaba dormido, llegó el Ratón Pérez y despertó al niño. Buby trató de agarrarlo por la cola. El Ratón Pérez hizo estornudar a Buby, y por magia lo convirtió en ratón.

VERSIÓN B

Había una vez un pequeño príncipe al que llamaban todos, cariñosamente, Buby. Una noche, como era costumbre, Buby puso debajo de la almohada el diente de leche que se le había caído aquel día. Sentía mucha ilusión, pensando en la visita del Ratón Pérez, y en los regalos que encontraría debajo de la almohada por la mañana.

Cuando Buby ya se quedaba dormido en su lujosa cama real, sintió que algo le rozaba suavemente la frente. Se incorporó de un brinco y vio sobre la almohada un ratón muy pequeño, de pie, con sombrero de paja, lentes de oro, zapatos de lienzo crudo y una cartera roja, terciada a la espalda. Se trataba del Ratón Pérez.

Buby trató de agarrar al ratón por la cola, sin lograrlo. Asombrado, vio cómo de repente el Ratón Pérez saltó sobre su hombro, y sintió cómo le metía la punta del rabo por la nariz. Buby estornudó, y por arte de magia, quedó convertido en un lindo ratón, brillante como el oro, suave como la seda y con los ojitos verdes y relucientes como dos esmeraldas.

El propósito

En las narraciones, al igual que en las descripciones, es esencial seleccionar aquellos detalles que ayuden a crear el efecto que se desea. La
selección de detalles depende del propósito del escritor y cada narración
puede tener varios propósitos. Uno de los más frecuentes es también el
más simple y directo: entretener al lector, captar su interés y crear en
él cierta tensión. La narración con este propósito es, en esencia, una de
las actividades lingüísticas más antiguas. El texto «La araña» (página 38)
es un ejemplo de este tipo de narraciones. ¿Cómo ha organizado la
información la escritora para crear un poco de tensión? Además de
contestar la pregunta «¿Qué pasó?», ¿qué otras preguntas del lector ha
tratado la escritora de contestar en su narración? ¿Dónde nota Ud.
detalles o palabras dramáticas?

   Hay veces en que la narración tiene propósitos más profundos. Las
fábulas de Esopo y las parábolas bíblicas, por ejemplo, enseñan al
mismo tiempo que entretienen. Otras veces el propósito de la narración
puede ser el de informar: el escritor quiere referir con claridad cierta
sucesión de acontecimientos; quiere que el lector comprenda lo que
sucedió y por qué sucedió. La narración que forma parte de una reseña
de una obra de teatro y la narración que ofrece ejemplos vivos de las
cualidades de un individuo son narraciones de este tipo. Note que, a
diferencia de los primeros casos mencionados, en estos últimos dos es
común que la narración esté incluida como parte de un texto más
amplio.

   El siguiente texto, escrito por Julio Martínez Molina, es un ejemplo
de una narración informativa.

MARÍA, LLENA ERES DE GRACIA

María, llena eres de gracia (Joshua Marston, Colombia-USA, 2004)
encuentra una estructura narrativa ideal para su relato de traza y
aliento realistas: ni la grafía en exceso filodocumental de algunas expresiones latinoamericanas, ni los plus endorfínicos o las cargas melo hollywoo-
denses, ni la cansina morosidad del cine de *qualité* francés...

   Es una película sin vicios ni tendencias de tipo alguno, como hecha por
alguien que ve a la pantalla cual un interlocutor con quien compartir las
humanidades de personajes observados por la cámara de una manera natural
y desprovista de retoques de puesta en escena, de más afeites dramáticos
que los necesarios. Cosa que no entraña rusticidad en el lenguaje fílmico, ni
tanteos caligráficos o algo parecido. Simplemente era la cuerda exacta donde
debía moverse el equilibrista Marston para que su película se distinguiese
por ese toque de «mira, esto es como lo estás viendo» que la define.

El filme narra la experiencia de María Álvarez, joven colombiana de 17 años, hastiada tanto de la pobreza y el limitado ángulo de visión futura de su pueblucho como de su estúpido novio, quien ni valora la clase de mujer que es ni al hijo en formación que ella lleva entre el ombligo y la espalda. Si se sabe que una mujer desesperada resulta capaz de todo, no extrañará entonces que María entre en el negocio de las «mulas» o el correo de drogas. En su primer viaje a USA deberá llevar dentro de su estómago 62 pepas de látex rellenas de heroína; si se le destruye una sola en su interior morirá al instante, si las roba en los Estados Unidos matarán automáticamente a su familia en Colombia; si se arrepiente no le sucederá nada, pero perderá el dinero de su esperanza y lo hará otra por ella.

El cineasta independiente norteamericano Marston llegó a esta historia a través de su vínculo con la comunidad colombiana de Nueva York y con Don Fernando, uno de sus líderes, quien a lo largo de años se ha encargado de devolver a su país los cuerpos de centenares de estas muchachas muertas en el intento de trasladar droga en su vientre hacia Norteamérica. Para protagonizar a María, centro, esencia, corazón de su filme, buscó a una joven actriz tan bella y desconocida como inmensa en su variedad de registros: Catalina Sandino Moreno. Sencillamente excepcional la capacidad histriónica de esta revelación cuya labor aquí justipreciara el exigente jurado del Festival de Berlín al entregarle el Premio a la Mejor Actriz en la antepasada edición.

Cámara en mano, Marston le sigue sus pasos a María por Nueva York, desde el minuto en que abandona el hotel donde muere una de sus colegas en el vuelo al reventársele una bolsa dentro, pasando por el instante en el cual llega a casa de la hermana de la fallecida y no tiene inicialmente el valor para contárselo, hasta el momento en que —ya en el aeropuerto, a punto de retornar a Colombia— decide quedarse en Norteamérica. El único detalle que le han podido encontrar algunos críticos a esta obra es justamente su cierre, el que aseguran es, «en extremo pragmático», o «en cierto modo edulcorado». No lo creo. Me parece consecuente con el perfil psicológico del personaje central y con la línea de la narración. Precisa entenderse este desenlace desde la perspectiva del personaje, no desde perspectivas ideológicas.

María, llena eres de gracia es una cinta redonda, que tiene un hipnotismo o poder casi de realidad virtual para zambullirnos de a pleno en otra realidad bien real. Constituye un filme cuyo sustrato antropológico e intención de denuncia no supera su vocación de estudio de la riqueza del carácter humano, de sus múltiples contradicciones. Es una película sobre el prisma de posibilidades de reacción del ser humano ante la adversidad. Es una película sobre la adversidad: de los pueblos, de los hombres; de la que a estos les provoca el orden semiirracional de un mundo en muchos casos vacío de gracia y lleno de Marías.

EN EL CUADERNO DE PRÁCTICA...

Ud. puede encontrar más ejemplos de narraciones ***(Capítulo 2, Primera etapa).***

Tarea

En este capítulo, Ud. va a redactar una narración sobre algún incidente que le interese o que tenga mucha importancia para Ud. Esta tarea la va a completar en tres etapas.

PRIMERA ETAPA: *Antes de redactar*

En esta primera parte del capítulo, Ud. tendrá la oportunidad de

- explorar ideas relacionadas con varios temas que se prestan a la narración

- experimentar con varias técnicas de prerredacción para luego elegir un tema específico

- explorar varios formatos en los que la narración figura comúnmente

- definir el propósito de su escrito

- identificar las necesidades de su lector

> **EN SU LIBRETA...**
>
> *apunte brevemente sus reflexiones relacionadas con el tema de este capítulo. Piense en un acontecimiento o incidente que le haya impresionado mucho; algo que le haya pasado a Ud. o que Ud. haya presenciado o imaginado.*

LA GENERACIÓN Y RECOLECCIÓN DE IDEAS

Todos contamos cuentos. A nuestros conocidos y familiares les contamos cuentos sobre incidentes tristes o cómicos, inventamos historias para entretener a un hermanito o para despistar al profesor con respecto al trabajo tardío; relatamos anécdotas para aclarar un punto importante en un debate. Narrar es una de las actividades lingüísticas más básicas.

Actividad A   Una actividad lingüística antiquísima

1. Mire la foto de la página 37. La imagen muestra un solo momento, parte de una historia más larga. En su opinión, ¿esta foto representa la presentación, la complicación o el desenlace de la historia? ¿De dónde vienen estos señores? ¿Adónde se dirigen? ¿Qué cree Ud. que están mirando? ¿Hará que cambien de rumbo lo que han visto? ¿Por qué cree Ud. eso? ¿Hay algo en la foto que lo indique o algo en el contexto (la posición de sus cuerpos, la reacción de los perros, lo que sabe Ud. de la cultura) que ofrezca alguna pista? Trabajando en pequeños grupos, narren las posibles historias según la función de la imagen.

Rincón del escritor

Consulte el **Rincón del escritor** para obtener más información acerca de las preguntas periodísticas.

www.mhhe.com/composicion5

2. Comenten cada una de las siguientes fotos. Usen las siguientes preguntas o las preguntas periodísticas (¿quién?, ¿qué?, ¿dónde?, ¿cuándo?, ¿por qué?) como guía.

- Identifiquen a los personajes. ¿Quién habla y quién(es) escucha(n)?

- ¿Dónde estarán? ¿Cuál será la historia que se cuenta?

- ¿Por qué estarán contándola/escuchándola? ¿Pueden Uds. identificar el propósito de quien cuenta y el propósito de quien(es) escucha(n)?

- ¿Se han encontrado Uds. en una situación semejante? Comenten.

Actividad B   Observación y comentario

Divídanse en grupos de tres o cuatro y comenten las tiras cómicas de las páginas 45–47.

1. ¿Quiénes son los protagonistas? ¿Cómo son y qué cualidades tienen? ¿Qué ocurre en cada una de las historias? ¿Cuál es la complicación? ¿Cómo se resuelve?

2. ¿Cómo hacen los respectivos artistas para informarnos sobre la personalidad de los protagonistas? ¿Qué vocabulario puede usarse para transmitir la misma información en una narración escrita?

3. ¿Creen Uds. que alguna de estas historias podría usarse para enseñar una lección moral? ¿Cuál sería la moraleja?

4. ¿Han presenciado Uds. alguna vez un incidente semejante al que se narra en una de estas historias? ¿Han participado en alguno? Descríbanlo.

Actividad C   <u>La libre asociación</u> y <u>la lluvia de ideas</u>

1. Mire la siguiente lista. Dedique dos o tres minutos a pensar en ejemplos para cada uno de los siguientes casos.

- un momento en el que Ud. se sintió muy enojado/a
- un momento en el que se sintió muy orgulloso/a de sí mismo/a
- un momento en el que se sintió muy orgulloso/a de un amigo o pariente
- una experiencia que cambió su vida
- unas vacaciones especiales
- un incidente cómico o serio cuyo protagonista sea un animal
- una ocasión en que Ud. haya necesitado dar una buena excusa
- un incidente en que se haya visto involucrado un buen samaritano

© Joaquín Salvador Lavado (QUINO) Esto No Es Todo, Ediciones de la Flor, 2001

© Joaquín Salvador Lavado (QUINO) Humano Se Nace, Ediciones de la Flor, 1991

2. Utilizando las siguientes categorías, complete una tabla de ideas en su libreta.

TABLA DE IDEAS	
Incidentes en los que yo fui...	
protagonista	*observador(a)*

EN SU LIBRETA...

*complete una **tabla de ideas** con listas de incidentes en los que Ud. haya sido protagonista u observador. Es decir, incidentes en los que Ud. haya estado involucrado, que haya presenciado personalmente o que haya visto en la televisión, escuchado de un amigo o pariente, en la radio o leído en el periódico.*

> **¡!** ***Piénsalo…***   Al trabajar en las actividades de este capítulo, cuando se te ocurran ideas que podrían servir de tema para una composición, agrégalas a tu tabla de ideas en tu libreta.

Actividad D   Las preguntas periodísticas y el mapa semántico

1. Trabaje con un compañero / una compañera. Comenten las oraciones de la siguiente lista. ¿Qué les recuerda cada una?

Rincón del escritor
Consulte el **Rincón del escritor** para aprender más acerca de las preguntas periodísticas, el mapa semántico y otras técnicas y estrategias.
www.mhhe.com/composicion5

- El día que (me examiné para obtener la licencia de conducir, mi perro se encontró con una mofeta, me pusieron frenillos en los dientes, me rompí una pierna, llegué a la universidad por primera vez,…).

- La primera vez que (salí con un chico / una chica, trabajé de niñero/a,…).

- Cómo aprendí a (patinar en línea, andar en bicicleta, manejar la computadora, bailar,…).

- El día que conocí a (mi mejor amigo/a, mi novio/a,…).

- Desde ese día inolvidable, nunca (llego tarde, me acuesto sin revisar bien la cama, tengo miedo de decir lo que pienso,…).

- Una persona a quien admiro mucho es… porque…

> **¡!** ***Piénsalo…***   Aun los temas que parecen pedir una descripción (como el último de la lista anterior) pueden prestarse a la narración. Por ejemplo, con respecto al individuo a quien admiras mucho, ¿por qué lo admiras? ¿Qué ha hecho o qué sabe hacer que te inspira admiración? ¡Cuéntalo!

2. Refiriéndose a su tabla de ideas en su libreta, escoja cada uno de Uds. por lo menos un tema. Utilicen la técnica de las preguntas periodísticas y del <u>mapa semántico</u> para explorar el tema más detalladamente, usando la siguiente plantilla como modelo.

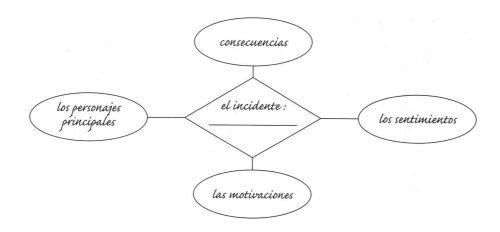

Piénsalo... ¿Has pasado alguna vez por la misma experiencia que Carlitos? La narración incluye una secuencia de acontecimientos que contesta la pregunta: «¿Qué ocurrió?» Recuerda, sin embargo, que narrar no es sólo hacer una lista cronológica de sucesos. También puede incluirse información descriptiva: ¿Dónde ocurrió? ¿Cuándo? ¿Por qué? ¿Con quién estabas? ¿Qué consecuencias tuvo? Empieza con los sucesos, pero no te detengas ahí. Elabora tu texto con datos descriptivos.

Peanuts: © United Feature Syndicate, Inc.

Actividad E   La lectura: Análisis y discusión

Laura escribió una narración acerca de un viaje que hizo un verano con su madre y su hermano menor. Al leer esta narración, ¿puede Ud. identificar una idea principal? ¿Cuál es?

EL VIAJE

*M*i mamá tuvo la brillante idea de que fuéramos a Europa sin gastar mucho dinero.

—Es muy fácil —insistió—. Es cuestión de alquilar un automóvil en Alemania y de ahí ir a donde queramos.

Había descubierto el libro *Europe on $20 a Day* y estaba segura de que podríamos hacer el viaje ella, mi hermano y yo muy económicamente.

—El chiste es quedarse en las pensiones, comprar queso y pan para comer por el camino y sólo hacer una comida pesada al día. Lo más caro serán los pasajes de avión.

Mi hermano y yo tratamos de disuadirla.

¿Por qué no vamos en una excursión guiada?

—Porque es muy caro —respondió impaciente—. Además, viajar a lo pobre es una aventura.

No había más que decir. Saldríamos en julio de Nueva York rumbo a Frankfurt. Pasaríamos tres semanas en Europa viajando en un pequeño automóvil de alquiler.

¡Qué aventura! Alquilamos el auto, pero resultó que al agente de viajes con quien hicimos la reservación se le olvidó decirnos que en Europa todos los autos económicos de alquiler tienen transmisión estándar. Mi mamá rara vez había manejado un automóvil de cambios. Poco le pudimos ayudar mi hermano y yo. A los dieciséis años, él era todavía menor de edad; yo, a los diecinueve, apenas había aprendido a conducir.

Durante dos semanas, mi hermano y yo rezamos y temblamos mientras mi mamá se equivocaba al hacer los cambios, hacía rechinar los frenos y por fin seguía adelante. Cuando nos veía desalentados nos decía:

—Ya verán cómo al pasar el tiempo tendremos muy bonitos recuerdos de este viaje.

Y así fue. Viajamos por los autobanes alemanes, fuimos a Suiza y pasamos cinco días en París. Nos perdimos muchas veces, dormimos en el auto una noche en que no encontramos alojamiento y con frecuencia cenamos queso y pan. Las pensiones no tenían ascensor y nuestras maletas pesaban una tonelada. Los cuartos no tenían baño.

Sin embargo, los aspectos desagradables los recuerdo apenas. Lo que sí recuerdo bien es la puesta de sol que vimos en Versalles, la carretera a Berlín, el castillo del rey Ludwig en Bavaria y los miles de momentos

---

Note que Laura incluye el diálogo en su narración, lo cual le da un tono más realista y vivo.

EN EL CUADERNO DE PRÁCTICA...

Ud. puede encontrar una lista de verbos para introducir el diálogo y actividades relacionadas con el uso del diálogo en la narración. **(Capítulo 2, Primera etapa).**

de risa y felicidad que pasamos juntos. Fue un viaje extraordinario. Vimos muchas cosas, sacamos muchas fotos y yo aprendí de mi mamá lo que significa ser valiente y atrevida, y creer que todo es posible.

1. En su relato, Laura revela detalles acerca del viaje por Europa y le da al lector mucha información acerca de su familia. ¿Qué técnicas utiliza Laura para ayudar al lector a conocer a su familia?

2. Identifique las tres partes de la narración: la introducción, la complicación y el desenlace.

3. ¿Cuál es el propósito de esta narración? ¿Cuáles son las partes de la historia que más contribuyen a este propósito?

4. ¿Cree Ud. que «El viaje» es un buen título para este escrito? ¿Por que sí o por qué no?

5. ¿Ha hecho Ud. alguna vez un viaje con sus parientes? ¿Fue una experiencia memorable? ¿En qué sentido(s)? Si uno de sus parientes contara la historia, ¿incluiría los mismos detalles que Ud.?

> **EN SU LIBRETA...**
>
> *explore recuerdos memorables de algo que haya hecho con un grupo de parientes o amigos: una excursión, una actividad, una ceremonia. ¿Tiene elementos sorprendentes? No se olvide de anotar las ideas que salgan de esta actividad en su tabla de ideas.*

Enfoque

- Repase la tabla de ideas en su libreta y los apuntes de las actividades que Ud. ha hecho hasta este punto.

- Escoja el tema que más le interese personalmente para la tarea de este capítulo.

- En su libreta, haga un mapa semántico de los aspectos del tema que le parezcan interesantes e importantes. Aquí hay varias preguntas por considerar. (¡Ojo! Algunas de las preguntas se aplican mejor a ciertos temas que a otros.)

Tema: El día que _____
                          (algo pasó)

Detalles que pueden incluirse

Situación: ¿Qué día era?
               ¿Dónde estaba Ud.?
               ¿Por qué recuerda Ud. el incidente / el día?
               ¿Qué estaba haciendo Ud.?
               ¿Con quién(es) estaba?

Complicación: ¿Qué ocurrió primero/después?
                  ¿Por qué ocurrió?
                  ¿Por qué fue este un suceso poco común?

Resolución/ ¿Qué pasó como resultado de la complicación?
Desenlace: ¿Qué efecto tuvo lo ocurrido en Ud.?
               ¿Cambió algo como resultado de la acción?

TÉCNICAS DE ORGANIZACIÓN Y EXPRESIÓN

Pensando en el lector: El propósito

Como se vio antes con la descripción, escribir sobre un tema no significa catalogar minuciosamente todos los datos posibles. El escritor tiene que adaptar la información según su propósito y el propósito de su lector potencial.

Actividad A   El propósito del escritor: Qué incluir y qué dejar fuera

Mire la historia representada en la siguiente tira cómica. Con la ayuda de un compañero / una compañera, analice las dos historias que Felipe le cuenta a Mafalda acerca de lo que él hizo en el verano. Narren brevemente cada historia. ¿En qué son semejantes y en qué son distintas? ¿Cuál podría ser la razón de estas diferencias?

La narración se puede hacer en cualquier tiempo verbal, pero lo más común es utilizar los tiempos pasados, en particular el pretérito y el imperfecto. El repaso de la gramática de este capítulo trata los tiempos pasados.

© Joaquín Salvador Lavado (QUINO) Toda Mafalda, Ediciones de la Flor, 1993

EN EL CUADERNO DE PRÁCTICA...

*hay actividades para practicar los tiempos pasados (**Capítulo 2, Primera etapa**).*

Actividad B El lenguaje y la selección de detalles

Con la ayuda de dos o tres compañeros/as, elabore descripciones para dar más sustancia a las siguientes narraciones. Utilicen descripciones de personas, del ambiente que rodea la acción o de los sentimientos de los protagonistas, según se indique.

1. Oí sonar el teléfono. Subí a mi cuarto. Prendí la luz. Cerré la ventana. Contesté el teléfono. Sentí que unos ojos me miraban desde el edificio de enfrente.

   a. Hagan una descripción del ambiente (hacía frío, calor, viento; llovía, brillaba el sol, etcétera).

   b. Hagan una descripción del estado mental y físico del / de la protagonista.

2. El hombre abrió la puerta. Se dejó caer en el sofá. Levantó el periódico. Leyó por unos segundos. Dejó caer el periódico. Cerró los ojos.

   a. Hagan una descripción física del protagonista.

   b. Hagan una descripción del estado mental y físico del protagonista (venía cansado, deprimido, ansioso; se sentía mal, triste, preocupado, etcétera).

3. Juan es el hermano de Patricia. Los dos llegaron juntos a la fiesta. Pronto se les acercó Francisco, también conocido como El Oso. Patricia quiso quedarse ahí con El Oso, pero Juan la cogió del brazo y se la llevó a casa.

   a. Hagan una descripción física de los personajes.

   b. Hagan una descripción del ambiente.

> **EN SU LIBRETA...**
>
> *utilizando algunas de las técnicas indicadas en la Actividad B, vuelva al tema que Ud. ha escogido y elabórelo con más detalles.*

 Rincón del escritor

Consulte el **Rincón del escritor** para aprender más acerca de la redacción bilingüe; o sea, el uso del inglés en las primeras versiones de sus escritos.

www.mhhe.com/composicion5

¡! Piénsalo... Recuerda que en tu primer borrador puedes escribir palabras sueltas, frases u oraciones sueltas: lo que te venga a la mente al recordar un incidente y el impacto que este tuvo en tu vida. No te preocupes por la forma; utiliza el inglés si es necesario.

Estrategias del escritor: Punto de vista y tono

La información descriptiva, junto con los acontecimientos de la narración, ayudan al lector a comprender el porqué de la historia. Al mismo tiempo, establecen el punto de vista y <u>el tono</u>, lo cual pone al descubierto los propósitos del narrador.

Punto de vista. Cuando se usa el término **punto de vista,** se habla de la relación del narrador con respecto a lo que narra o describe. En el caso de la descripción, se refiere al punto de vista desde el cual el narrador contempla la situación, el lugar o la cosa. Por ejemplo, al describir una casa, su punto de vista puede ser el de quien se encuentra directamente enfrente de ella o el de quien la describe desde adentro hacia afuera. En este caso, «punto de vista» se refiere a la situación física del narrador con relación a lo que describe.

No obstante, el punto de vista incluye mucho más. Además de la perspectiva física, es importante determinar la relación del narrador con lo descrito. ¿Lo conoce bien? ¿Lo observa objetivamente? ¿Es algo que lo afecta emocionalmente? El punto de vista indica, entonces, tanto la situación física del narrador como su actitud hacia lo que describe.

En la narración, el término **punto de vista** tiene un significado parecido: se refiere a la relación entre el narrador y la acción misma. Así, en el género narrativo, el punto de vista refleja dos aspectos fundamentales: 1) quién es el narrador y 2) cuál es la participación del narrador en la acción.

Como Ud. ya sabe, la narración puede escribirse en la **primera persona** (o sea, desde la perspectiva de una persona que participa en la acción) o en la **tercera persona** (o sea, desde la perspectiva de alguien que cuenta lo que le ha sucedido a otro).

Dentro de estas dos perspectivas generales hay otras posibilidades. La narración en primera persona, por ejemplo, puede contarse desde el punto de vista de un observador que no participa en la acción o puede incluir al narrador como personaje principal.

También existen varias posibilidades al presentar la narración en tercera persona. Por ejemplo, puede contarse un suceso desde un punto de vista omnisciente (es decir, desde una posición en que se conocen los pensamientos y acciones de todos los personajes) o puede narrarse desde un punto de vista más limitado, de acuerdo con el cual el narrador tiene sólo un conocimiento parcial de los sucesos y los personajes.

Rincón del escritor
Consulte el **Rincón del escritor** para obtener más información sobre el tono.
www.mhhe.com/composicion5

Tono. Como en el término **tono de voz,** el tono de una narración refleja la actitud emocional que se tiene hacia el tema: uno puede hablar con un tono sarcástico, por ejemplo, o con un tono entusiasta. El tono también varía según la relación que exista entre el que habla y quienes lo escuchan: un tono informal es más apropiado para hablar con un amigo que para dirigirse a un desconocido.

El tono está determinado por el uso del vocabulario (**una mesa pequeña** no es lo mismo que **una mesita**) y de las estructuras gramaticales (el uso de las formas de **tú** para referirse al lector en vez de una presentación impersonal). Como Ud. ya sabe, una misma escena puede describirse en varios tonos; el tono que se escoja va a influir en gran medida la interpretación del lector.

Antes de decidir qué tono ha de emplear, el escritor debe hacerse las siguientes preguntas: 1) ¿Cuál es mi actitud hacia lo ocurrido? y 2) ¿A quién voy a narrárselo?

Actividad A   Análisis de texto: «El viaje»

Vuelva al texto «El viaje», en las páginas 50–51.

1. ¿Cuál es el punto de vista de la narradora del cuento? ¿Participa ella en la acción? ¿Es una observadora imparcial? ¿Cómo lo sabe? ¿Cómo quiere la narradora que el lector reaccione en cuanto al viaje y en cuanto a la familia de ella: de manera positiva o negativa? ¿Hay algo en el texto que lo indique?

2. ¿Cuál es el tono del texto: sarcástico, respetuoso, impersonal, afectuoso o crítico?

Actividad B   Análisis de texto: «En ruta hacia Chachapoyas»

Es posible escribir una narración sin más, como se ha visto en «La araña» (página 38), pero es muy frecuente que la narración sea parte de un escrito más largo. En este caso, la narración puede incluirse a la manera de una anécdota, para ilustrar una de las ideas principales del texto. Este sería el propósito de la narración en un texto acerca de un individuo a quien admira, por ejemplo.

El siguiente artículo fue escrito por una periodista argentina en la década de los ochenta. Léalo con cuidado y haga los ejercicios de análisis que lo siguen.

EN RUTA HACIA CHACHAPOYAS

_M_ e sentía fatigada por el largo viaje y aún estaba a mitad de camino. No había aeropuerto en Chachapoyas. El trayecto debía hacerse en tren o en autobús y siempre iban abarrotados de gente. Había comprado un billete de segunda clase para estar más cerca de las gentes que quería entrevistar. Iba a ser un reportaje que reflejara al máximo la realidad de la vida en los Andes. El tren estaba llegando a otra de las muchas estaciones de pueblo por donde pasábamos. Las caras oliváceas de los indígenas se acercaron al tren para abordarlo o para ofrecer sus productos a los viajeros. Un muchacho joven me habló desde el andén.

—¿Un poco de pollo, señora? ¿Quesito fresco?

No me extrañé al oírme llamar señora. Sabía que en estas regiones apartadas la gente no concibe que una mujer joven y soltera viaje sola.

—¿Quesito? ¿Quesito, señora?

Apenas se destacaba su voz entre el ruido en los andenes, los nuevos viajeros que se incorporaban al trayecto y los pitidos del tren. Le sonreí y dije no con la cabeza.

Cerré los ojos y me transporté a mi casa en Buenos Aires. Me sentía en el otro extremo del mundo. ¿Lo estaba? De repente alguien me habló muy cerca.

—¿Hay alguien aquí, señora? ¿Está ocupado el asiento?

La mujer, cargada de canastos y de objetos envueltos en tela trataba de acomodarse junto a mí. Tenía ojos negros y brillantes. Era tal vez de mi edad, de viente a veinticinco años. Y entre sus bolsas y trapos sucios pude distinguir la forma redonda del hijo, que resignado a su suerte, dormía a pesar del bullicio general.

—No, no, está libre, ¿puedo ayudarla?

—Gracias, ya estamos bien…

—¿Va muy lejos?

Sí, señora. Voy pa' Iquitos. Allí vive una hermana y voy a acompañarla porque está enferma. Su marido trabaja en el campo. Tienen cinco hijitos. Yo siempre le dije que no se fuera tan lejos ella sola. Toda la familia vivimos en Arequipa. Y ahora la pobrecita está enferma y sin nadie que la cuide. Yo ya le dije…

El tren seguía serpenteando por las montañas, dejando ver interminables precipicios. Ríos de plata que se perdían en la distancia. Diminutos sembrados de maíz, de papa… Otra vez recordé el viaje en avión desde Buenos Aires a Lima. En el avión no había animales. Allí no se veían niños envueltos en trapos sucios ni este ruido de palabras y llanto, de los rujidos incesantes y ensordecedores del tren hacia su destino. Los pasajeros del jet vivían en otro mundo. Era un mundo de azafatas bien peinadas, cocteles, películas en tecnicolor y compras de lujo. En ese momento sentí verdaderamente y por primera vez la realidad de dos mundos absolutamente aparte que comparten el espacio físico de esta tierra, pero que están separados por eternidades de tiempo. Son los mundos de la existencia infrahumana y del desarrollo, de la ignorancia y del progreso, del pasado y del futuro. Dos experiencias opuestas del concepto de vida, aún hoy, en la década de los ochenta, sin vías de reconciliación.

1. ¿Cuál es el tema de este texto? ¿Qué semejanzas nota Ud. entre el tema de este escrito y el de la narración «El viaje» (páginas 50–51)?

2. ¿Cómo resumiría Ud. en una oración la idea principal del texto? ¿Cuál es el propósito del escrito en su totalidad? ¿Por qué cree Ud. que la periodista ha incluido el cuento dentro del artículo? ¿Para qué sirve el cuento? En su opinión, ¿es una técnica efectiva para llevar a cabo su propósito? ¿Qué otras alternativas tiene la periodista para comunicar la misma idea? ¿Por qué cree Ud. que

prefirió usar la narración? ¿Por qué incluye el diálogo? ¿Cómo podría cambiarse el texto para eliminar el diálogo?

3. ¿Desde qué punto de vista o perspectiva se cuenta la historia? ¿Cuál es el tono del texto? ¿Qué aspectos del texto marcan el tono?

4. En muchos textos, el tema —y a veces la idea principal— se expresa en el primer párrafo. ¿Para qué sirve el primer párrafo de este texto? ¿Qué información le da al lector? ¿Es importante que esta información se incluya al principio del texto o tiene otras alternativas la escritora? ¿Es posible identificar en el texto una o dos oraciones que contengan la idea principal? Si es así, ¿cuáles son?

SEGUNDA ETAPA: *La redacción y la revisión de las versiones preliminares*

Después de terminar las actividades de prerredacción, Ud. escribirá un borrador de su narración.

Las actividades que se han llevado a cabo en la primera etapa de este capítulo le han dado a Ud. la oportunidad de desarrollar la materia prima para elaborar una narración. En esta segunda parte del capítulo, tendrá la oportunidad de

- crear un plan de redacción para guiar la composición de su escrito

- desarrollar un borrador de su escrito

- experimentar con la técnica de revisión con grupos de consulta

- experimentar con la técnica de una lista de control

- desarrollar un plan de revisión

Tarea

Como recordará, la tarea de este capítulo es redactar una narración sobre algún incidente que le interese o que tenga mucha importancia para Ud.

Ahora que ha completado la primera etapa de esta tarea, escriba el borrador de un texto en forma narrativa que tenga como mínimo unas 150 palabras. Puede ser una simple narración o, si quiere, puede incorporar el diálogo y otros detalles descriptivos similares al que se usan en el texto «En ruta hacia Chachapoyas». Su historia puede adoptar el formato informal de una historia dirigida a un compañero de clase,

Rincón del escritor

Recuerde que hay información acerca de cómo escribir una carta en español en el *Apéndice B* del **Rincón del escritor.**

www.mhhe.com/composicion5

puede formar parte de una carta o puede ser un reportaje oficial de algún incidente que Ud. haya presenciado.

Para empezar, tendrá que planear cómo redactar la narración. A continuación encontrará sugerencias que lo/la ayudarán a completar el **plan de redacción**.

EL PLAN DE REDACCIÓN: CÓMO SE ESCRIBE UNA NARRACIÓN

PLAN DE REDACCIÓN: LA NARRACIÓN

1. El tema

2. La idea principal que quiero comunicarle a mi lector

3. Mi propósito como escritor
   El lector y su propósito al leer
   Cinco preguntas cuyas respuestas el lector busca en el escrito

4. Los detalles:
   Las tres partes de la historia
   La perspectiva
   El tono
   El lenguaje vivo, los elementos dramáticos

---

1. El tema

   - Vuelva a examinar sus apuntes de la **Primera etapa.**

   - Repase los temas examinados y escoja uno que Ud. recuerde con interés.

2. La idea principal

   - Determine cuál es la idea principal que quiere comunicarle al lector.

3. El propósito y el lector

   - Determine por qué quiere hablar sobre este tema. ¿Cuál es su propósito?

   - ¿Cuál es su actitud hacia el tema? ¿Le causa risa? ¿asombro? ¿tristeza? ¿Por qué le parece interesante? ¿Cuál es la reacción que Ud. quiere provocar en su lector? ¿Cuáles son los aspectos del incidente que mejor puedan darle a conocer al lector esta actitud?

- Identifique al lector y su propósito. ¿Por qué va a leer lo que Ud. escribe? ¿Qué información busca? ¿Qué preguntas se va a hacer al respecto?

4. Los detalles

- Recuerde y tome apuntes del incidente en su totalidad. Luego, escoja los detalles que mejor se presten para lograr la meta que Ud. ha identificado y elimine aquellos que no contribuyan a producir el impacto que Ud. busca.

- Determine cómo va a organizar la narración de modo que tenga una presentación, una complicación y una resolución.

Refiérase a su plan con frecuencia al escribir el borrador de su narración.

Determine qué tono tendrá; es decir, si Ud. va a tratar de crear anticipación o si se propone narrar los sucesos de una manera más fría. Determine también la resolución que va a tener su historia y dirija todos los detalles hacia dicha resolución.

Recuerde que para esta versión no debe preocuparse demasiado por cuestiones de la forma; es decir, por el vocabulario y la gramática. Si no sabe o no recuerda una palabra o expresión en español, introduzca un comodín o escríbala, por lo pronto, en inglés.

Trate de incluir en su texto una oración que refleje la impresión que el incidente dejó en Ud. y que Ud. quiere recrear para el lector. Por ejemplo: «No olvidaré jamás el terror que sentí esa noche.»

> **EN SU LIBRETA...**
>
> *escriba el borrador para la tarea de este capítulo.*

Rincón del escritor
Consulte el **Rincón del escritor** para aprender más acerca del comodín.
www.mhhe.com/composicion5

EL PLAN DE REVISIÓN: ACTIVIDADES CON GRUPOS DE CONSULTA

Práctica con grupos de consulta

Leer y analizar. Cada estudiante debe leer los dos textos a continuación y apuntar todas sus notas y respuestas a las preguntas. Complete el primer ejercicio antes de leer cada texto.

Texto A: «Un accidente»

Se les ha pedido a los estudiantes de una clase de composición que escriban sobre «una experiencia memorable». Este texto narra un incidente memorable en la vida de una joven: un accidente serio que tuvo en su bicicleta. Identifique tres o cuatro preguntas acerca del tema cuyas respuestas le gustaría a Ud. encontrar en el texto. Después, siga con el análisis.

Texto A: Un accidente	*Análisis*
$\mathcal{U}$na tarde iba hacia la universidad en mi bicicleta nueva de diez cambios y tuve un accidente serio. Eran como las seis y media. Estaba preocupada por un trabajo de investigación para la clase de biología. Venía muy aprisa cuando de repente la rueda de mi bicicleta se metió en un charco. Había llovido el día anterior. Casi no recuerdo lo que pasó en ese momento, porque al caer de la bicicleta me di un golpe en la cabeza. Por suerte, mi amigo Martín venía conmigo en su bicicleta. Martín paró y me ayudó. Yo sólo podía pensar en mi bicicleta. Quería saber si se había dañado. Llamamos por teléfono a otra amiga mía para que me llevara al hospital en su coche. Allí me di cuenta por fin de que yo había salido mucho más golpeada que mi bicicleta.	1. ¿Acierta el escritor en contestar sus preguntas? ¿Contesta todas? 2. ¿Cuál es la idea principal que el escritor intenta expresar en este borrador? 3. ¿Se relaciona toda la información directamente con la idea principal? De lo contrario, ¿qué parte(s) no viene(n) al caso? 4. ¿Hay partes sobre las cuales le gustaría a Ud. tener más información (explicación, ejemplos, detalles)? 5. ¿Hay partes del texto en las que de repente Ud. se encuentre «perdido/a»? 6. ¿Captó su interés la introducción? ¿Quiso Ud. seguir leyendo? 7. ¿Qué parte(s) del borrador le gusta(n) más?

Texto B: «El examen»

Se les ha pedido a los estudiantes de una clase de composición que escriban sobre «una experiencia memorable». Este texto narra un incidente memorable en la vida de un joven: cuando se quedó dormido durante un examen. Identifique tres o cuatro preguntas acerca del tema cuyas respuestas le gustaría a Ud. encontrar en el texto. Después, siga con el análisis.

Texto B: El examen	*Análisis*
$\mathcal{U}$na vez pasé toda la noche estudiando para un examen importante de los que se aplican a mediados del semestre. Para un estudiante, estudiar toda la noche no es un evento extraordinario, pero yo recuerdo esa experiencia como única. A causa de la falta de comunicación con mi compañero de cuarto, no empecé a estudiar sino hasta las diez de la noche. Tuve que lidiar con una cafetera que no quería funcionar, una ducha que estaba funcionando demasiado bien, un gato que quería	1. ¿Acierta el escritor en contestar sus preguntas? ¿Contesta todas? 2. ¿Cuál es la idea principal que el escritor intenta expresar en este borrador? 3. ¿Se relaciona toda la información directamente con la idea principal? De lo contrario, ¿qué parte(s) no viene(n) al caso? 4. ¿Hay partes sobre las cuales le gustaría a Ud. tener más información (explicación, ejemplos, detalles)?

(continúa)

Texto B: El examen

jugar conmigo y amigos que insistían en conversar. A pesar de todo esto, en algún momento de la noche pude al fin repasar mis apuntes y cuadernos, de forma tal que unas cuantas horas después, cuando el profesor repartió los exámenes, creí saber las respuestas a todas las preguntas. Desgraciadamente, quise descansar los ojos antes de resolver el examen, y me quedé dormido. Cuando desperté, el examen ya no estaba sobre mi escritorio.

Análisis

5. ¿Hay partes del texto en las que de repente Ud. se encuentre «perdido/a»?

6. ¿Captó su interés la introducción? ¿Quiso Ud. seguir leyendo?

7. ¿Qué parte(s) del borrador le gusta(n) más?

Consultar y recomendar. Dividan la clase en grupos de tres o cuatro estudiantes. La mitad de los grupos trabajará con el Texto A y la otra mitad con el Texto B. Los miembros de cada grupo deben compartir su análisis del texto asignado. ¿Hay mucha diferencia de opiniones? Después de llegar a un acuerdo colectivo, cada grupo debe formular un plan de revisión para su texto basándose en sus comentarios. Presenten su plan al resto de la clase y prepárense para justificar sus sugerencias.

PLAN DE REVISIÓN: LA NARRACIÓN _____
(nombre del texto)

1. Comentarios positivos sobre el texto (sobre su totalidad o relacionados con un aspecto en particular, por ejemplo, una parte de la historia, un personaje o el lenguaje que utiliza el escritor). Sea lo más específico que pueda.

2. Identifique la idea principal del texto y las tres partes principales de la historia.

3. Los lectores quieren saber lo siguiente con respecto a esta historia o este tema (marque la caja con este simbolo ✓ si el texto contesta las preguntas):

   ☐ _____
   ☐ _____
   ☐ _____
   ☐ _____

4. Comentarios constructivos sobre el texto:
   • detalles que necesitan agregarse, reorganizarse o cambiarse
   • cambios que podrían hacer más vivo y efectivo el lenguaje

5. Otros cambios que se recomiendan.

TÉCNICA DE UNA LISTA DE CONTROL

El siguiente proceso de revisión puede aplicarse tanto a su propia composición como al escrito de un compañero / una compañera. Para utilizar este proceso, debe examinar el borrador que escribió Ud., o el que escribió su compañero/a, para la tarea de este capítulo. Conteste cada una de las preguntas de la lista de control. Puede utilizar las preguntas incluidas en esta lista de control o recopilar su propia lista, según los elementos que le parezcan más importantes y apropiados.

Cuando acabe, basándose en las respuestas, formule un plan de revisión para su texto.

EN EL CUADERNO DE PRÁCTICA...

Ud. puede recopilar su propia lista de control, con preguntas diferentes, según los elementos que le parezcan importantes y apropiados **(Capítulo 2, Segunda etapa).**

LISTA DE CONTROL PARA LA NARRACIÓN

☐ ¿Cuál es la meta o el propósito de la narración?

☐ ¿Qué describe específicamente la composición? ¿Cuál es la idea principal del texto?

☐ ¿A quién le escribo? ¿Quién es mi lector y qué quiere saber acerca del tema?

☐ ¿Qué preguntas puede hacerse el lector con respecto a este tema? ¿Las he contestado todas?

☐ ¿Qué impresión quiero dejar en el lector?

☐ ¿Hay en la narración una presentación, una complicación y un desenlace?

☐ ¿Qué detalles incluí en el texto? ¿Cómo contribuye cada detalle a lograr mi propósito?

☐ ¿En la composición hay algún detalle que no contribuya lo suficiente a crear la impresión que quiero dejar?

☐ ¿Capta la introducción el interés del lector?

☐ ¿Qué detalle escogí para terminar la narración? ¿Por qué lo escogí?

☐ ¿Utilicé un vocabulario vivo y preciso o utilicé términos generales y abstractos que no captan la esencia de lo que quiero compartir?

Piénsalo...   Como bien ya sabes, es importante hacer distinciones entre la revisión del contenido y la revisión de la forma. Tambiéa se puede formulas una lista de control para la revisión de la forma. Hay un ejemplo en las páginas 66–67.

TERCERA ETAPA: *La revisión de la forma y la preparación de la versión final*

Al llegar a esta etapa se supone que el contenido y la organización de un escrito han pasado por una revisión rigurosa y que el escritor está satisfecho con ellos. Ha llegado el momento de poner atención a las cuestiones de la forma. En esta última etapa, Ud. tendrá la oportunidad de

- repasar los tiempos pasados en español
- pulir la forma de su escrito, repasando sistemáticamente la gramática, el vocabulario y la ortografía
- redactar una versión final de la tarea, para entregarla

Esta revisión le será más fácil si la emprende por pasos; en cada paso se enfoca un solo aspecto de la forma.

La lista de control a continuación resume las partes que se van a enfocar en esta revisión.

> **EN EL CUADERNO DE PRÁCTICA...**
>
> *hay actividades para practicar los aspectos gramaticales y el vocabulario presentados en los siguientes pasos.*
>
> *También hay una sección adicional,* **Repaso de aspectos básicos,** *donde Ud. puede repasar «Las preposiciones a y en».*

 ### PASO 1 — REVISIÓN DE LOS ASPECTOS GRAMATICALES: LOS TIEMPOS PASADOS

Una narración puede escribirse en el tiempo presente o en el pasado. Cuando se escribe en el pasado, los tiempos que se usan con más frecuencia para referirse a acciones terminadas son el pretérito y los tiempos perfectos (el presente perfecto y el pluscuamperfecto). El imperfecto simple y el imperfecto progresivo se usan para describir dos o más acciones que ocurren simultáneamente. A continuación se resumen brevemente los usos de mayor frecuencia.

El pretérito y los tiempos perfectos

Estos tres tiempos verbales se refieren a acciones que se completaron en el pasado. El pretérito y el presente perfecto describen acciones que ocurrieron antes de un momento determinado en el presente. El pluscuamperfecto describe una acción que ocurrió antes de un momento en el pasado.

TIEMPO	PUNTO DE REFERENCIA	EJEMPLOS	ANÁLISIS
Pretérito	Presente	Ayer **fuimos** al teatro y **vimos** una obra trágica.	*Las dos acciones ocurrieron antes del momento actual.*
Presente Perfecto	Presente	**¿Ha visto** Ud. esta obra? No **he ido** al teatro recientemente.	*Se habla de acciones que ocurrieron antes del momento actual.*
Pluscuam- perfecto	Pasado	Ya **habíamos comido** cuando ellos llegaron.	*La acción de llegar ocurrió en el pasado; la acción de comer ocurrió en un momento anterior.*

En la mayoría de los casos, el uso del presente perfecto es igual en español que en inglés: se refiere a una acción que ocurrió antes del momento actual. Como el pretérito también tiene esta función, son frecuentes los casos en que los dos tiempos se sustituyen libremente en ambas lenguas.

¿Ha visto Ud.
¿Vio Ud. } esa obra?   ¿Has comido
¿Comiste } ya?

El presente perfecto *no* puede reemplazar al pretérito si la acción se asocia explícitamente con un momento pasado.

En 1941 { fuimos
*hemos ido } a Europa.   Me corté
*Me he cortado } el dedo ayer.

Se emplea el asterisco (*) para señalar una forma defectuosa.

Por otro lado, el presente perfecto se usa con mucha frecuencia para indicar que cierta acción pasada tiene alguna importancia o impacto especial en las acciones o las emociones actuales.

¡Qué susto! ¿Por qué **has gritado**?

(*El grito tiene un impacto emocional en el presente.*)

Porque me **he cortado** el dedo.

(*La acción tiene un impacto actual.*)

¡Levántate! **Ha entrado** el rey.

(*Su entrada tiene la importancia especial de motivar la acción actual: levantarse.*)

El uso del pretérito y del imperfecto en la narración

Los dos tiempos más comunes en la narración son el pretérito y el imperfecto. En la narración se usan de acuerdo con el siguiente cuadro.

TIEMPO	TIPO DE ACCIÓN
Pretérito	1. Una acción que adelanta la narración 　　**Tocó** la puerta. **Entró. Saludó** a su madre. 2. Una acción limitada en el tiempo 　　**Estudió** toda la noche. 　　**Llamó** mil veces. 3. Un hecho empezado o completado en el pasado (*no* la descripción de una escena) 　　**Cerró** el libro. 　　**Empezó** a llover a las ocho. 　　Se **fue** inmediatamente. 4. Un cambio emocional, físico o mental (*no* la descripción de una condición o un estado) 　　Todos se **alegraron** al oír las noticias. 　　Se **puso** pálido. 　　**Supo** que murió el niño.
Imperfecto	1. Una expresión que describe la situación o que pinta el cuadro en el que tiene lugar lo narrado 　　**Era** tarde. **Hacía** mucho frío. 2. Una acción continua interrumpida por otra acción 　　Mientras **cantaba,** llegó mi hermano. 　　**Mirábamos** la televisión cuando sonó el teléfono. 3. Una acción continua o repetida sin límite de tiempo 　　De niña, **trabajaba** en una tienda pequeña. 　　**Íbamos** todos los veranos. 4. La descripción de un estado emocional, físico o mental 　　**Quería** casarme con ella aunque **estaba** gravemente enferma. 　　**Creía** en Dios, pero no **pensaba** en eso. 5. Una acción anticipada desde un punto de vista pasado 　　Al día siguiente **iba** a tener una fiesta. 　　Como **había** un examen la semana próxima, no tenía tiempo para divertirme.

PASO 2 REVISIÓN DE LOS ASPECTOS GRAMATICALES YA ESTUDIADOS

Después de revisar los usos del pretérito y el imperfecto, revise los usos de **ser** y **estar** en su escrito para la tarea de este capítulo. Si es necesario, repase las reglas incluidas en el capítulo anterior.

PASO 3 REVISIÓN DEL VOCABULARIO Y DE LA EXPRESIÓN

Después de revisar la gramática, lea su escrito de nuevo, con ojo particularmente crítico en el vocabulario.

PASO 4 REVISIÓN DE LA ORTOGRAFÍA

Después de revisar los aspectos gramaticales y el vocabulario, repase su escrito, buscando los posibles errores de acentuación y ortografía.

¡! *Piénsalo...* Si puedes, pídele a un compañero / una compañera que lea tu texto para buscar posibles errores gramaticales o en la expresión. Le puedes facilitar la lectura si le preparas una lista de control, indicando con claridad los puntos de mayor importancia. Si necesitas repasar tú mismo/a tu propio escrito, también te resultará útil crear una lista de control que se enfoque específicamente en los aspectos de la forma.

LISTA DE CONTROL: ASPECTOS DE LA FORMA

1. *El uso de **ser** y **estar***

☐ ¿Ha analizado Ud. todos los usos del verbo **ser** que se encuentran en su composición?

☐ ¿Ha analizado todos los usos del verbo **estar**?

2. *El uso del pretérito y del imperfecto*

☐ ¿Ha analizado Ud. todos los usos del pretérito que se encuentran en su composición?

☐ ¿Ha analizado todos los usos del imperfecto de indicativo?

LISTA DE CONTROL: ASPECTOS DE LA FORMA

3. *El vocabulario y la expresión*

☐   ¿Ha incluido Ud. vocabulario vivo?

☐   ¿Ha incluido diálogo?

☐   ¿Hay demasiada repetición de palabras?

4. *La ortografía*

☐   Apunte las palabras dudosas que ha encontrado al revisar su composición.

☐   Apunte los cambios hechos después de consultar un diccionario.

◆ **PASO 5**   **PREPARACIÓN DE LA VERSIÓN FINAL**

Escriba una nueva versión de su trabajo ya con las correcciones y los cambios necesarios.

EN SU LIBRETA...

¡Es la hora de escribir la versión final de la tarea de este capítulo!

3
CAPÍTULO

La exposición (Parte 1)

Orientación

LA EXPOSICIÓN (PARTE 1): EL ANÁLISIS Y LA CLASIFICACIÓN

En la descripción y la narración, el escritor desea crear una imagen visual o recrear una experiencia personal para el lector. En el contexto académico, sin embargo, la redacción suele tener otros propósitos; por ejemplo: informar, aclarar, explicar, analizar, definir, evaluar, probar, discutir y recomendar. El tipo de redacción que se utiliza para lograr estos propósitos se llama **exposición.** En este capítulo y en el siguiente se exploran varias maneras de organizar una exposición.

Dos técnicas que se usan con frecuencia en la exposición son el análisis y la clasificación. La exposición analítica, o sea el análisis, tiene como propósito exponer o presentar un tema por medio del estudio de cada una de sus partes. Por ejemplo, una exposición analítica sobre las flores hablaría sobre las partes de la flor; es decir, la raíz, el tallo y los pétalos. Una exposición analítica sobre la novela hablaría sobre los personajes, el argumento, el escenario y los demás elementos que la componen. Analizar significa «distinguir y separar las partes de un todo hasta llegar a conocer sus principios o elementos». Una exposición que utiliza la técnica del análisis, entonces, es la presentación de un objeto, institución, proceso, etcétera, con atención a sus aspectos constitutivos. La exposición que utiliza el análisis contesta a la pregunta: «¿De qué partes o elementos se compone la entidad que se presenta?»

En contraste, la clasificación contesta la pregunta: «¿Qué clases existen y cómo se relacionan?» Clasificar es, en su sentido más básico, ordenar o agrupar conceptos o entidades para lograr identificar las características que unen o separan los diferentes grupos. Una exposición sobre las flores, por ejemplo, que tuviera como propósito clasificarlas, hablaría de los diferentes tipos de flores utilizando algún criterio específico para dividirlas en clases. Una exposición clasificatoria sobre la novela latinoamericana presentaría quizá las características de la novela romántica, de la novela realista, de la novela modernista, etcétera.

En resumen, el análisis empieza con *una* entidad y la divide en varias partes según ciertos criterios; en cambio, la clasificación parte de *muchas* entidades y acaba por agruparlas según algún orden específico. El análisis de un poema, por ejemplo, podría hablar del tema, la rima, las imágenes y las metáforas del mismo, mientras que la clasificación de un poema hablaría de poemas épicos, líricos, narrativos, etcétera, y explicaría qué características del poema permiten situarlo dentro de una clase en particular.

> Este capítulo se enfoca en el **análisis** y la **clasificación,** mientras que el **Capítulo 4** trata de las técnicas de la comparación y el contraste, y de la causa y el efecto.

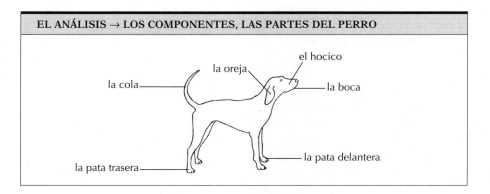

EL ANÁLISIS → LOS COMPONENTES, LAS PARTES DEL PERRO

el hocico
la oreja
la cola
la boca
la pata delantera
la pata trasera

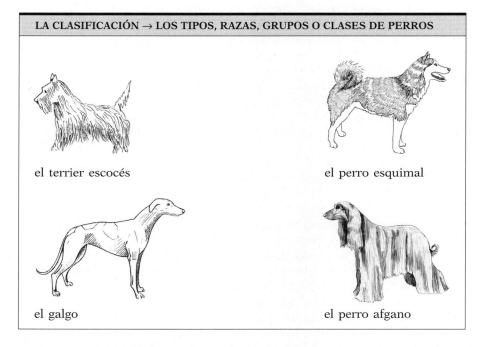

LA CLASIFICACIÓN → LOS TIPOS, RAZAS, GRUPOS O CLASES DE PERROS

el terrier escocés

el perro esquimal

el galgo

el perro afgano

La exposición típicamente incluye dos componentes: una **declaración general (la tesis)** y **la evidencia específica** para apoyarla.

LA ESTRUCTURA DE LA FAMILIA—LA TRADICIÓN SE RETIRA

Según algunos expertos, «la estructura familiar está determinada en gran medida por la formación, el funcionamiento y las posibilidades de disolver el matrimonio». Hoy se puede observar por toda Europa tendencias que prueban esta aserción y muestran que el perfil de la familia está cambiando radicalmente.

¿En qué aspectos se observa esta transformación? Primero, se ha visto por toda Europa una pérdida del valor del matrimonio como institución y un aumento en las relaciones informales. El divorcio es hoy mucho más común y mucho menos estigmatizado de lo que era en el pasado. Para citar sólo algunos ejemplos, en Italia en el año 2000, el número de divorcios había aumentado un 30% desde 1990. En Francia, el número de divorcios se había cuadruplicado desde 1965; desde 1980, el número deadultos en ese país que deciden no casarse había aumentado un 12%. Las «uniones consensuales» o las «uniones de hecho» hoy alcanzan a un 30% de la población en Francia. Como consecuencia, se ha visto un aumento en el número de hijos extramaritales: en muchos de los países de la unión europea, la cifra llega a casi el 25% de todos los niños.

El segundo indicio de los cambios en la estructura de la familia es el enorme aumento de las familias monoparentales, lo cual representa un cambio demográfico y social significativo. En las últimas dos décadas, prácticamente se ha triplicado el número de niños que viven en un hogar sólo con la madre o el padre; actualmente, uno de cada 10 niños vive en un hogar con sólo uno de los padres. Hoy en día, muchas madres solteras deciden serlo por elección; es decir, muchas de ellas nunca se han casado ni tienen intención de hacerlo. El modelo de familia monoparental más frecuente es el de la madre soltera o viuda, pero también existen cada vez más hombres que han decidido hacerse responsables de la crianza de sus hijos sin vivir en pareja. Por ejemplo, en Alemania, el número de familias monoparentales con un hombre a la cabeza ha aumentado un 63%.

Tercero, las familias son cada vez menos numerosas, ya que muchas parejas deciden o bien no tener hijos o tener menos hijos de los que han tenido sus padres. Por ejemplo, en Italia en 1960, la tasa de fertilidad (el número de niños que tuvo cada mujer) era de 2,4; hoy es solamente de 1,2. Esta tendencia tendrá un impacto demográfico severo en el futuro, ya que habrá menos jóvenes para costear los gastos de manutención de la generación anterior. Al mismo tiempo, puede causar una fragmentación o ruptura entre aquellos que tienen hijos y aquellos que no los tienen. La pregunta clave es: ¿cómo se deben repartir los fondos gubernamentales para los servicios sociales?

La pérdida del valor del matrimonio, el aumento de la familia monoparental y el empequeñecimiento de la familia han creado un perfil de la «típica familia europea» muy diferente al perfil de hace apenas una generación.

En este texto se trata **un tema** general: la transformación de la estructura familiar. **La idea principal** (declaración general o tesis) es que la estructura de la familia en Europa está cambiando radicalmente. **El**

propósito es informar al lector acerca de estos cambios, ofreciéndole varios ejemplos concretos.

Al igual que en la narración o en la descripción, el escritor de un texto expositorio puede hablarle a su lector de manera personal e informal, buscando captar su interés con ejemplos divertidos o llamativos. Sin embargo, al ser la exposición uno de los dos tipos de escritura que se asocian con el contexto académico —el otro es la argumentación, que se estudiará en los **Capítulos 5** y **6**— es común que el escritor busque establecer una **perspectiva** objetiva y un **tono** formal.

El texto «La estructura de la familia» es un ensayo expositorio que ejemplifica la estructura típica del género: la declaración de la tesis seguida de la evidencia que la apoya. El primer párrafo declara la tesis: la estructura de la familia en Europa está cambiando radicalmente. Elsegundo párrafo defiende la tesis con información relacionada con el primer punto de apoyo: la pérdida del valor del matrimonio y el aumento de las relaciones informales. El tercer párrafo ofrece datos relacionados con el segundo punto de apoyo: el número de las familias monoparentales ha aumentado mucho. El cuarto párrafo describe el tercer punto de apoyo para la tesis: la disminución del número de hijos. El último párrafo resume la idea principal con una paráfrasis de la tesis. Este tipo de organización es muy común en los textos expositorios.

No obstante, hay varias maneras de organizar la evidencia en un texto expositorio. Todo depende de cómo se limite y enfoque el tema, y luego de la manera en que la tesis resuma la información reunida. Por ejemplo, digamos que un estudiante quiere escribir sobre el tema de la Inquisición española.

- El estudiante podría abordar el tema con el propósito de explicar cómo funcionaba esa institución. Para hacerlo, podría utilizar la técnica de **análisis** para presentar su información. En este caso haría su enfoque en los miembros de la Inquisición, los métodos de esta y sus procedimientos.

- Si al estudiante le interesara no el funcionamiento de la Inquisición sino el efecto que tuvo en la sociedad y la cultura de esa época, para la organización de sus datos podría valerse, entre otras técnicas, de **la clasificación.** En este caso, por ejemplo, podría desarrollarse una clasificación del impacto que tuvo la Inquisición en diferentes campos: sociológico, artístico, económico, etcétera.

- El estudiante también podría examinar tanto el impacto como el funcionamiento de la Inquisición por medio de **la comparación y el contraste** (técnica que se explora en detalle en el **Capítulo 4**). Por ejemplo, podría comparar y contrastar el impacto general de la Inquisición española con el de la Inquisición romana, o comparar y contrastar sus efectos verdaderos con los que le han atribuido varios historiadores. También podría parecerle al estudiante más eficaz explicar el funcionamiento de la Inquisición comparándolo con algo que su lector ya conoce, así como el funcionamiento de la Inquisición española en comparación con el de la Inquisición romana, o el funcionamiento de la Inquisición en comparación con el funcionamiento de la policía secreta de un sistema totalitario.

Al ser la Inquisición un tema bastante amplio, generar ideas para una exposición sobre la Inquisición puede resultar difícil, pero generar ideas con el objeto de responder a preguntas específicas es mucho más fácil. Por ejemplo, con respecto al tema de la Inquisición, las ideas para las exposiciones descritas anteriormente responden a preguntas como las siguientes.

- ¿Cómo funcionaba la Inquisición?

- ¿Qué impacto tuvo la Inquisición en la sociedad y cultura de su época?

- ¿Cuáles fueron las semejanzas entre la Inquisición española y la romana? ¿Cuáles fueron las diferencias?

- ¿Fue tan negativo el impacto de la Inquisición española como lo han presentado a través de la historia?

La exposición, entonces, puede conceptuarse como la respuesta a una pregunta específica. Tomemos esta vez como ejemplo el tema del «*political correctness*». Para enfocar el tema y generar ideas, conviene hacer preguntas específicas como las que siguen.

- ¿Qué significa «political correctness»?

- ¿A qué comportamientos o maneras de pensar se refiere?

- ¿Con qué individuos o grupos se asocia más el concepto de «political correctness»?

- ¿Cuál es el origen del término y del concepto?

- ¿En qué contextos actuales tiene mayor impacto?

- ¿Qué dio origen al concepto de «political correctness»? ¿A qué causa o circunstancia responde?

- ¿Cuáles son las consecuencias de tal concepto?

- ¿En qué se asemeja a «los buenos modales»? ¿a la censura? ¿En qué es diferente?

Para poder responder a cada una de las preguntas anteriores, sería necesario que la explicación o presentación enfocara un aspecto diferente en cada caso.

Escribir una exposición, entonces, es conceptuar un tema de manera que lo escrito logre contestar una pregunta específica. El secreto de escribir una buena exposición reside en escoger un buen tema, saber limitarlo y luego enfocar una pregunta determinada. Veamos en detalle cada uno de estos pasos.

Escoger

El primer paso es escoger un tema global o general: una amplia categoría temática que sea de interés personal. La descripción y la narración implican temas concretos, puesto que pintar un cuadro y recontar un incidente generalmente enfocan lo que se puede ver, oír o tocar. Por otro lado, el tema de una exposición puede ser concreto, pero lo más común es que sea abstracto: una idea o concepto que Ud. va a examinar y explicarle a su lector.

¡¡!   **Piénsalo...**   Un tema general te ofrece muchas posibilidades en cuanto a cómo vas a explorar y desarrollar ese tema, pero si es demasiado genérico, acabarás escribiendo un libro, no un ensayo. Elige algo que te interese (siempre es más fácil escribir sobre algo que te parezca interesante), un tema sobre el que ya sepas algo o tengas interés en aprender. De este modo, tendrás la información necesaria para explicarle el tema a tu lector o, al menos, la motivación para investigar el tema más profundamente.

Limitar

El segundo paso requiere que se limite el tema escogido. Obviamente, si se desea escribir una exposición de unas doscientas cincuenta palabras y se ha escogido un tema muy amplio, ocurrirá una de dos cosas: o la exposición resultará demasiado general, o el escritor sobrepasará el límite de palabras impuesto.

Limitar un tema global o general consiste en dividirlo en partes, seleccionar una de ellas y limitar aún más la parte seleccionada. Al limitar un tema, primero se piensa en las posibles subdivisiones del mismo y se sigue subdividiendo hasta dar con un tema que quepa dentro de los límites fijados para la exposición. El cuadro de la próxima página ilustra cómo se puede dividir un tema general en aspectos cada vez más limitados y, finalmente, cómo se enfoca un aspecto específico mediante preguntas.

Enfocar

Se enfoca el tema limitado haciendo preguntas específicas para lograr encontrar un aspecto reducido del mismo. Las preguntas sirven para subdividir el tema y limitarlo aún más. Como paso final, se selecciona

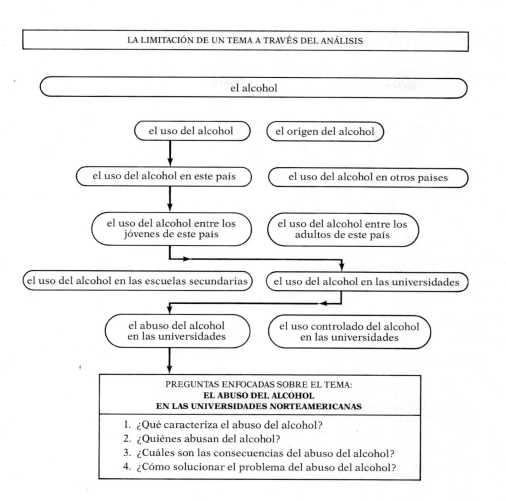

LA LIMITACIÓN DE UN TEMA A TRAVÉS DEL ANÁLISIS

el alcohol

el uso del alcohol   el origen del alcohol

el uso del alcohol en este país   el uso del alcohol en otros países

el uso del alcohol entre los jóvenes de este país   el uso del alcohol entre los adultos de este país

el uso del alcohol en las escuelas secundarias   el uso del alcohol en las universidades

el abuso del alcohol en las universidades   el uso controlado del alcohol en las universidades

PREGUNTAS ENFOCADAS SOBRE EL TEMA:
**EL ABUSO DEL ALCOHOL
EN LAS UNIVERSIDADES NORTEAMERICANAS**

1. ¿Qué caracteriza el abuso del alcohol?
2. ¿Quiénes abusan del alcohol?
3. ¿Cuáles son las consecuencias del abuso del alcohol?
4. ¿Cómo solucionar el problema del abuso del alcohol?

una sola pregunta, cuya respuesta dé como resultado una exposición de la extensión deseada. Note que en el cuadro arriba varias de las subdivisiones del tema global «el alcohol» pudieron haberse usado como temas de una exposición de gran extensión.

Para enfocar un tema, es importante saber cómo hacer preguntas que abarquen los diferentes aspectos del mismo. En los capítulos anteriores Ud. utilizó una serie de preguntas para enfocar la descripción (página 20) y la narración (página 51). El cuadro que aparece a continuación contiene ejemplos de algunas preguntas de enfoque que pueden utilizarse para captar aspectos de varios tipos de temas que se prestan a la exposición.

PREGUNTAS DE ENFOQUE	TIPO DE TEMA
• ¿Qué es? ¿Cómo se define?	
• ¿Cómo es?	
• ¿Para qué sirve?	
• ¿Dónde se encuentra?	cosa
• ¿Cuál es su origen?	
• ¿Qué importancia/impacto tiene?	
• ¿Cómo se hace?	
• ¿Qué significa? ¿Cuál es su propósito?	
• ¿Cómo se define?	
• ¿Por qué es importante/interesante/problemático?	
• ¿Quiénes comparten/rechazan esta idea?	
• ¿Qué evidencia apoya/contradice la idea?	idea
• ¿Qué ejemplos hay de esta idea?	
• ¿Qué ideas son semejantes/diferentes a *X*?	
• ¿Cuáles son las causas / los efectos de *X*?	

Piénsalo...   Durante el proceso de enfocar un tema, es importante no ser demasiado estricto al juzgar el valor o utilidad de las preguntas de enfoque que te vengan a la mente. Esta actitud puede crear obstáculos mentales que impedirán una exploración cabal del tema. Conviene mejor anotar todas las ideas y asociaciones que te vengan a la mente; luego habrá tiempo para evaluar la lista y eliminar las ideas que no sean útiles. El proceso de hacer una lluvia de ideas o generar ideas se caracteriza por esta simple regla: primero pensar, luego repasar y revisar.

Como se ha indicado antes, los ensayos expositorios siempre tienen dos partes: una tesis y la evidencia que la apoya. Las preguntas de enfoque representan distintas maneras de dirigir la investigación acerca de un tema; la información que uno busca depende de estas preguntas. Del mismo modo, las preguntas de enfoque pueden sugerir maneras de organizar y presentar la información reunida.

WWW *Rincón del escritor*
Consulte el **Rincón del escritor** para aprender más acerca del bosquejo.
www.mhhe.com/composicion5

La elaboración de la tesis

Después de haber limitado el tema y enfocado un aspecto específico del mismo, se empiezan las investigaciones y la recolección y examen de los datos. Según lo que revelen estos pasos, se elabora la tesis del ensayo. La tesis se escribe generalmente como respuesta a una pregunta de enfoque. Por ejemplo, volviendo al texto sobre la estructura de la familia europea (páginas 70–71), podemos suponer que el escritor empezó con un tema general («la familia»). Luego, lo limitó hasta enfocarse en la estructura de la familia; a continuación lo limitó aún más al enfocarse en la estructura de la familia en Europa. Después se planteó una pregunta específica (¿cómo es el perfil de una familia europea típica?) para guiar su investigación del tema. Según lo que revelen los datos reunidos, su tesis podría tomar una de las siguientes formas.

> EN EL CUADERNO DE PRÁCTICA...
>
> *hay más información y actividades para practicar la organización del párrafo y la oración temática (**Capítulo 3, Primera etapa**).*

1. No existe una familia europea típica: el perfil de la familia varía según el país.

2. La estructura de la familia europea ha cambiado mucho en los últimos años.

3. La importancia y el rol de la familia en la sociedad europea moderna han cambiado mucho, pero la estructura de la familia es la misma que hace siglos.

A veces el escritor obtiene la información necesaria para contestar la pregunta de enfoque por medio de varios tipos de investigación. En otros casos, el escritor puede recurrir al mismo proceso de la generación de ideas para encontrar algunas que se relacionen con su tesis. Y, al igual que antes, es importante controlar la tendencia a la rigidez durante este proceso: primero hay que pensar, luego repasar y revisar.

Piénsalo...   Algunos escritores prefieren organizar los datos mediante un bosquejo formal que luego les sirve de guía mientras escriben. Otros empiezan con un plan más esquemático y siguen explorando el tema mientras escriben. En ambos casos, son muy pocos los escritores, incluyendo los profesionales, cuyos borradores resultan ser idénticos a la versión final. En la gran mayoría de los casos, hay muchos cambios entre la primera y la última versión de una exposición. El proceso de escribir —es decir, de poner por escrito los pensamientos— ayuda al escritor a descubrir qué es lo que intenta establecer y qué quiere comunicar al respecto.

La exposición con base en el análisis y la clasificación

Lea a continuación un texto expositorio basado en el artículo escrito por Manuel Pernas, para **www.emprendedores.es,** sobre las observaciones de Juan Carlos Cubeiro, uno de los principales *gurús* españoles sobre el liderazgo. ¿Piensa Ud. que en este texto se utiliza la técnica del análisis o la de la clasificación?

LAS LECCIONES DE *EL QUIJOTE*

«*S*é padre de las virtudes y padrastro de los vicios. No seas siempre riguroso, ni siempre blando, y escoge el medio entre estos dos extremos, que en esto está el punto de la discreción.» Este sensato consejo sobre cómo comportarse en relación con los subordinados no está sacado de ningún libro moderno de técnicas de gestión empresarial. Se puede leer en la segunda parte de una obra que en estos días cumple 400 años desde su publicación: *El ingenioso hidalgo Don Quijote de La Mancha.*

¿*El Quijote* como ejemplo para el buen proceder en la empresa? Muchos de los pensamientos que se desarrollan en esta obra se corresponden bien con las ideas de un directivo moderno, con grandes dotes de líder y sólidos principios éticos. De un ejecutivo implicado con su empresa y con los principios del buen gobierno corporativo. Así lo observa **Juan Carlos Cubeiro,** uno de los principales *gurús* españoles sobre liderazgo, que ha hecho el esfuerzo de analizar a fondo el libro más conocido de Miguel de Cervantes y el más leído después de la *Biblia.*

Para Cubeiro, se trata de un texto enteramente humanista que, más allá de los filtros de la censura de la época, encierra un mensaje de aspiración a unos ideales nobles y elevados: «*El Quijote* nos enseña a emular a los mejores.» Por ejemplo, el famoso episodio de la arremetida contra los molinos se puede leer también como «una lucha contra la inercia», una reivindicación del carácter del emprendedor que sigue el camino elegido, aunque sea frente a la corriente mayoritaria. Según **José Luís Álvarez,** director del Centro de Gobierno Corporativo del Instituto de Empresa, la lectura de *El Quijote* puede resultar de gran interés para los directivos: «Don Quijote es alguien con una visión caballeresca de la vida y que la sigue con gran pasión, disciplina y persistencia. Resulta alguien muy metódico en el cumplimiento de su misión.» Una constancia que, como se sabe, es una actitud necesaria para la consecución de objetivos, aun «cuando las probabilidades de triunfar sean pocas». Los ideales de don Quijote pueden ayudar a liberar el talento del buen directivo, tal como afirma Juan Carlos Cubeiro. Pero no sólo le sirven a él, sino que «son ideas que valen para todos, porque en todos los niveles de decisión hacen falta líderes».

Analizando a fondo la conocida novela de Cervantes, Cubeiro señala siete pautas en el comportamiento de don Quijote que resultan útiles para todo líder organizativo:

1. **Perseguir un ideal.** Don Quijote tiene unos objetivos claros y unos valores para guiarse. Trata siempre de trabajar por metas ambiciosas. Es alguien que no se conformaría con aumentar unos pocos puntos los beneficios de su empresa. Esta filosofía se pone de manifiesto en frases como las siguientes:

   - «Y advertid, hijo, que vale mucho más buena esperanza que ruin posesión» (2ª parte, cap. 7).
   - «El principal asunto de mi profesión es perdonar a los humildes y castigar a los soberbios; quiero decir: acorrer a los miserables y destruir a los rigurosos» (2ª parte, cap. 52).

2. **Transmitir serenedad y confianza.** Don Quijote no se deja desanimar aunque las circunstancias sean negativas:

   - «Advertid, hermano Sancho, que esta aventura y las a esta semejantes no son aventuras de ínsulas, sino de encrucijadas, en las cuales no se gana otra cosa que sacar rota la cabeza, o una oreja menos. Tened paciencia, que aventuras se ofrecerán donde no solamente os puede hacer gobernador, sino más adelante» (1ª parte, cap. 10).

3. **Flexibilidad y perseverancia.** Circunstancias cambiantes como las que viven en los mercados, exigen una combinación de mente abierta, con perspectiva, y un trabajo continuo, sin desánimo. Esta doble facultad del buen líder —lo que Cubeiro denomina «flexeverancia»— también se encuentra en el carácter del hidalgo manchego, que suele lanzarse adelante aun cuando «las probabilidades de triunfar sean pocas»:

   - «Donde una puerta se cierra, otra se abre» (1ª parte, cap. 21).
   - «A Dios rogando y con el mazo dando» (2ª parte, cap. 35).

4. **Fomentar iniciativas.** Hay muestras de este fenómeno en los personajes con los que se van encontrando don Quijote y su escudero:

   - «Que no hay cosa más gustosa en el mundo que ser un hombre honrado escudero de un caballero andante buscador de aventuras» (1ª parte, cap. 52).

5. **Valorar a las personas.** En la segunda parte de *El Quijote,* este se ha convertido en un personaje famoso. Según Cubeiro, los líderes deben afrontar este riesgo: ser vistos sólo como un rol y no alcanzar una relación sincera con sus colaboradores:

   - «Uno no es más que otro si no hace más que otro» (1ª parte, cap. 18).

   Hay que saber también lo que se puede esperar de cada uno, cuáles son sus competencias y puntos fuertes. Dice don Quijote: «No todos los caballeros pueden ser cortesanos, ni todos los cortesanos pueden ni deben ser caballeros andantes» (2ª parte, cap. 6).

Y, con esta información, deberemos establecer nuestras relaciones:

- «Júntate con buenos y serías uno de ellos» (2ª parte, cap. 32).
- «Dime con quién andas, decirte he quién eres.» «No con quien naces, sino con quien paces» (2ª parte, cap. 10).

6. **Generar relaciones.** Entre don Quijote y Sancho existe una relación de confianza y un compromiso compartido. Es un tándem que funciona, que se complementa bien, como debe suceder en los equipos profesionales.

En muchas ocasiones los empleados de una empresa tienden a relacionarse sólo con aquellos que les caen mejor. Más allá de las amistades, debemos buscar la complementariedad en el trabajo.

7. **Influir por autoridad moral.** Cuando Sancho se convierte en gobernador de la ínsula Barataria, don Quijote le escribe dándole una serie de consejos en los que da muestras claras de este talante. Afirma don Quijote:

- «No hagas muchas pragmáticas; y si las hicieras, procura que sean buenas y, sobre todo, que se guarden y se cumplan; que las que no se guardan lo mismo es que si no lo fuesen.»
- «Sé padre de las virtudes y padrastro de los vicios. No seas siempre riguroso, ni siempre blando, y escoge el medio entre estos dos extremos; que en esto está el punto de la discreción.»

El Quijote es una de las obras más grandes de la literatura mundial, cuyo relato ha representado —a lo largo de más de 400 años— una fuente de lecciones e imágenes inolvidables; pero no solamente para quienes lo aprecian como obra literaria. Una novedosa relectura de *El Quijote* encuentra en el carácter del hidalgo ingenioso cualidades importantes para cualquier emprendedor que busca ser líder.

El texto anterior tiene como tema las fuentes de inspiración que los emprendedores pueden encontrar en *El Quijote*. Según la tesis, ciertas cualidades «quijotescas» en realidad se reducen a «tener objetivos claros y guiarse por valores», y por eso pueden servir de modelo a los emprendedores modernos que buscan el éxito. El propósito es informar al lector cómo puede don Quijote enseñarle a uno a ser un buen líder. Al igual que todo texto expositorio, la estructura de este incluye dos partes: la declaración de la tesis (en el cuarto párrafo) y la evidencia que la apoya (algunas partes de la evidencia preceden a la declaración de la tesis; el resto la sigue).

Este texto se organiza según la técnica del análisis. Es decir, el autor empieza con un tema general —la figura de don Quijote como modelo para el hombre de negocios moderno— y después identifica sus cualidades específicas de liderazgo para detallarlas una por una.

Este texto está basado en un artículo que apareció en una revista española para hombres de negocios. Por lo general, el escritor desarrolla el tema de manera objetiva, utilizando dos técnicas que ayudan a establecer un tono formal y objetivo: Primero, el autor explica las cualidades de don Quijote en tercera persona sin intervenir directamente —«don Quijote tiene unos objetivos claros»; «el hidalgo manchego suele lanzarse adelante»; «don Quijote afirma».

Segundo, el autor reporta la información acompañada de citas:

> Esta filosofía se pone de manifiesto en frases como las siguientes: «Y advertid, hijo, que vale mucho más buena esperanza que ruin posesión» (2ª parte, cap. 7).

Sin embargo, de vez en cuando el autor utiliza la primera persona, ofreciendo su evidencia de manera más personal: «*El Quijote* nos enseña... », «con esta información deberemos establecer... ». De la misma manera, las citas tomadas de la novela incluyen consejos de don Quijote en los que este parece hablar directamente al lector: «Sé padre... », «Advertid, hijo,... » «Júntate con buenos... »

> En el repaso de la gramática de este capítulo se comentan las varias formas de la construcción pasiva en español.

¡! Piénsalo... El análisis y la clasificación son dos formas diferentes de considerar un mismo tema. El análisis observa el tema de las lecciones de *El Quijote* y pregunta, ¿cuáles son los elementos de cada lección? En este caso, cada lección presenta cuatro elementos: la identificación de un episodio de la novela, la moraleja o el ideal representado por la acción del caballero, una cita de la historia y la aplicación al mundo moderno. Por otro lado, la clasificación observa el tema y pregunta, ¿qué distintas clases de lecciones hay? Algunas lecciones se enfocan en el liderazgo, otras exploran la moralidad, otras el amor y la fidelidad, etcétera.

Rincón del escritor
Consulte el **Rincón del escritor** para repasar las técnicas de la lluvia de ideas y la redacción libre.
www.mhhe.com/composicion5

Tarea

En este capítulo, Ud. va a redactar un ensayo expositorio sobre un tema que sea de interés para Ud. La evidencia que incluya para apoyar la tesis de su exposición debe organizarse o según la técnica del análisis o según la técnica de la clasificación. Esta tarea la va a completar en tres etapas.

PRIMERA ETAPA: *Antes de redactar*

En esta primera parte del capítulo, Ud. tendrá la oportunidad de

- explorar ideas relacionadas con varios temas que se prestan a la exposición

- experimentar con varias técnicas de organización para luego determinar cómo va a presentar la tesis y la evidencia que la apoya

- experimentar con varias técnicas de prerredacción para eligir el tema y la técnica de organización

- definir el propósito de su escrito

- identificar las necesidades de su lector

LA GENERACIÓN Y RECOLECCIÓN DE IDEAS

Para escribir un ensayo expositorio —no importa si se organiza como un análisis o como una clasificación— el escritor tiene que escoger un tema, limitarlo y luego enfocarlo. Cada uno de estos pasos le ofrece oportunidades para generar y explorar ideas.

 Actividad A   La lluvia de ideas

Cada uno de los temas de la siguiente tabla puede examinarse desde la perspectiva de la clasificación o del análisis. Trabajando con dos o tres compañeros/as, escoja un tema de cada grupo (A, B o C). Hagan dos sesiones de lluvia de ideas para cada tema escogido, para crear preguntas de enfoque: dediquen una lluvia de ideas al análisis y otra a la clasificación. Cuatro o cinco minutos después, pasen al tema del grupo B. Repitan el ejercicio: escojan un tema y hagan dos sesiones de lluvia de ideas para crear preguntas de enfoque: una sesión desde la perspectiva del análisis y otra desde la perspectiva de la clasificación. Después de cuatro o cinco minutos, pasen al grupo C y repitan el ejercicio una vez más. Una persona de cada grupo debe servir de secretario/a para apuntar las preguntas sugeridas.

	TEMAS (MEMORABLES, TERRIBLES, DIVERTIDOS, PERFECTOS,...)	ANÁLISIS: LAS CARACTERÍSTICAS DE...	CLASIFICACIÓN: LAS DISTINTAS CLASES DE...
A	**Las experiencias** • el amor • el «shock» cultural • un empleo • la universidad • una fiesta		
B	**Los fenómenos** • la música • los programas de televisión • la comunicación • la tecnología • los «tests» de autoayuda		
C	**La gente** • los directores de companías (los CEO) • los actores / los músicos • los atletas • los líderes / los héroes / los caballeros andantes • los animales domésticos		

Ahora, resuman los resultados de su trabajo en una tabla de ideas como la que se encuentra a continuación. Escriban los tres temas generales que escogieron; identifiquen para cada tema dos preguntas de enfoque que les parezcan posibles puntos de partida para un ensayo expositorio.

TABLA DE IDEAS		
Tema general	*Pregunta #1*	*Pregunta #2*

Piénsalo...   Al trabajar en las actividades de este capítulo, cuando se te ocurran ideas que podrían servir de tema para una composición, agrégalas a tu tabla de ideas en tu libreta.

Actividad B   La redacción libre

1. Escoja uno de los temas que ha apuntado en su tabla de ideas y una de las preguntas de enfoque indicadas en la tabla para este tema.

2. Escriba en su libreta sobre el tema escogido durante cinco minutos, sin detenerse.

3. Examine lo que acaba de escribir. ¿Cuál parece ser la idea principal de sus observaciones? Resuma la idea principal en una oración.

4. Agregue esta idea a la tabla de ideas en su libreta.

Piénsalo...   Entre los propósitos de la redacción libre están el del desarrollo de la facilidad de expresión y el del desarrollo de la confianza en uno mismo. Es importante que no te preocupes por los errores de la forma, que no te apresures a revisar tu escrito, que no dudes de tus capacidades como escritor. Recuerda que tanto los escritores con mucha experiencia como los principiantes pueden encontrar dificultades al tratar de comunicar sus ideas por escrito. Lo que suele distinguir a los unos de los otros es la manera en que manejan estas dificultades. Las investigaciones sobre el proceso de la redacción indican que los escritores inexpertos utilizan estrategias ineficientes e incluso contraproducentes para escribir; estrategias que intensifican sus problemas. Por ejemplo, los escritores con poca experiencia tienden a abordar la tarea de escribir con una actitud perfeccionista; insisten en «hacerlo bien al primer intento». Estos escritores suelen pasar tanto tiempo tratando de encontrar la palabra precisa, redactando y volviendo a redactar cada oración, que terminan abandonándolo todo. Para los que escriben en una lengua extranjera, la sensación de no conocer suficientemente bien el idioma o de carecer del vocabulario adecuado para escribir bien puede ser muy intensa. No obstante, *la preocupación por la corrección gramatical y por detalles como si se está usando o no la palabra exacta, es de poca utilidad en las primeras etapas del proceso de redacción.* De hecho, cuando los escritores se concentran demasiado en la forma de lo escrito, pierden con frecuencia el hilo de lo que realmente quieren decir.

Actividad C　La lectura: Análisis y discusión

El siguiente texto escrito por Alberto Amato, publicado en **www.clarín. com,** explora el fenómeno de la masculinidad en la época de la tecnología moderna. Como toda exposición, pretende contestar una pregunta determinada al respecto. ¿Puede Ud. identificar cuál es esa pregunta?

TECNOSEXUALES: LOS NUEVOS HOMBRES QUE VIVEN «CONECTADOS»

*S*i usted ignora el sentido de la palabra *gigahertz,* o piensa que *ringtone* es una flamante marca de galletas y que *firewire* es el nuevo goleador del Chelsea, o acaso intuye que *MP3* o *Palm* son los recientes hallazgos de la ciencia contra la depresión de los domingos, tal vez esté un tantín fuera de una tendencia cada vez más marcada entre los hombres de alto poder adquisitivo: ser un tecnosexual, es decir, vivir por y para la tecnología, estar pendiente de los últimos adelantos, llevárselos a casa siempre que se pueda, y casi siempre se puede, e incorporarlos a su vida y a la de su familia como un habitante más.

Tecnosexual no implica que usted vea un Ipod y se arrodille a declararle su amor eterno. Y si tampoco está al tanto de lo que significa Ipod tal vez necesite actualizarse un poquitín. Los expertos toman la definición tan vasta y popular de metrosexual, el señor que vive para su cuerpo y lo muestra, para definir al tecnosexual, el señor que vive para la tecnología, la aplica y la muestra.

Un relevamiento de la empresa Universal McCann hecho sobre cuatro millones de hombres de casi todo el país, revela que el 18%, 718.000, son tecnosexuales, u hombres tecnológicos. —Ya no es aquel aquel hombre brillante que sólo sabía de tecnología, que era introvertido, metido en su mundo e incluso algo descuidado por su apariencia —explica Margaret Grigsby, presidente de McCann World Group Argentina. —Ya no son aquellos casi cavernícolas de la tecnología, sino que son hombres sociables, que les gusta compartir, que salen con amigos, que van al cine y al teatro, hacen deportes, tienen un componente gregario muy importante, contra lo que uno podría imaginar.

¿Qué dicen los datos? Que el hombre tecnológico usa Internet todos los días, que están informados al minuto de los adelantos tecnológicos, que por eso se convierten en punto de referencia para familia y amigos a la hora de recomendar uno, que son los primeros en hacerse del último avance técnico y, en general, concuerdan con frases que aseguran: «Pagaría lo que fuera por un aparato que realmente quisiera», o «Entre mis amigos siempre soy el primero en tener lo último.»

• Son gente más hedonista, para quienes también la tecnología es un símbolo de estatus, y están conscientes de que la tecnologiá es un saber de hombres —explica Grigsby. —Si hace generaciones se decía que el hombre sabe de autos, hoy se dice que el hombre sabe de aparatos, de tecnologiá.

Para Mariela Mociulsky, psicóloga, directora de Consumer Trends, una empresa del grupo CCR de estudio de tendencias, se trata de una nueva forma de vivir la masculinidad, luego de los cambios en los paradigmas sociales de género.

• Este nuevo hombre aprendió a combinar la solidez con la sensibilidad. Son varones sensibles, democráticos, solidarios, que dejaron atrás el modelo patriarcal y machista de generaciones anteriores; han roto las barreras de los estereotipos tradicionalmente considerados femeninos: aceptan la propia vulnerabilidad, aprenden a expresar sus emociones y sus sentimientos, a pedir apoyo y ayuda, También se ven nuevos íconos del consumo masculino. Y la tecnología es uno de ellos. Los mismos hombres reconocen que se dejan tentar por esa categoría de consumo como las mujeres con la ropa.

Si usted se topa con un señor que está concentrado frente a una *laptop* o a una *notebook,* con los auriculares pendientes de un pequeño aparatito no mayor que un encendedor del que surge una música, seguramente bajada de Internet pese a los embates legales, mientras su teléfono se ilumina y hace escuchar un fragmento de la Marcha Triunfal de «Aída», tal vez usted esté frente a un tecnosexual. Es decir, son fáciles de reconocer en acción. También es probable descubrir a un hombre tecnológico cuando habla, sin que esté pendiente de sus aparatos: en general son biblias generosas a la hora de compartir lo que saben, aunque to último no es excluyente.

El estudio no revela, no fue pensado para ello, sentimientos y cualidades del tecnosexual, también llamado «techie». Por ejemplo, sabemos por la encuesta que un «techie» es un tipo fiel a una marca, cuando descubre calidad en ella. ¿Es fiel en su vida? Misterio. Su dominio de la tecnología ¿se extiende a los espacios simples de la vida, o el tipo ve un destornillador y llora? Misterio.

Tampoco importa demasiado. En relación con sus pares del mismo nivel económico, van más al cine, viven mucho más Internet, leen más revistas, ven más televisión por cable. Por raro que parezca, no leen más libros que el medio del argentino medio, que es muy poco.

De la televisión por cable seleccionan los canales de música, deportes, noticias y cine. Prefieren las bebidas hidratantes, las gaseosas *light,* los cereales, la comida rápida y los *snacks,* ideales para comer al lado de la computadora.

Van a gimnasios, toman vitaminas, suplementos alimenticios, controlan su peso, se cuidan, pese a la comida rápida, compran por Internet y en *shoppings* y, en su mayoría, viajaron en avión en el último año y oscilan

---

EN SU LIBRETA...

explore más a fondo el tema de las características de la nueva masculinidad. Haga una lista de los rasgos descritos en el artículo y después examine la lista para buscar una manera de clasificarlos.

¿Cuáles se aplican a:
• *cualquier hombre?*
• *los jóvenes solamente?*
• *los ricos?*
• *los no solteros?*
• *los universitarios?*
• *los ancianos?*
• *los argentinos solamente?*

entre los 30 y los 54 años, una franja de edad asociada al poder adquisitivo. Debe haber muchos chicos que no llegan a poder comprar la tecnología de última generación.

Vimos que son gente a la que le gusta salir —explica Grigsby. —Van a la fiesta o al asado con los amigos, pero están informados por mensajes de texto, por alertas en el celular, porque se conectan a Internet, sin tener que sacrificar la reunión social para chequear como va el partido que juega su equipo favorito.

Así como hay tecnosexuales que gozan sus aparatos, los hay quienes los compran sin saber qué hacer con ellos. La comunidad «techie» los rechaza.

—Si andas con tecnología y no la sabes manejar, puedes quedar en ridículo —dice Grigsby, una nicaragüense que hace un año y medio está en la Argentina. —Tienes un símbolo de poder adquisitivo, pero no de poder intelectual.

—La destreza en el manejo, del caballo antes, del auto, de la tecnología hoy, encarna la masculinidad como expresión de poder y prestigio —sostiene Mociulsky. —Cuanto más sabe y más destreza tiene el hombre, más puede cazar, dominar y conquistar.

Así son los tecnosexuales. Habrá más cada vez, cuanto más fácil y barata sea la tecnología.

1. ¿Cuál es la pregunta central que busca contestar el texto anterior? ¿Cuál es la tesis?

2. El propósito de esta exposición es informar. ¿Cuáles son los datos específicos que incluye para apoyar la tesis?

3. ¿Cómo se organizan los datos, según el análisis o según la clasificación?

4. ¿Cómo es el tono del escrito? ¿Es impersonal y objetivo o más bien personal? ¿Por qué piensa Ud. eso? ¿Qué hay en el texto que crea ese tono? ¿Quién cree Ud. que es el lector anticipado? ¿Cree Ud. que el tono de este artículo es apropiado para su lector anticipado? Comente.

5. ¿Está Ud. de acuerdo con la selección de detalles que ha incluido el escritor para apoyar su posición acerca de la nueva definición de la masculinidad? ¿Por qué sí o por qué no? ¿Hay otros datos que a Ud. le parezcan más importantes?

6. El estudio sobre la masculinidad descrito en el artículo sobre los tecnosexuales se llevó a cabo en la Argentina. ¿Le parece que el

Rincón del escritor
Según Albert Einstein, «muchas veces el progreso es simplemente cambiar de dificultades». Para muchas personas, la tecnología actual representa este tipo de «progreso». ¿Quiénes son y por qué opinan así? Hay un artículo al respecto en el **Rincón del escritor** bajo **Más lecturas**. ¿Conóce a otros que compartirían la misma opinión?
www.mhhe.com/composicion5

fenómeno del tecnosexual se limita a ese país y a otros países latinos o es un fenómeno mundial? Explique. ¿Comparte Ud. la opinión expresada en el texto de que «la tecnología es un saber de hombres»? ¿Por qué sí o por qué no? Según el autor del texto, el número de tecnosexuales va a aumentar, mientras «más fácil y barata sea la tecnología». Y Ud., ¿qué opina?

 7. Los «tecnosexuales» no son los únicos individuos que quedan definidos por su relación con la tecnología. Trabajando en pequeños grupos, ¿pueden Uds. identificar las clases de personas y también especificar las características de cada clase? Compartan su tabla con los otros grupos de la clase. ¿Hay mucha diferencia de opiniones? ¿Agregaron Uds. nuevas tecno-clases o tecno-tipos de individuos? Expliquen. ¿Se encuentra Ud. (o alguno de sus compañeros) en una de estas clases?

LAS CLASES DE PERSONAS	SUS CARACTERÍSTICAS
El geek	
El tecnosexual	
El hacker	
El bloguero	
El tecnofóbico	
El tecnoestresado (o tecnoagobiado)	
El techie	

Como ha visto en el Capítulo 2, muchas veces la narración se combina con la descripción en un solo texto. Del mismo modo, aunque es posible escribir una exposición en la que se use solamente un tipo de organización (ya sea la clasificación, la causa y efecto, u otro), con frecuencia el escritor combina varias técnicas dentro del mismo texto. Por ejemplo, en este texto se utiliza el análisis además de la clasificación. ¿Puede Ud. indicar dónde?

Enfoque

- Repase la tabla de ideas en su libreta y los apuntes de las actividades que Ud. ha hecho hasta este punto.

- Escoja el tema que más le interese personalmente para la tarea de este capítulo.

- En su libreta, haga un <u>mapa semántico</u> de los aspectos del tema que le parezcan interesantes e importantes. Para hacer resaltar el análisis o la clasificación, aquí hay dos preguntas por considerar.

  a. *Análisis:* ¿De qué partes se compone la entidad / el concepto?

  b. *Clasificación:* ¿Cuáles son las diferentes clases de la entidad / del concepto?

TÉCNICAS DE ORGANIZACIÓN Y EXPRESIÓN

Pensando en el lector: La organización del escrito

Cuando Ud. escribe un sólo parrafo o un ensayo que se compone de multiples párrafos, típicamente tiene que llevar a cabo cuatro tareas:

- Identificar una idea central con un propósito y un lector claramente definidos.

- Desarrollar un punto central con hechos, observaciones y experiencias específicas que puedan servir de ejemplos y razones para convencer al lector.

- Organizar los detalles en un orden lógico.

- Escribir una introducción y una conclusión efectivas.

La introducción es muchas veces la parte más importante de un párrafo o un ensayo, puesto que el lector suele basarse en este trozo para decidir si va a seguir leyendo o no. No obstante, muchos expertos suelen escribir la introducción *después* de haber elaborado un borrador de todo el ensayo, una vez que han detectado la idea cabal de lo que realmente quieren demostrar. Ud. va a trabajar más con introducciones y conclusiones en el **Capítulo 4.**

En este capítulo se ha explicado cómo utilizar la técnica de limitar y enfocar un tema para identificar una idea central y elaborar una tesis (páginas 74–75). Al explorar y reunir información acerca de su tema, Ud. puede buscar <u>evidencia</u> —hechos, observaciones y experiencias— para sostener su tesis. El próximo paso consiste en arreglar estos detalles para formar un conjunto coherente y convincente.

Para decidir qué información incluir en un escrito y cómo organizar dicha información, es importante anticipar las necesidades del lector. Así, el escritor hace uso de métodos de organización conocidos para asegurar que el lector comprenda la relación entre una idea y otra, y para que aprecie la importancia respectiva de las distintas ideas (la idea principal y las ideas de apoyo).

En los escritos académicos, los ensayos y párrafos suelen comenzar con una generalización (se le llama **tesis** en el ensayo y **oración temática**

EN SU LIBRETA...

haga un mapa semántico para planear el ensayo que va a escribir para la tarea de este capítulo.

EN EL CUADERNO DE PRÁCTICA...

hay más información y ejercicios de práctica sobre la organización del párrafo, la oración temática y la unidad del párrafo (**Capítulo 3, Primera etapa**).

 Rincón del escritor

Consulte el **Rincón del escritor** para obtener más información acerca de <u>las clases de evidencia</u> en la exposición y la argumentación.

También puede encontrar información sobre <u>la organización del párrafo,</u> <u>la</u> <u>oración temática</u> y <u>las introducciones y conclusiones.</u>

www.mhhe.com/composicion5

Ud. va a practicar tres estrategias específicas para organizar la información en un ensayo o párrafo: la clasificación y el análisis, la comparación y el contraste, y la causa y el efecto. La estrategia culminante se puede combinar con cualquiera de estas tres estrategias.

en el párrafo) que luego se sigue con ejemplos o explicaciones más específicos. A la manera más común de organizar la información en un párrafo o ensayo se le conoce como «estrategia culminante» porque empieza con el punto menos importante y sigue progresivamente hasta concluir (o «culminar») con el punto de mayor peso.

Lo típico es que cada párrafo presente una idea central y que esta pueda encontrarse en una oración dentro del párrafo. A esta oración se le da el nombre de **oración temática.** La oración temática identifica el tema que se va a tratar en un párrafo y sirve como «guía» o «foco» importantísimo tanto para el lector como para el escritor: por un lado, permite que el lector determine el contenido del conjunto; por el otro, ayuda al escritor a seleccionar razones y ejemplos de apoyo que deben incluirse en cada párrafo. Ya que el párrafo se considera una unidad coherente, al dividir una exposición en párrafos, el escritor indica al lector que cada una de estas subdivisiones presenta una idea diferente.

Actividad A   En grupos de dos o tres compañeros/as, hagan una <u>lluvia de ideas</u> para cada uno de los siguientes pares de conceptos. Comparen sus listas con las de los demás grupos de la clase, para crear una lista común por cada par de conceptos. Luego, dentro de su grupo, arreglen las ideas de cada lista según la estrategia culminante. ¿Qué punto merece mencionarse primero? ¿Cuál viene al final de la lista? Comparen sus listas con las de los demás grupos de la clase. ¿Hay mucha diferencia de opiniones?

1. Las diferencias entre una profesión y un empleo

2. Las diferencias entre un equipo y un grupo

3. Las diferencias culturales entre su generación y la generación de sus padres

Actividad B   En cualquier ensayo, la tesis y las oraciones temáticas permiten que el texto sea coherente; sirven como el esqueleto al que luego se le va a agregar evidencia: razones, ejemplos y explicaciones. A continuación hay varias generalizaciones; tal y como están presentadas, resultan demasiado amplias como para guiar el contenido de un ensayo.

1. La contaminación del aire nos afecta a todos.

2. La gran mayoría de las personas no se preocupa por los problemas de los demás.

3. El ruido tiene efectos negativos en las personas.

4. La mayoría de las personas es conformista.

5. Ser bilingüe es una cosa positiva.

www ***Rincón del escritor***
Consulte el **Rincón del escritor** para obtener más información acerca de <u>la coherencia</u>.
www.mhhe.com/composicion5

Realicen las siguientes actividades en grupos de dos o tres estudiantes.

- Conviertan cada generalización en una tesis que pueda desarrollarse detalladamente.

- Escriban tres oraciones temáticas sugeridas por la tesis (o por lo menos asociadas con ella). Arreglen las oraciones de manera lógica.

- Presenten su tesis y oraciones temáticas al resto de la clase.

Entre todos, comenten las siguientes cuestiones.

a. ¿Creen Uds. que la tesis reduce la generalización a una idea que se pueda manejar en un breve ensayo?

b. ¿Creen que la tesis resume bien los puntos principales mencionados en las oraciones temáticas?

c. ¿Se relacionan las oraciones temáticas directamente con los puntos mencionados en la tesis?

d. ¿Les parece lógico el orden de las oraciones temáticas?

Estrategias del escritor: _Las citas_

En el **Capítulo 2,** Ud. observó cómo los diálogos dentro de una narración o descripción añaden interés al texto y hacen que el lenguaje sea más vivo. La exposición no suele incluir diálogo, sino citas directas e indirectas. El propósito es, antes que nada, apoyar la tesis de la exposición: la cita debe contener información importante que refuerce la idea principal del escrito. Asimismo, al igual que el diálogo en la narración, la cita hace que el lenguaje del texto sea más vivo; la selección de una buena cita puede hacer que un argumento se grabe más en la memoria. Por lo general, el escritor de una exposición busca establecer un tono impersonal y objetivo; la inclusión de algunas citas ofrece alguna variedad y ayuda a que el tono no resulte demasiado árido.

Además de las funciones mencionadas, las citas pueden hacer que el lector se identifique con el texto y acepte el razonamiento del escritor.

Una **cita directa** repite al pie de la letra las palabras de la persona a quien se cita. No es siempre necesario introducir al hablante con verbos de comunicación tales como «dice».

> Para Cubeiro, se trata de un texto enteramente humanista que, más allá de los filtros de la censura de la época, encierra un mensaje de aspiración a unos ideales nobles y elevados: «_El Quijote_ nos enseña a emular a los mejores.»

> —Si andas con tecnología y no la sabes manejar, puedes quedar en ridículo —dice Grigsby, una nicaragüense que hace un año y medio está en la Argentina. —Tienes un símbolo de poder adquisitivo, pero no de poder intelectual.

La puntuación en las citas de los textos en este capítulo es típica de los textos en castellano publicados en países hispanoparlantes. Combina el guión largo (—) con las comillas (« »). Los textos en castellano publicados en los Estados Unidos siguen las mismas reglas que en cualquier país hispanoparlante en cuanto a las mayúsculas y la división de palabras, pero para la puntuación siguen las reglas establecidas para el inglés.

A menos que su profesor(a) le dé otras indicaciones, Ud. debe seguir las reglas del español para la división de palabras y las mayúsculas, y las reglas del inglés para la puntuación.

Rincón del escritor

Hay información sobre la puntuación y sobre algunos manuales de estilo en los **Apéndices C** y **D** del **Rincón del escritor.**

www.mhhe.com/composicion5

Rincón del escritor

Consulte el **Rincón del escritor** para obtener más información sobre las citas.

www.mhhe.com/composicion5

Una **cita indirecta** resume las palabras en una paráfrasis.

Para Mariela Mociulsky, psicóloga, directora de Consumer Trends, se trata de una nueva forma de vivir la masculinidad, luego de los cambios en los paradigmas sociales de género.

Según Cubeiro, los líderes deben afrontar este riesgo: ser vistos sólo como el papel que desempeñan y no alcanzar una relación sincera con sus colaboradores.

Actividad A Análisis de textos

1. En el texto sobre las lecciones del Quijote (páginas 78–80) el autor incluye varias citas directas. Vuelva a examinar ese texto. ¿Cuál(es) de las tres motivaciones para incluir citas se observa(n)? ¿Añaden nueva información? ¿Repiten la información, pero en una forma más viva e interesante? ¿Ayudan a convencer al lector de la validez de la presentación? ¿Tienen otro objetivo?

2. También en el texto sobre los tecnosexuales (páginas 85–87) se incluyen varias citas. ¿En qué difiere el uso que se hace de las citas en este texto del uso que se hace en el texto sobre las lecciones del Quijote?

3. El texto sobre los cambios en la estructura de la familia (páginas 70–71) sólo incluye una cita directa. ¿Cuál es? ¿Qué propósito tiene esta cita? ¿Es efectiva? Comente. ¿Le recomendaría Ud. al escritor que incorporara algunas otras citas al texto? ¿Por qué sí o por qué no?

Actividad B Análisis de texto

Lea con cuidado el siguiente texto basado en un artículo publicado en la revista *Muy Interesante* y luego conteste las preguntas de análisis.

EN SU LIBRETA...

examine el tema y los datos que ha reunido para la tarea de este capítulo. ¿Le parece que incluir algunas citas añadiría algo útil o interesante al escrito? ¿Por qué? ¿Qué tipo de citas sería apropiado? ¿Dónde las puede encontrar?

LAS ESTRATEGIAS DE MARKETING Y VENTAS: LA CIENCIA DE LA PERSUASIÓN

¿Qué es la persuasión? ¿Cuáles son las claves para convencer a una persona de que cambie su comportamiento? ¿Qué impulsa a alguien a gastarse el dinero en ese y no en otro producto? La respuesta está en la psicología de la conducta, que es para la publicidad como la genética para la medicina. La investigación teórica se realiza al margen del objeto y uso que pueda hacerse de la persuasión; los mecanismos son los mismos tanto si se tiene una causa noble (por ejemplo, convencer a los jóvenes del uso del preservativo) como perversa (un líder de una secta que trata de que sus seguidores se suiciden) o comercial (convencer a alguien a comprar un producto y no otro).

El primer publicitario de la historia es el demonio en forma de serpiente, cuando dijo a Adán y Eva en el paraíso: «El día que comiéreis de este árbol seréis como Dios, conocedores del bien y del mal.» Así piensa Marçal Moliné, el creativo fundador de la mítica agencia MMLB y últimamente inteligente teórico. Y argumenta la razón del éxito que tuvo aquel primer anuncio de la historia: «Pudo vender sabor, pudo ofrecer salud, pero prometió libertad y poder.» Ya sabemos que Adán y Eva mordieron la manzana, ¿quién podría resistirse a una oferta tan sumamente tentadora?

Pocas cosas han cambiado desde entonces; los publicistas siguen buscando un eslogan tan irresistible como el que se le ocurrió al demonio, porque desde hace ya unos años que la publicidad se estudia como un discurso persuasivo. La razón es que nadie puede obligar a otro a decidirse a comprar determinada marca, hay que convencerle y eso es bastante difícil en un mercado de consumo saturado de bienes que cada vez van pareciéndose más unos a otros bajo el punto de vista material; por eso, la labor de los publicistas no es otra que la de diferenciarlos. «Todos los productos son iguales si creemos que la gente compra un trozo de metal —dice Marçal Moliné—. Pero eso no es verdad; las personas necesitan relaciones familiares. La gente no compra un trozo de metal o de madera sino amistad y confianza.» ¿Y cómo se le puede ofrecer familiaridad a alguien que desconoces, a través de 45 segundos de televisión o de una valla que mira distraídamente? Para los publicitarios ese reto se consigue con conocer muy bien al receptor del mensaje, lo que se llama el *target group* o grupo de personas a las que objetivamente va dirigido un producto y, por lo tanto, el anuncio —y con aplicar una serie de tácticas o estrategias establecidas. Conocer al *target group* no es fácil. Como ya saben los psicólogos que estudian la persuasión en el laboratorio, las personas no siempre saben qué opinan de algo, a veces creen que piensan una cosa y en el fondo piensan otra o directamente mienten acerca de sus opiniones.

A pesar del desafío de las pistas falsas, los expertos de la publicidad creen que, al fin y al cabo, todos queremos ser coherentes, agradecidos y adaptados, de eso se sirven para persuadirnos a adquirir productos.

Hola, buenas noches (adaptación social). ¿Es usted la señora de la casa? (adulación). ¿Podría concederme unos minutos? (solicitud de un favor). Usted ha sido elegida entre todos los de su calle (exclusividad) para una oferta de la que sólo quedan diez ejemplares (escasez). Va a ser cosa de un minuto (ausencia de esfuerzo). Aquí fuera hace frío (piedad), déjeme hacer mi trabajo (coherencia).

¿Le suena? Estas son únicamente unas fórmulas sencillas que se aprenden en el más modesto de los cursillos de ventas.

El *marketing* tiene ya unos cuantos años de vigencia como para que puedan sacarse conclusiones acerca de su eficacia y, sobre todo, como para considerar, a la luz de las investigaciones sobre la persuasión, qué cuerdas merecen tocarse a la hora de vender un producto y cuáles no. Lo primero que hay que repetir hasta la saciedad es que las personas son más difíciles de convencer de lo que parece; ni siquiera los profesionales de las ventas saben cómo.

Este hecho no significa que estén equivocados quienes creen que el *marketing* se puede considerar una ciencia consistente en poner en contacto la oferta y la demanda. Por el contrario, cada vez se revela más necesario establecer algunas claves y técnicas que, si bien no se puede asegurar que funcionen, sí son más eficaces en términos generales que otras a la hora de convencernos.

El profesor Pablo Briñol dice que el número de técnicas persuasivas es enorme y se clasifican en función de las motivaciones del consumidor. «Si consigues emparejar tu estrategia persuasiva con la motivación de la persona a la que intentas convencer, la eficacia será mayor», asegura Briñol. El psicólogo italiano Robert B. Cialdini ha escrito un libro llamado *Las armas de la persuasión* en el que agrupa estas estrategias en siete que conviene que conozcamos los consumidores. La primera es el principio del contraste, que consiste en la diferencia de percepción si un producto se nos presenta junto a otro muy distinto. En resumen, una persona alta nos lo parece más si la vemos después de ver a un enano. Un vendedor avezado muestra primero la mercancía que más cuesta para después sacar la que menos vale, aunque, proporcionalmente la primera compra sea mejor. En las promociones inmobiliarias a menudo se enseñan en primer lugar viviendas en mal estado y carísimas, para ofrecer después el verdadero objeto de venta, que parece de esta forma más deseable.

El segundo principio es el de reciprocidad y se basa, si podemos llamarlo así, en la bondad intrínseca de las personas. Si recibes un regalo es muy fácil que te sientas moralmente obligado a devolverlo comprando el producto. Esta estrategia la usa desde el tendero que nos da a probar un trocito de jamón hasta los que, para vender un apartamento en multipropiedad, llegan a invitarnos a pasar una semana en la playa. El tercer principio, el de coherencia, se basa en la necesidad de estar de acuerdo con uno mismo. Los juguetes de Navidad, por ejemplo, comienzan a anunciarse en noviembre y durante unos meses los niños nos hacen prometerles que se los traerán los Reyes. ¿Qué pasa si ese juguete está agotado, lo que sucede a menudo? Que trataremos por todos los medios de cumplir la promesa, incluso después de Reyes. Los fabricantes resuelven así la estacionalidad del mercado. El cuarto principio lo conocen todos los publicistas cuando se encargan, antes de las campañas, de examinar con lupa el *target group* o sea, el tipo de personas a la que va dirigido el producto. Se trata de la adaptación social; es decir, nos convencen mejor los emisores de mensajes que se parecen a nosotros que los que no se parecen, porque queremos ser normales. Una persona que es como todo el mundo (o sea, como nosotros) puede resultar muy persuasiva, ¿pero —y aquí el quinto principio, el de simpatía y belleza— no son también irresistibles las personas guapas, famosas, sexys, simpáticas, atractivas? ¿No le comprara cualquier cosa a Penélope Cruz o a Tom Cruise si vinieran a vendérselo? Según este principio, si una persona deseable nos presenta el producto, parece que le trasfiere su atractivo, aunque a veces es contraproducente.

Pero si además de guapo y simpático es un gran experto en el tema, la cosa está aún mejor. ¿Quién va a saber más de zapatillas de baloncesto que Michael Jordan? Un especialista está revestido de mayor credibilidad que otro que no lo sea. La fuente es más creíble y el seguimiento general al principio de autoridad actúa a su favor. Este es el sexto principio, el de autoridad. Y el séptimo evidente: la escasez. Un producto escaso tiene, aparentemente, más valor que otro abundante. Se compra por miedo a perderlo. Es el mecanismo por el cual nos apresuramos a adquirir un producto por la única razón de que podamos quedarnos sin él.

No todo el mundo acepta que la persuasión sea de verdad una ciencia, y aun los más expertos revelan que no saben exactamente cómo logran convencer a alguien a decidirse a comprar cierto producto. Sin embargo, los profesionales coinciden en que la eficacia de estas estrategias es mucho mayor que otras a la hora de convencernos.

1. ¿Cuál es el tema de este texto? ¿Cuál es la tesis?

2. ¿Cuál es el propósito del texto?

3. ¿Cómo se organiza la información del texto? ¿Sigue la estrategia culminante?

4. ¿Quién cree Ud. que es el lector anticipado? ¿Qué motivos tendría tal lector para leer este texto? ¿Cree Ud. que el escritor ha anticipado bien las necesidades de su lector? Comente.

5. Analice el tono y la perspectiva del texto. ¿Es personal o impersonal, formal o informal? ¿Qué hay en el texto que lo indique? ¿Por qué cree Ud. que el autor del texto utiliza la primera persona en este texto? ¿Qué impacto tiene esto?

6. Según el texto publicado en *Muy Interesante*, el primer anuncio estrenó en el paraíso de Edén; y ¿cuál ha sido el mejor anuncio de la historia?

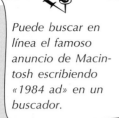

Puede buscar en línea el famoso anuncio de Macintosh escribiendo «1984 ad» en un buscador.

Texto: El mejor anuncio de la historia

*M*uchos publicitarios consideran el legendario «1984», de Apple, como el anuncio más impactante de la historia. Lo dirigió Ridley Scott (*Alien, Blade Runner*) y la agencia fue Chiat/Day, dirigida por Lee Clow. Steve Jobs, el fundador de Apple, impulsó el spot que se rodó para ser exhibido en 1984. En el anuncio se ve una serie de hombres robots, dirigidos militarmente por un Gran Hermano desde una pantalla gigante de televisión. Una chica vestida de rojo y blanco aparece corriendo con un martillo en la mano, lanza el martillo y destroza la pantalla que estalla como en una bomba atómica. Sobre los rostros de los hombres aparece un mensaje que lee un locutor: «El 24 de enero Apple Computer introduce el Macintosh. Y usted verá por qué 1984 no será como *1984*».

Cada año los publicitarios compiten por estrenar anuncios impactantes durante el Super Bowl. Trabajando en pequeños grupos, identifiquen las cualidades que hacen «impactante» (o por lo menos memorable) un anuncio. ¿En qué son semejantes (o diferentes) de las características identificadas en el texto sobre la ciencia de la persuasión?

7. Además de aparecer en los medios impresos y los medios televisivos, los anuncios también aparecen en la Red. Uno de los expertos más conocidos de la publicidad española es Marçal Moliné. Ha escrito un largo artículo titulado «Reinwwwentando la publicidad», en el que afirma que «si bien el impacto publicitario en prensa se mide por el espacio y en televisión por el tiempo, en Internet existe el ingrediente de la interactividad». ¿Está Ud. de acuerdo? ¿Qué quiere decir «interactividad» en el contexto de la Red? ¿Es importante el factor o «el ingrediente» de la interactividad solamente en los anuncios en la Red? Explique. ¿Puede Ud. ofrecer algunos ejemplos, buenos o malos, de la interactividad en los anuncios en la Red?

8. Mire la tira cómica a continuación con varios compañeros. El ángel, ¿qué le recomienda a «Mamy»? ¿Cuáles de las estrategias de *marketing* descritas en el texto usa la mamá para atraer la atención de su familia? ¿Pueden Uds. pensar en otros ejemplos de situaciones donde las personas, como «Mamy», tratan de aplicar

las técnicas de *marketing* a contextos que no están relacionadas con el comercio? ¿Cuáles son los resultados? Comenten.

© Joaquín Salvador Lavado (QUINO) Cuánta Bondad, Ediciones de la Flor, 1999

Actividad C   Lectura: Análisis y discusión

Lea con cuidado el siguiente texto y conteste las preguntas.

UN LENGUAJE SECRETO

*A*ún no saben hablar, todavía no entienden el significado de las palabras y, sin embargo, cualquier madre es capaz de comunicarse con su bebé desde el primer día. La naturaleza les ha enseñado, a padres e hijos, un lenguaje universal que no han tenido que aprender.

Resulta curioso observar cómo se comportan los adultos ante el recién nacido. Automáticamente sufren un cambio radical, instintivo e irreprimible: elevan el tono de voz, hacen gestos exagerados, abren mucho los ojos y le sonríen sin parar. De esta forma, hasta la persona más seria es capaz de convertirse en un tierno y divertido compañero de «conversación».

Esto es así porque todos han elegido la forma más acertada —y en realidad, la única eficaz— de tomar contacto con un bebé. Su esfuerzo se ve rápidamente recompensado. El pequeño se vuelve hacia la persona que le habla, le mira con ansiedad y le dedica una amplia sonrisa. Pero, ¿es posible que les entienda?

Idioma universal

En casi todas las culturas, independientemente del idioma que se hable, este lenguaje funciona a las mil maravillas. Distintos tonos de voz, así como la forma de pronunciar una palabra, provocan en el bebé unos sentimientos determinados. Mucho antes de que empiece a hablar, puede comprender el significado de lo que se le dice. Capta rápidamente las expresiones de la cara, los gestos y el tono de voz de quien le habla, distinguiendo entre frases dichas con enfado, con tristeza, con alegría o con amor. Para él, lo importante no es lo que le decimos, sino cómo se lo decimos.

La clave del éxito

Comunicarse con un bebé es algo muy sencillo, siempre que se conozcan las claves de su lenguaje. Las siguientes características admiten todo tipo de variantes:

Tono de voz elevado: Cuando una madre habla a su bebé, lo hace en voz muy alta, casi chillando. Inconscientemente está adaptando el tono de voz al oído aún inexperto de su recién nacido. Al principio, el pequeño percibe mejor los tonos agudos, por lo que capta la voz de la madre con mayor facilidad. Pero esto no significa que el bebé no pueda reaccionar a las llamadas de su padre; es más, probablemente, reconozca su voz, puesto que durante la gestación oye mejor las otras voces que las de su propia madre.

Habla melodiosa: Al bebé le encanta que le hablen canturreando. Desde chiquitín, pone de manifiesto su predilección por las canciones y por la música en general: los sonidos que suben y bajan de tono despiertan su interés, al igual que los ruidos invariables y constantes ejercen un efecto sedante sobre él.

Entonación especial y repetición de palabras: Se les habla siempre despacio, haciendo especial hincapié en las palabras importantes, abusando de las repeticiones, alargando las vocales y exagerando la entonación: «¡Mira, ahí viene papáááá! ¡Papááá! ¡Ahí está papááá!»

Palabras sencillas: Se usa una forma muy simplificada del lenguaje. Palabras simples, oraciones cortas y expresiones infantiles (guau guau en lugar de perro, pío pío en vez de pájaro), que sustituyen la complicada estructura gramatical del lenguaje de los adultos. Utilizar nombres y apodos en lugar de pronombres como tú y yo, facilita también la comprensión. Por ejemplo, en vez de decir ¿Dónde estás?, es mejor preguntar ¿Dónde está Sonia? ¿Dónde se ha escondido la brujilla de la casa?

Contacto visual y dedicación absoluta: Para captar y mantener la atención de un bebé, es imprescindible concentrarse en él. Si le hablamos sin mirarle a la cara, el pequeño pierde automáticamente todo el interés.

El atractivo lenguaje de los gestos: Ninguna madre se limita al uso del lenguaje oral. También la mímica y los gestos constituyen otro tipo de lenguaje que representa un papel muy importante en esta etapa. Mientras hablan con sus bebés, todas las mamás gesticulan en exceso, reforzando así el significado de lo que dicen.

Contacto físico: El bebé sólo atiende cuando tiene cerca a las personas que le hablan. Esto es así porque los recién nacidos sólo ven bien a una distancia máxima de unos veinte centímetros. Además, mediante las caricias, los abrazos y los masajes se establece una comunicación íntima entre los padres y el hijo.

Una sana costumbre

Muchos padres hablan a sus hijos a todas horas: les saludan cuando se despiertan, les cantan mientras les bañan, les cuentan un cuento antes de dormirse… Este parloteo constante es muy beneficioso para el pequeño porque, aunque todavía las frases están para él vacías de contenido, muy pronto irá aprendiendo lo que significan. La repetición continua de sonidos y conceptos le será de gran ayuda en un futuro muy próximo. Cuando también consiga hacerse entender con palabras.

—*Silvia P. Köster*

EN SU LIBRETA...

explore más el tema del «lenguaje especial». Tome en cuenta las siguientes preguntas. ¿Cuáles son las características de un lenguaje especial? ¿Cuáles son las características de las personas o los grupos que lo desarrollan? ¿Cuáles son las motivaciones de quienes lo desarrollan? Y, ¿cuáles son los contextos en los que se suele utilizar un lenguaje especial?

1. ¿Cuál es el tema de este texto? ¿Cuál es la tesis?

2. ¿Cuál es el propósito del texto?

3. ¿Cómo se organiza la información del texto? ¿Sigue la estrategia culminante?

4. ¿Quién cree Ud. que es el lector anticipado? ¿Qué motivos tendría tal lector para leer este texto? ¿Cree Ud. que el escritor ha anticipado bien las necesidades del lector? Comente.

5. Analice el tono y la perspectiva del texto. ¿Es personal o impersonal, formal o informal? ¿Qué hay en el texto que lo indique?

6. El texto no incluye citas directas como lo hacen varios de los textos que se han visto en este capítulo. En su opinión, ¿sería posible o recomendable incluir algunas? ¿Por qué sí o por qué no? Si ha dicho que sí, ¿qué tipos de citas se podrían incluir, y dónde se incluirían?

7. Además del lenguaje con que los padres y bebés se comunican, ¿qué otros tipos de lenguaje especial conoce Ud.? Por ejemplo, ¿se comunican mediante un lenguaje especial los seres humanos con sus animales domésticos? ¿Se comunican mediante un lenguaje especial los hermanos gemelos? Se dice que cada generación inventa su propio argot? Generalmente este no constituye toda una lengua sino cierto lenguaje convencional que la mayoría de los de dicha generación comprende. ¿Puede Ud. identificar algunos ejemplos del argot de su generación?

SEGUNDA ETAPA: *La redacción y la revisión de las versiones preliminares*

Después de terminar las actividades de prerredacción, Ud. escribirá un borrador de su ensayo expositorio.

Las actividades que se han llevado a cabo en la primera etapa de este capítulo le han dado a Ud. la oportunidad de desarrollar la materia prima para elaborar una exposición. En esta segunda parte del capítulo, tendrá la oportunidad de

- crear un plan de redacción para guiar la composición de su escrito

- desarrollar un borrador de su escrito

- experimentar con la técnica de revisión con grupos de consulta

- experimentar con la técnica de una lista de control

- desarrollar un plan de revisión

Tarea

Como recordará, la tarea de este capítulo es redactar un ensayo expositorio sobre un tema que sea de interés para Ud.

Ahora que ha completado la primera etapa de esta tarea, escriba el borrador de un texto expositorio que tenga como mínimo unas 500 palabras. Su texto puede organizarse como el texto «La estructura de la familia»; es decir, una tesis y varios ejemplos específicos. También puede Ud. explorar su tema utilizando la técnica del análisis o la técnica de la clasificación. Si quiere, puede incorporar citas directas o indirectas y otros detalles descriptivos, como se ha visto en varios de los textos de este capítulo. Su escrito debe adoptar el formato de un ensayo formal.

Para empezar, tendrá que planear cómo redactar el ensayo expositorio. A continuación encontrará sugerencias que lo/la ayudarán a completar el **plan de redacción.**

EL PLAN DE REDACCIÓN: CÓMO SE ESCRIBE UNA EXPOSICIÓN

PLAN DE REDACCIÓN: LA EXPOSICIÓN

1. El tema

2. La idea principal que quiero comunicarle a mi lector (la tesis)

3. Mi propósito como escritor
   El lector y su propósito al leer
   Cinco preguntas cuyas respuestas el lector busca en el escrito

4. La información (la evidencia) y su organización: ¿Sirve la informacion del texto para explicar y apoyar la idea principal? ¿Cómo se organiza la información del texto? ¿Se utiliza la clasificación? ¿el análisis? ¿Hay unidad en los diversos párrafos del texto?

> **EN EL CUADERNO DE PRÁCTICA...**
>
> *Ud. puede completar su **plan de redacción (Capítulo 3, Segunda etapa).***

1. El tema

- Vuelva a examinar sus notas y apuntes de la **Primera etapa.**

- Repase los varios temas examinados y escoja uno que le interese especialmente.

Rincón del escritor

Consulte el **Rincón del escritor** para explorar más a fondo el concepto de <u>la evidencia</u>.

www.mhhe.com/composicion5

2. La tesis

- Examine los varios datos que Ud. ha reunido acerca del tema e identifique la idea principal que apoyan.

3. El propósito y el lector

- Determine por qué Ud. quiere escribir sobre este tema. ¿Cuál es su propósito?

- ¿Cuál es la actitud que Ud. tiene hacia el tema? ¿Por qué le parece interesante? ¿Cuál es la reacción que quiere provocar en su lector? ¿Cuáles son los aspectos del tema que mejor pueden dar a conocer esta actitud al lector?

- Identifique al lector y el propósito de este. ¿Por qué va a leer lo que Ud. escribe? ¿Qué sabe ya acerca del tema? ¿Cuál puede ser su actitud al respecto? ¿Qué información busca? ¿Qué preguntas se va a hacer al respecto?

4. La información (<u>la evidencia</u>) y su organización

- Recuerde y tome notas del tema en su totalidad. Luego, escoja los detalles que mejor se presten para apoyar la tesis que Ud. ha identificado y elimine aquellos que no se relacionen directamente con la tesis y que no ayuden a producir el impacto que Ud. desea.

- Decida cómo organizar la exposición; elabore un esquema en el cual se presenten la tesis y los detalles que se utilizarán para apoyarla.

Refiriéndose a su plan con frecuencia, escriba el borrador de su ensayo.

Determine qué tono tendrá la exposición (si va a ser formal o informal; si va a ser serio, alegre o irónico; si va a incluir ejemplos o anécdotas personales o datos impersonales y más bien objetivos).

Recuerde que para esta versión de su ensayo no debe preocuparse demasiado por el vocabulario o la gramática. Si no sabe o no recuerda una palabra o expresión en español, introduzca un <u>comodín</u> o escríbala en inglés y siga escribiendo.

EN SU LIBRETA...

escriba el borrador para la tarea de este capítulo.

EL PLAN DE REVISIÓN: ACTIVIDADES CON GRUPOS DE CONSULTA

Práctica con grupos de consulta

Leer y analizar.   Lea el siguiente texto y apunte sus notas y respuestas a las preguntas. Complete el primer ejercicio antes de leer el texto.

Texto: «La torre de marfil no volverá a ser la misma»

Se les ha pedido a los estudiantes de una clase de composición que escriban un breve ensayo expositorio que presente una tesis acerca del tema y datos específicos que apoyen dicha tesis. Este texto explora el tema de la tecnología en la educación y presenta la siguiente tesis: hay varias clases de tecnología en el contexto académico. Identifique tres o cuatro preguntas acerca del tema cuyas respuestas le gustaría a Ud. encontrar en el texto. Después, siga con el análisis.

Texto: La torre de marfil no volverá a ser la misma

Análisis

Antes considerada como un lugar intelectual bastante separado del mundo común y corriente —en efecto, una torre de marfil— la universidad se ve cada vez más afectada por la revolución tecnológica que ha cambiado profundamente casi todos los aspectos de la vida contemporánea. Desde la integración de la tecnología en la infraestructura académica, hasta su incorporación tanto en la instrucción como en el aprendizaje y en la misma comunicación entre profesores y estudiantes, la tecnología en diversas formas ahora es parte de la experiencia universitaria.

Una de las maneras en que la tecnología ha afectado profundamente el funcionamiento de la universidad tiene que ver con la infraestructura. Desde las grandes universidades hasta las instituciones más humildes, la tecnología ha eliminado las largas colas tradicionales a la hora de la matrícula. Los servicios relacionados con la planificación de horarios y la selección de clases, tanto como los relacionados con la cuantificación y archivo de las calificaciones, ahora se hacen electrónicamente.

En los salones de clase hay muchos ejemplos del uso de la tecnología instructiva. A diferencia de la tecnología educativa o pedagógica, la tecnología instructiva, según los expertos, tiene como

1. ¿Acierta el escritor al contestar sus preguntas? ¿Contesta todas?

2. ¿Cuál es la idea principal que el escritor intenta expresar en este borrador?

3. ¿Se relaciona toda la información directamente con la idea principal? De lo contrario, ¿qué parte(s) no viene(n) al caso?

4. ¿Hay partes sobre las cuales le gustaría a Ud. tener más información (explicación, ejemplos, detalles)?

5. ¿Hay partes del texto en las que de repente se encuentre Ud. «perdido/a»?

6. ¿Captó su interés la introducción de manera que Ud. quiso seguir leyendo?

7. ¿Vuelve la conclusión a la tesis del texto? ¿Ayuda a explicar la importancia que tiene el tema a los ojos del escritor?

8. ¿Qué parte(s) del borrador le gusta(n) más?

(continúa)

Texto: La torre de marfil no volverá a ser la misma	*Análisis*
objetivo el analizar, crear, implementar, evaluar y administrar las soluciones a aquellos problemas que se encuentran dentro de contextos en los cuales el aprendizaje tiene un propósito claro y funciona como actividad controlada. Con la ayuda de aparatos de la llamada «tecnología baja» —el proyector de diapositivas, la grabadora de cintas, la videocasetera— la presentación de casi cualquier materia puede ser más viva. Los aparatos de la «tecnología alta» —las computadoras multimedia, los discos compactos, los proyectores LCD— se encuentran cada vez con más frecuencia. La tecnología instructiva tiene grandes impactos en la enseñanza y el aprendizaje aun fuera de los salones de clase. La investigación ya no tiene que ser limitada por los recursos disponibles de la biblioteca universitaria. Los profesores abren nuevos horizontes al crear o incorporar materias basadas en el Internet. Al mismo tiempo, los estudiantes van aprendiendo que el «salón de clase» en realidad no tiene paredes. Buscan información por la superautopista del Internet y se comunican con sus profesores por medio del correo electrónico. «El correo electrónico me facilita mucho el trabajo de las clases —dice Kevin Jackson, estudiante de segundo año—. ¡Y además es muy divertido!» Tan divertido que algunos administradores ya empiezan a preocuparse. Parece que algunos estudiantes pasan días enteros pegados a la pequeña pantalla. Por estos y muchos otros usos de la tecnología, la torre de marfil no volverá a ser la misma.	

Consultar y recomendar. Dividan la clase en grupos de tres o cuatro estudiantes. Compartan los miembros de cada grupo su análisis de «La torre de marfil» u otro texto asignado. ¿Hay mucha diferencia de opiniones? Después de llegar a un acuerdo común, formulen un plan de revisión para el texto basándose en sus comentarios. Presenten su plan al resto de la clase; prepárense para justificar sus sugerencias.

PLAN DE REVISIÓN: LA EXPOSICIÓN _____

(nombre del texto)

1. Comentarios positivos sobre el texto, ya sea en su totalidad o relacionados con alguna parte en particular (es decir, los datos reunidos, un ejemplo específico, la organización, la expresión de la tesis). Sea lo más específico posible.

2. Identifique la idea principal del texto. ¿Qué es lo que quiere explicar o defender? ¿Sirven todos los datos incluidos para defender la tesis? ¿Resulta una defensa convincente?

3. Identifique brevemente la organización de los datos (clasificación o análisis). ¿Se indica esto en la oración temática? ¿Le parece clara la organización de los datos?

4. Los lectores quieren saber lo siguiente con respecto a esta tesis (marque la caja con este símbolo ✓ si el texto contesta la pregunta):

   ☐ _____

   ☐ _____

   ☐ _____

   ☐ _____

5. Comentarios constructivos acerca del texto

   • Detalles o datos que necesitan agregarse, reorganizarse o cambiarse

   • Cambios que podrían hacer más vivo y efectivo el lenguaje

   • Cambios que podrían hacer más clara y lógica la presentación de la información (a nivel del párrafo o a nivel del ensayo)

6. Otros cambios que se recomiendan

Rincón del escritor
En el *Apéndice E* del **Rincón del escritor** se ofrecen reglas de etiqueta para trabajar con el texto de un compañero.
www.mhhe.com/composicion5

TÉCNICA DE UNA LISTA DE CONTROL

El siguiente proceso de revisión puede aplicarse tanto a su propia composición como al escrito de un compañero / una compañera. Para utilizarlo, debe examinar el borrador que escribió Ud., o el que escribió su compañero/a, para la tarea de este capítulo. Conteste cada una de las preguntas de la lista de control (u otra que Ud. haya elaborado).

Cuando acabe, basándose en las respuestas, formule un plan de revisión para su texto.

LISTA DE CONTROL PARA LA EXPOSICIÓN

- ☐ ¿Cuál es la meta o el propósito de la exposición?
- ☐ ¿Qué explica específicamente mi composición? ¿Cuál es la idea principal de mi texto?
- ☐ ¿A quién le escribo? ¿Quién es mi lector y qué quiere saber sobre el tema? ¿Qué puede saber ya al respecto?
- ☐ ¿Qué preguntas puede hacerse el lector con respecto al tema sobre el que escribo? ¿Las he contestado todas?
- ☐ ¿Qué impresión quiero dejar en el lector?
- ☐ ¿Cómo es la organización de los datos en el ensayo: Es un análisis, una clasificación u otra categoría? ¿Se indica esto en la tesis misma?
- ☐ ¿Qué detalles o evidencia incluí en el texto? ¿Cómo contribuye cada detalle a lograr lo que me propongo?
- ☐ ¿En mi composición hay algún detalle que no contribuya lo suficiente a crear la impresión que quiero dejar?
- ☐ ¿Capta la introducción el interés del lector?
- ☐ ¿Qué detalle escogí para terminar la exposición? ¿Por qué lo escogí?
- ☐ ¿Utilicé un vocabulario vivo y preciso, o utilicé términos generales y abstractos que no captan la esencia de lo que quiero expresar?

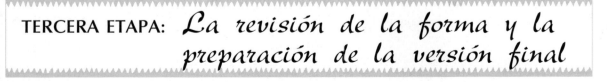

TERCERA ETAPA: *La revisión de la forma y la preparación de la versión final*

Al llegar a esta etapa se supone que el contenido y la organización de un escrito han pasado por una revisión rigurosa y que el escritor está satisfecho con ellos. Ha llegado el momento de poner atención a las cuestiones de la forma. En esta última etapa, Ud. tendrá la oportunidad de

- repasar la voz pasiva en español
- pulir la forma de su escrito, repasando sistemáticamente la gramática, el vocabulario y la ortografía
- redactar una versión final de la tarea para entregar

Esta revisión le será más fácil si la emprende por pasos; en cada paso se enfoca un sólo aspecto de la forma.

PASO 1 · REVISIÓN DE LOS ASPECTOS GRAMATICALES: LA VOZ PASIVA

Una de las maneras de variar el estilo de una exposición es utilizar la voz pasiva. Por medio de la voz pasiva el énfasis de la oración recae sobre el receptor de la acción y no sobre quien lleva a cabo dicha acción. La voz pasiva en español tiene dos formas: la voz pasiva con **ser** y la voz pasiva refleja. A continuación se resumen brevemente los usos más frecuentes.

La voz pasiva con *ser*

La voz pasiva es una construcción en la cual el sujeto no ejecuta la acción del verbo (es decir, no es el *agente* de la acción), sino que la recibe (es el *receptor*).

VOZ ACTIVA: SUJETO = AGENTE
El perro devoró los huesos.
El hombre ha abierto la puerta.

VOZ PASIVA: SUJETO = RECEPTOR
Los huesos fueron devorados por el perro.
La puerta ha sido abierta por el hombre.

Como lo demuestran estos ejemplos, la construcción pasiva con **ser** consta de tres partes.

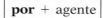

| sujeto/receptor | **ser** + participio pasado | **por** + agente |

EN EL CUADERNO DE PRÁCTICA...

hay actividades para practicar la voz pasiva.

También hay una sección adicional, **Repaso de aspectos básicos,** *donde Ud. puede repasar «Las preposiciones* por *y* para» **(Capítulo 3, Tercera etapa).**

El verbo **ser** concuerda en número con el sujeto. Puede ocurrir en cualquier tiempo gramatical, aunque el uso del presente o el imperfecto es poco frecuente. El participio pasado funciona como adjetivo en esta construcción: concuerda en número y género con el sujeto. No es necesario incluir la frase **por** + *agente* a menos que se quiera identificar al agente. Presente o no en la oración, el agente queda implícito en la estructura de la voz pasiva: el lector comprende que *alguien* o *algo* es responsable de la acción.

Restricciones sobre el uso de la voz pasiva con ser

Hay tres restricciones sobre el uso de la voz pasiva en español que la distinguen de la voz pasiva en inglés.

1. Generalmente los verbos de percepción (**ver, oír, escuchar, sentir,** entre otros) no se usan en la voz pasiva con **ser.** Tampoco se acostumbra usar en la voz pasiva con **ser** los verbos de emoción (**querer, odiar, temer,** etcétera).

2. No se puede construir una oración pasiva con un tiempo progresivo (**estar** + *gerundio*).

3. Sólo el complemento directo (C.D.) de un verbo activo puede ser el sujeto (S.) o recipiente (R.) de una oración pasiva con **ser.**

C.D.

María escribió la **carta.**

↓

La carta fue escrita por María.

S./R.

No obstante, si hay un complemento indirecto (C.I.) en la misma oración, no es posible construir una oración pasiva con el complemento directo.

C.I.   C.D.

María **le** escribió **la carta.**

↓

****La carta** le fue escrita por María.

Si se le quiere da más énfasis al complemento directo, es posible hacerlo con una oración activa en la cual el complemento directo ocurra dos veces.

María le escribió **la carta.**

↓

La carta se **la** escribió María.

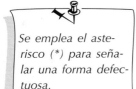

Se emplea el asterisco (*) para señalar una forma defectuosa.

Mi tío me regaló **este suéter.**
↓
Este suéter me **lo** regaló mi tío.

El complemento indirecto nunca puede ser el sujeto/receptor de una oración pasiva. En este caso la oración activa no admite otra alternativa.

C.I.
Jorge le dio un regalo a **Inés.**
↓
*__Inés__ fue dada un regalo por Jorge.

ORACIÓN ACTIVA	ORACIÓN PASIVA INACEPTABLE	ALTERNATIVA
Los estudiantes odiaron el libro.	*El libro fue odiado por los estudiantes. (*verbo de emoción*)	oración activa
El niño estaba cantando los villancicos.	*Los villancicos estaban siendo cantados por el niño. (*forma progresiva*)	oración activa
El profesor les mostró las diapositivas.	*Las diapositivas les fueron mostradas por el profesor. (*presencia de un complemento indirecto*)	Las diapositivas se las mostró el profesor.
Guadalupe le compró el vestido a Patty.	*Patty fue comprada el vestido por Guadalupe. (*receptor es un complemento indirecto*)	oración activa

La voz pasiva refleja

En español, las diversas restricciones impuestas sobre el uso de la voz pasiva con **ser** impiden que se use con frecuencia en la lengua hablada y limitan también su uso en la lengua escrita. En cambio, la voz pasiva refleja se usa mucho —tanto en la lengua hablada como en la escrita— para expresar aquellas acciones en que no existe un agente específico o en que el agente no es parte esencial del mensaje.

VOZ PASIVA REFLEJA	ANÁLISIS
El agua **se compone** de oxígeno e hidrógeno.	*No existe un agente específico en este caso.*
La construcción pasiva con *ser* no **se usa** con frecuencia.	*El agente —o sea, quien usa o no usa la construcción pasiva— no es parte esencial del mensaje.*

Como ya se hizo notar, aunque el agente no siempre se menciona en la construcción pasiva con **ser,** su presencia está siempre implicada. En cambio, en la construcción refleja no hay ningún agente involucrado, ya sea implícita o explícitamente. Compare los siguientes ejemplos.

VOZ PASIVA CON SER	VOZ PASIVA REFLEJA
El vaso **fue roto.** (*Se sobreentiende que alguien o algo, aunque no identificado aquí, lo rompió.*)	El vaso **se rompió.** (*No implica la presencia de agente alguno.*)
Los libros **fueron escritos** en el siglo XV. (*Hay un autor implícito en el mensaje.*)	**Se escribieron** los libros en el siglo XV. (*El agente no es parte importante del mensaje: los libros son el foco de interés.*)

La voz pasiva refleja se construye con el pronombre reflexivo **se** más la tercera persona de la voz activa del verbo. Cuando el sujeto/receptor es una cosa (un ente inanimado), el verbo concuerda en número con el sujeto/receptor. Cuando el sujeto/receptor es un ente animado (una persona o un animal específico), lo precede la preposición **a,** y el verbo se conjuga en singular.

VOZ PASIVA CON ENTE INANIMADO	ANÁLISIS
Se **abren las puertas** a las cinco.	*S./R. plural → verbo plural*
Antes no se **comía carne** los viernes.	*S./R. singular → verbo singular*

VOZ PASIVA CON ENTE ANIMADO	ANÁLISIS
Se **ve a los niños** desde la ventana. ↑	*S./R. animado → preposición **a** + verbo singular*
En esta barra se **ataba a los caballos**. ↑	*S./R. animado → preposición **a** + verbo singular*

Restricciones sobre el uso de la voz pasiva refleja

En la mayoría de los casos, cuando no se acepta la voz pasiva con **ser,** la voz pasiva refleja sí es aceptable.

Verbo de percepción:	**Se vio** la película varias veces.
Verbo de emoción:	Es obvio que **se quiere** mucho a doña Amalia.
Tiempo progresivo:	**Se está usando** menos petróleo últimamente.
Complemento directo con un complemento indirecto presente:	**Se le dijeron** las palabras mágicas.

Sólo hay dos restricciones sobre el uso de la voz pasiva refleja.

1. El complemento indirecto no puede ser el sujeto/receptor de una construcción pasiva refleja. En este caso las alternativas son una oración activa o una oración pasiva refleja en que el complemento directo sea el sujeto/receptor de la acción.

2. No se debe usar la voz pasiva refleja si el agente queda mencionado explícitamente en la oración. En este caso es preferible usar la voz pasiva con **ser.**

ORACIÓN ACTIVA	ORACIÓN REFLEJA INACEPTABLE	ALTERNATIVA
Le mandaron las flores a Inés.	*Se le mandó a Inés las flores. *(El complemento indirecto no puede ser el sujeto/receptor.)*	Se le mandaron las flores a Inés. *(El complemento directo es el S./R.)*
Los niños rompieron la taza.	*Se rompió la taza por los niños. *(El agente de la acción queda mencionado explícitamente.)*	La taza fue rota por los niños. *(voz pasiva con **ser**)*

REVISIÓN DE LOS ASPECTOS GRAMATICALES YA ESTUDIADOS

Después de revisar en su escrito para la tarea de este capítulo los usos de la voz pasiva con **ser,** la voz pasiva refleja y la construcción reflexiva impersonal, revise también:

1. El uso de **ser** y **estar**
2. El uso del pretérito y del imperfecto

REVISIÓN DEL VOCABULARIO Y DE LA EXPRESIÓN

Después de revisar la gramática, lea su escrito de nuevo, con ojo crítico particularmente en el vocabulario.

REVISIÓN DE LA ORTOGRAFÍA

Después de revisar los aspectos gramaticales estudiados y las notas sobre el vocabulario y la expresión, repase su escrito, buscando los posibles errores de acentuación y ortografía.

EN EL CUADERNO DE PRÁCTICA...

hay una lista de vocabulario útil para hacer el análisis y la clasificación. Consúltela y haga las actividades correspondientes antes de revisar su escrito **(Capítulo 3, Tercera etapa).**

¡! *Piénsalo...*   Si puedes, pídele a un compañero / una compañera que lea tu texto, buscando los errores que pueda tener de gramática o expresión. Le puedes facilitar la lectura si le preparas una lista de control (sobre los aspectos de la forma) como la de la ***Tercera etapa*** del ***Capítulo 2,*** indicándole claramente los puntos de mayor interés.

EN SU LIBRETA...

¡Es la hora de escribir la versión final de la tarea de este capítulo!

PREPARACIÓN DE LA VERSIÓN FINAL

Escriba una nueva versión de su trabajo ya con las correcciones y los cambios necesarios.

La exposición (Parte 2)

Orientación

LA EXPOSICIÓN (PARTE 2): COMPARACIÓN/ CONTRASTE Y CAUSA/EFECTO

Como se ha visto en el **Capítulo 3**, para escribir una buena exposición es necesario saber escoger y limitar el tema. Las preguntas de enfoque que guían el proceso de investigación de los varios aspectos de un tema pueden utilizarse para organizar los datos reunidos. En el **Capítulo 3** se examinaron dos de estas técnicas de investigación y organización: el análisis y la clasificación. En este capítulo se verán otras dos técnicas: la de comparación y contraste, y la de causa y efecto.

La exposición con base en la comparación y el contraste

La comparación demuestra las semejanzas que existen entre dos entidades; el contraste señala las diferencias. Estos métodos de exposición pueden utilizarse cuando el escritor desea hacer lo siguiente.

1. Presentar información sobre algo que el lector desconoce, dándolo a conocer por medio de sus semejanzas o diferencias con algo que el lector sí conoce. Por ejemplo, para explicarle a alguien lo que es un auto deportivo utilitario, puede compararse este con otros tipos de vehículos.

2. Presentar información sobre *dos* entidades que el lector desconoce, comparándolas o contrastándolas con algo ya conocido. Por ejemplo, para hablar de dos novelas que el lector no conoce, se puede hacer una comparación o contraste entre la definición de una novela ideal y las dos novelas que quieren discutirse.

3. Presentar información sobre alguna idea general mediante la comparación y/o el contraste de dos entidades que el lector ya conoce. Por ejemplo, para desarrollar el tema de las grandes religiones visto en su contexto social y cultural, se puede hacer una comparación y contraste entre el catolicismo, el budismo y la religión azteca.

4. Evaluar o hacer un juicio sobre dos entidades.

Hay dos tipos de estructura que son fundamentales y que se utilizan al escribir una exposición basada en la comparación y/o el contraste.

1. *La presentación completa de las dos entidades.* En este tipo de estructura, se presentan todos los aspectos de una entidad, se

incluye un párrafo de transición y se sigue con la discusión completa de la otra entidad.

2. *La presentación de un aspecto de una entidad, seguida por la comparación y/o el contraste de este con un mismo aspecto de la entidad opuesta.* En este tipo de estructura se compara o se hace el contraste de una característica que ambas entidades tengan en común, antes de pasar a la característica siguiente. Comúnmente, en este tipo de organización se presentan primero las semejanzas que hay entre las dos entidades antes de pasar a hablar de sus diferencias.

Rincón del escritor

Consulte el **Rincón del escritor** para obtener más información acerca de los temas subrayados en la sección de «Piénsalo» a continuación.

www.mhhe.com/composicion5

Ejemplos de las estructuras fundamentales

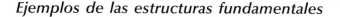

! *Piénsalo...* El escritor tiene que anticipar las preguntas de su lector, no sólo en cuanto a la información que incluye en su escrito, sino también en lo que se refiere a la organización. Para asegurar que el lector comprenda la relación entre una idea y otra, y para que aprecie la importancia respectiva de las diversas ideas (la idea principal y las ideas de apoyo), el escritor le deja al lector una serie de guías o señales retóricas. Entre estas están las frases de introducción y conclusión, las cuales estudiarás más tarde en este capítulo, y las frases de transición que estudiarás en el **Capítulo 6.**

Como vimos en el **Capítulo 3,** otro recurso del escritor consiste en establecer una organización clara dentro del ensayo total y dentro de cada párrafo de su escrito.

Estructura 1: La presentación completa de dos entidades

Tema:	El auto deportivo utilitario
Propósito:	Informar al lector sobre un tipo de vehículo
Párrafo 1: *Introducción* *Tesis*	Comentarios introductorios El auto deportivo utilitario, uno de los vehículos más vendidos en los Estados Unidos, tiene parecido con varios otros vehículos, pero al mismo tiempo presenta diferencias importantes.
Párrafo 2: *Oración temática*	El auto deportivo utilitario comparte varias características con la minifurgoneta y la camioneta. 1. Característica 1: el tamaño, el área de carga 2. Característica 2: la combinación de la función utilitaria y la función porta-pasajeros 3. Característica 3: el diseño deportivo y potente a la vez (cuatro por cuatro y un motor de gran potencia)

(continúa)

Estructura 1: La presentación completa de dos entidades

Párrafo 3: *Oración temática*	<u>Por otro lado, se notan diferencias importantes entre el auto deportivo utilitario y otros tipos de vehículos.</u> 1. Característica 1: El tamaño del auto deportivo utilitario es mucho mayor que el de casi cualquier otro tipo de coche para pasajeros. 2. Característica 2: El diseño abierto del área de carga representa un contraste obvio con el diseño del baúl cerrado típico de la gran mayoría de los coches para pasajeros. 3. Característica 3: La eficiencia del motor es relativamente baja en comparación con la de muchos otros vehículos para pasajeros.
Párrafo 4: *Conclusión*	Resumen de las ideas principales.

Estructura 2: Comparación y/o contraste de los aspectos de dos entidades, comentados uno por uno

Tema:	La poesía chicana
Propósito:	Informar al lector sobre un determinado tipo de poesía comparándola y contrastándola con la poesía lírica tradicional
Párrafo 1: *Introducción* *Tesis*	Comentarios introductorios <u>La poesía chicana, aunque es un género nuevo, tiene un gran parecido con la poesía lírica tradicional.</u>
Párrafo 2: *Oración temática* *Comparación*	<u>La poesía chicana y la poesía tradicional utilizan el mismo tipo de estrofa.</u> 1. detalle 1 2. detalle 2 3. detalle 3
Párrafo 3: *Oración temática* *Comparación*	<u>La poesía chicana y la poesía lírica usan los mismos temas.</u> 1. detalle 1 2. detalle 2 3. detalle 3
Párrafo 4: *Oración temática* *Comparación*	<u>Los dos tipos de poesía utilizan lenguaje metafórico.</u> 1. detalle 1 2. detalle 2

(continúa)

Estructura 2: Comparación y/o contraste de los...

Párrafo 5: *Oración temática* *Contraste*	<u>La poesía chicana sólo se aparta de la poesía tradicional en</u> <u>algunos aspectos.</u> 1. detalle 1 2. detalle 2
Párrafo 6: *Conclusión*	Resumen de las ideas principales

En el siguiente texto se trata un **tema** general: los cambios lingüísticos que resultan del contacto entre lenguas. La idea principal (**la tesis**) es que algunos de estos cambios tienen ciertas características en común, pero otros no las tienen. La evidencia para apoyar esta idea central se organiza por medio de la técnica de la comparación y el contraste. El texto sigue esta estructura. La introducción incluye información que sirve de fondo para el tema y luego pasa a presentar la tesis. La tesis pone de manifiesto que se va a hablar de las variedades del español haciendo una comparación y contraste entre las características distintivas.

Los siguientes párrafos comentan primero las semejanzas entre las variedades, luego las diferencias, y por último, concluyen con una paráfrasis de la tesis.

La conclusión resume las ideas presentadas en los dos párrafos principales sin agregar comentarios personales acerca del carácter positivo (o negativo) de los cambios.

El **propósito** es informativo: el texto presenta información para dar a conocer o explicar las varias características de diferentes variedades del español. En cuanto al punto de vista y tono, se nota que la exposición va dirigida a un lector que no tiene una preparación lingüística técnica; es decir, no va dirigida a un grupo de expertos. La actitud del escritor hacia el tema es, como en la mayor parte de las exposiciones, en gran medida neutral.

El escritor de esta exposición da por sentado el hecho de que el lector ya sabe algo de la estructura del español y por lo tanto va a poder apreciar la mención de algunos ejemplos, sin requerir grandes detalles.

Las consecuencias del contacto lingüístico: El español y sus variaciones

Párrafo 1: *Introducción*	Una de las grandes verdades de la lingüística es que las lenguas que están en contacto siempre están cambiando. Para poder hablar de contacto lingüístico —cuando dos lenguas se usan en

(continúa)

Las consecuencias del contacto lingüístico: El español y sus variaciones

Tesis	un mismo espacio geográfico— ha de existir un grupo de personas que sean bilingües, o sea, que puedan usar las dos lenguas en una determinada situación. <u>El español está en contacto con varias lenguas de distintas regiones</u> tanto de España (el catalán, el gallego y el vasco) como de Hispanoamérica (el quechua, el guaraní y las lenguas mayas, por mencionar sólo algunas de las lenguas indígenas involucradas) y los Estados Unidos (el inglés). <u>Como consecuencia de este contacto lingüístico, han surgido ciertas variedades de español. Muchas de estas variedades comparten características muy similares, pero en algunos casos se destacan contrastes importantes.</u>
Párrafo 2: Oración temática Comparación: Semejanzas entre los cambios que resultaron de ciertos contactos y los que resultaron de otros contactos	<u>Tanto en España como en Hispanoamérica, el contacto de lenguas dio como resultado variedades del español con muchas características semejantes.</u> Por ejemplo, se notan cambios fonológicos (las diferencias entre la pronunciación de la «ll» y la «y»), al igual que cambios léxicos (*caco* y *chocolate*) y sintácticos (colocar el objeto antes del verbo). Es interesante ver que, a veces, diferentes variedades del español —influidas por el contacto con dos o tres lenguas indígenas distintas— comparten el mismo tipo de cambio. Por ejemplo, el contacto del español tanto con el maya como con el guaraní resulta en el uso redundante del pronombre posesivo (*su casa de Juan*); el contacto del español con el maya y el quechua resulta en el uso extendido del diminutivo (*callandito, acasito, ellita*).
Párrafo 3: Oración temática Contraste: Diferencias que se notan en un contexto en particular	<u>Por otro lado, las variedades del español que resultan del contacto lingüístico demuestran características muy distintas si el español no es la lengua mayoritaria.</u> Por ejemplo, el caso del contacto entre el español y el inglés es muy diferente del contacto del español con las lenguas indígenas. El español no es la lengua mayoritaria en los Estados Unidos, mientras que sí lo es en el Perú o en la Argentina. En los Estados Unidos, el español sólo se enseña en las escuelas en programas o clases especiales. Por lo general, se reserva el inglés para el ámbito público y las situaciones formales, y el español para el ámbito privado y los contextos menos formales. Este tipo de contacto produce típicamente los préstamos de la lengua mayoritaria (el inglés) a la lengua minoritaria (el español): *pícap, cartún, crismas*. Otros tipos de préstamos consisten en traducciones literales: ir para atrás (*to go back; regresar*) escuela alta (*high school; escuela secundaria*).

(continúa)

Las consecuencias del contacto lingüístico: El español y sus variaciones

Párrafo 4: *Conclusión*	En conclusión, el español ha estado y continúa estando en contacto con muchas lenguas, lo que trae como consecuencia cambios lingüísticos. Algunos cambios son similares, ya sea en cuanto al vocabulario o la pronunciación. Otros son muy diferentes y son consecuencia de la situación social que comparten (o que no comparten) el español y las otras lenguas.

La técnica de la comparación y/o el contraste se utiliza cuando se desea señalar las semejanzas y/o las diferencias entre dos o más conjuntos o entidades. La comparación y/o el contraste puede ser el enfoque principal de una exposición —como lo es en el texto sobre las variedades del español— o puede usarse junto con otras técnicas. Por ejemplo, el concepto de una generación —la del llamado «Baby Boom», la «Generación X» y la generación de «los milenarios» (formada por los que nacieron al principio de la década de los 80)— intriga a muchas personas. Un escritor que decidió explorar este tema escribió un ensayo al respecto titulado «Los milenarios: Una nueva generación»; aquí se presenta un bosquejo de este texto.

I. Introducción
   Tesis: Los miembros de esta generación se diferencian de los de otras generaciones anteriores por sus valores y actitudes hacia la sociedad.

II. Características de esta generación (en comparación con las otras)

III. ¿Cómo se explican estas diferencias?

IV. El efecto o impacto de estas diferencias: ¿Cómo van a afectar al mundo los miembros de esta generación?

V. Conclusión

Para apoyar su tesis relacionada con la generación de «los milenarios», el escritor organiza los datos en una serie de comparaciones y contrastes. Sin embargo, a diferencia del texto sobre las variedades del español, gran parte del ensayo explora también otras preguntas: ¿Cómo se explican estas diferencias generacionales? ¿Qué impacto tienen estas diferencias; es decir, qué se puede esperar de los miembros de tal generación?

La exposición con base en la causa y el efecto

Una exposición con base en la causa examina un objeto o un fenómeno y busca responder a preguntas como: «¿Por qué es así?» o «¿Cómo ha llegado a ser así?» La exposición con base en el efecto tiene como propósito contestar la pregunta: «¿Cuáles son las consecuencias de esto?» Es posible enfocar una exposición concentrándose en sólo una de estas perspectivas, pero es más común combinar ambas en un mismo ensayo; es decir, examinar el porqué de cierta situación y luego explicar las consecuencias que esta pueda tener sobre determinado grupo, creencia o actividad.

Tanto las causas como los efectos se pueden dividir en dos grupos: los directos y los indirectos. Una causa indirecta está separada en el tiempo (y el espacio) de su resultado, mientras que la causa directa tiene una relación más obvia e íntima con este. Por ejemplo, si fulano de tal, un fumador empedernido muere de cáncer de pulmón; la causa directa de su fallecimiento es el cáncer, mientras que la causa indirecta es el hábito de fumar.

Piénsalo... Muchas personas confunden las causas directas con las indirectas, especialmente cuando unas tienen mayor impacto emotivo que las otras, como puede verse en este dibujo.

A la persona que llamó a la bibliotecaria, la causa de su problema actual le trae a la memoria las repercusiones de una decisión de su padre ocurrida en el pasado; situación que, a pesar de su impacto emotivo, no guarda relación con los problemas actuales. La fuerza o validez de un argumento no reside en el carácter directo o indirecto de las circunstancias examinadas: las causas directas pueden ser tan triviales y las causas indirectas pueden ser tan remotas que su relación con lo examinado resulta poco sólida. La tarea del escritor es investigar y procesar los datos con cuidado para luego poder presentarlos al lector de manera convincente.

THE CHRONICLE OF HIGHER EDUCATION   MARK LITZLER

Bueno, a ver, empecemos de nuevo... no desde la parte en la que tu padre no te dejó estudiar danza, sino a partir del momento en que intentaste cambiar el nombre del directorio.

LOS ANCIANOS DE VILCABAMBA

*L*a expectativa de vida en algunos países, como los Estados Unidos, se ha incrementado a partir del siglo pasado en más de 30 años, el aumento más alto en toda la historia de la humanidad: en 1985 era de 71 años para los hombres y 78 para las mujeres. Pero, ¿cuántos años podrá vivir una persona sometida constantemente a la presión del progreso y la vida moderna? Todo debe tener un límite aunque para algunos esto no parece ser cierto, pues llegan a edades avanzadas en pleno uso de sus facultades tanto físicas como mentales, muchas veces superando el siglo de edad, lo cual los convierte en objeto de estudio para médicos y científicos que desean conocer cuál es el secreto que les ha permitido alcanzar esa longevidad.

Los habitantes del poblado de Vilcabamba, al sur del Ecuador, son uno de estos casos, y son estudiados desde 1940, cuando el censo reveló algunos datos asombrosos sobre las edades de sus habitantes: el 18% de la población tenía más de 65 años de edad —a diferencia del 4% en el resto del Ecuador y 9% en los Estados Unidos—; 11% superaba los 70 años, y nueve personas tenían entre 100 y 130 años; el censo reveló también que algunos nonagenarios aún trabajaban en el campo, que muchas mujeres se dedicaban a tejer lana y a preparar pan en la panadería local y que algunos hombres trabajaban haciendo ladrillos de adobe, material con el que están fabricadas la mayoría de las casas que hay en el lugar.

Pero, ¿por qué los pobladores de este pueblo tan apartado del mundo alcanzan esas edades? Para tratar de contestar esta pregunta se han realizado estudios en Vilcabamba, como el que llevó a cabo un grupo de investigadores patrocinado por la Fundación de Estudios Avanzados en Humanos.

Las personas de edad avanzada de Vilcabamba son de las más pobres del mundo. Su ingreso apenas supera los U.S. $2.00 diarios en jornadas de trabajo mayores de ocho horas. Desde la Reforma Agraria, varios han sido obligados a cambiar sus áreas de trabajo a causa de su incapacidad para rentar o comprar las tierras donde pasaron muchos de sus años trabajando, y no reciben pensión ni otra ayuda económica.

Vilcabamba está dentro de un valle alto rodeado de cuatro grandes montañas de los Andes y cubierto de una vegetación tropical exuberante. El pueblo está formado por 12 calles que se cruzan, y en el centro tiene una bella iglesia de 120 años de antigüedad y un parque adornado con árboles y flores. Su nombre parece venir de la palabra quechua *huilco,* que es una pequeña planta nativa del valle, o, como otros afirman, de las palabras *vilca,* que significa «sagrado» y *bamba,* «valle», en la lengua de los shuara, los primeros indígenas que habitaron el valle. En 1975, la población rural era de 3.555 personas y la del pueblo, de 819 (con nueve centenarios). En septiembre de 1987, la población llegaba a 6.000, con seis centenarios (diez veces la tasa para la población total de los Estados

Unidos), y 19 personas tenían más de 90 años (diez mujeres y nueve hombres). Debido a los bajos ingresos que se reciben por cultivar la tierra, los jóvenes de Vilcabamba generalmente emigran del pueblo en busca de mejores oportunidades de trabajo en poblaciones más grandes, como Loja, al norte, dejando a los viejos, por lo que es difícil encontrar familias compuestas por tres o cuatro generaciones, como era usual hace diez años.

Los viejos de Vilcabamba viven en condiciones que, en la mayoría de los países desarrollados, se podrían considerar deplorables. No tienen agua corriente ni sanitarios dentro de sus habitaciones, la falta de gas los hace utilizar hornos de leña, y cocinan poca cantidad de comida cada vez, pues la falta de refrigeración no permite almacenar mucho alimento ni por largos períodos; sorprendentemente para los nutriólogos, cocinan con manteca de cerdo. La mayoría de las habitaciones de los viejos no tiene ventanas, y no es extraño encontrar aves y ocasionalmente cerdos, vagando dentro de las viviendas.

Siempre se ha dicho que el ejercicio físico ayuda a conservar la salud, y parece ser que esto es lo que contribuye a la larga vida de los ancianos de Vilcabamba. Los hombres y las mujeres desarrollan actividades físicas desde el lunes hasta el sábado a mediodía, y solamente descansan el sábado en la tarde y el domingo. Sus tareas incluyen la siembra y colecta de granos y vegetales en el campo, además de alimentar y atender a sus animales; algunos hombres preparan hojas del tabaco que se produce en el lugar. Las tareas de las mujeres no son menos duras: les corresponde lavar la ropa en los ríos, limpiar la casa, preparar las comidas y atender a los nietos. Al mediodía llevan la comida a sus esposos y a otros trabajadores hasta los lugares de trabajo, teniendo que subir y bajar colinas, a veces en jornadas que les llevan más de dos horas, y después regresar también caminando hasta la casa.

La alimentación, parece que es la clave de su longevidad. El almuerzo, que es la ración más pesada del día, consiste en una taza de maíz o arroz hervido con vegetales (yuca, papas, zanahorias, unas bananas pequeñas llamadas «guineos» y trozos de carne). Uno de los alimentos que más se preparan es el caldo de huesos. La leche fresca de vaca o cabra se consume en cantidades pequeñas. Los vegetales se colectan frescos y las frutas generalmente se comen en el lugar mismo de donde se obtienen. La dieta incluye cerezas silvestres, nueces y granos enteros, aunque no mantequilla, bebidas frescas, ni ensaladas. El pan lo comen poco. No utilizan mostaza o especias. Los guisos se preparan con poca o nada de sal. La comida generalmente no tiene preservativos o aditivos. El azúcar es poco refinado, de color café, y está preparado en bloques llamados «panela» o «raspadura».

Desde hace pocos años se ha empezado a observar un aumento en los casos de hipertensión y diabetes, enfermedades que se atribuyen a cambios en los hábitos alimenticios de las personas que tienen acceso a las tabletas de sal, al azúcar refinado y a los alimentos enlatados. En general, la dieta de los viejos es baja en calorías (menos de 1.500), proteínas (la mayoría obtenidas de vegetales) y grasas (16% o menos).

Como a todos, les gusta el café, el tabaco y, ocasionalmente, el alcohol. El café lo preparan fuerte y lo mantienen frío en botellas uno o dos días hasta el momento en que lo toman, cuando lo vierten en agua caliente. El tabaco lo fuma la mayoría, algunos entre 40 y 60 cigarrillos diarios, preparados por ellos mismos en hojas de maíz o papel importado desde Loja. No son pocos los ancianos que consumen alcohol (aguardiente preparado de caña de alto contenido etílico), llegando a tomar hasta cuatro vasos diarios, aunque es rara la mujer que fuma o ingiere alcohol.

La actitud mental de los pobladores de Vilcabamba también es factor importante en su buena salud. Todos ellos están bien adaptados a su medio. Son activos de mente y cuerpo, y siempre tienen una actitud optimista frente a la vida. Todos se sienten orgullosos de haber vivido tantos años sin los avances del «progreso». La tranquilidad de los «viejos» les ha hecho ganarse el nombre de «pavos».

Quienes conocen a los habitantes de Vilcabamba se hacen siempre la misma pregunta: ¿Por qué tantos pobladores de este lugar logran alcanzar edades que parecen imposibles en otros países del mundo? Las condiciones de vida y salud son pobres. La mayoría ha vivido sin haber recibido nunca una vacuna, medicamento o suplemento de minerales o vitaminas. Algunos médicos exponen sus teorías del por qué de la longevidad de los viejos de Vilcabamba: «la tranquilidad de la gente que vive sin tensiones, sin el *stress* permanente de nuestra civilización, sin ambiciones económicas o espíritu de competencia, lejos de las influencias del mundo civilizado, ...la actividad física diaria y el alimento natural bajo en calorías contribuyen en buena medida a compensar la falta de medios, bienes y oportunidades», y añaden: « ...la importancia de Vilcabamba no reside en el área de la longevidad que alcanzan sus viejos, sino en la buena salud que presentan a edades tan avanzadas».

La civilización continúa adelante y, con ella, la calidad de la vida. Pero, el acelerado y gigantesco progreso que ha experimentado la civilización puede volverse en nuestra contra y reducir nuestra vida, impidiéndonos disfrutar de una edad avanzada en pleno uso de nuestras facultades, como los ancianos de Vilcabamba.

Rincón del escritor

El artículo «Los ancianos de Vilcabamba» ofrece una explicación acerca de cómo es posible vivir tantos años. ¡Hay otras posibilidades! Si quiere saber más, lea el artículo «Cómo vivir más de cien años» que se encuentra en el **Rincón del escritor** bajo **Más lecturas.**

www.mhhe.com/composicion5

El tema de este texto es la asombrosa longevidad de los habitantes de Vilcabamba, un pueblo del Ecuador. **La pregunta central** del texto es: ¿Cómo es que estas personas alcanzan edades tan avanzadas? La respuesta a esta pregunta de enfoque es **la tesis** del texto: los habitantes viven tan largo tiempo debido a su forma de vida (mucha actividad física, poca tensión y estrés) y a su dieta (alimentos naturales bajos en calorías). **El propósito** es informar. Tanto la pregunta central como la organización de los datos siguen la técnica de la causa y el efecto; además de incluir los factores que contribuyen a la longevidad de los de Vilcabamba, el escritor examina otros factores que, paradójicamente, resultan de poca importancia. No es que esta información no venga al caso; por el contrario, estos datos ayudan a establecer la validez de las conclusiones que se reportan.

El tono de este texto es bastante académico y distanciado en el sentido de que se incluye poca información individual y personal acerca de los habitantes de Vilcabamba. La técnica informal de hacerle preguntas directas al lector («¿Por qué los pobladores alcanzan esas edades?») pronto se convierte en una presentación desinteresada de los hechos, la cual hace referencia a los habitantes sólo como un grupo de sujetos de estudio. No hay nombres personales ni citas directas; se utiliza casi exclusivamente la tercera persona plural y la construcción pasiva refleja.

Tarea

En este capítulo, Ud. va a redactar un ensayo expositorio sobre un tema de interés para Ud. La evidencia que incluya para apoyar la tesis de su exposición debe organizarse según la técnica de la comparación y el contraste, la técnica de la causa y el efecto, o una combinación de ambas técnicas. Esta tarea la va a completar en tres etapas.

Piénsalo... La combinación de técnicas usada en el texto «Los ancianos de Vilcabamba» es bastante común en la escritura de ensayos. La combinación le ofrece al escritor una mayor libertad y flexibilidad para acercarse al tema. Por otro lado, esto significa que necesita tomar precauciones para asegurarse de que el lector siga la línea de pensamiento, comprenda lo que el escritor está haciendo y capte las relaciones entre las distintas partes de la información. Cuando leas los textos de este capítulo, presta atención especial al modo en que los escritores han organizado la información. ¿Qué hacen para que el lector pueda seguir la presentación y captar la idea? ¿Cómo despiertan las expectativas del lector?

PRIMERA ETAPA: *Antes de redactar*

En esta primera parte del capítulo, Ud. tendrá la oportunidad de

- explorar ideas relacionadas con varios temas que se prestan a la exposición

- experimentar con varias técnicas de organización para luego determinar cómo presentar la tesis y la evidencia que la apoya

- experimentar con varias técnicas de prerredacción para eligir el tema y la técnica de organización

- definir el propósito de su escrito

- identificar las necesidades de su lector

LA GENERACIÓN Y RECOLECCIÓN DE IDEAS

Actividad A   Puntos de vista

Cada uno de los siguientes temas puede examinarse desde varias perspectivas: análisis y clasificación, comparación y contraste, causa y efecto.

1. Trabajando en grupos de dos o tres, escojan uno de los temas de cada columna (A, B y C). Hagan una lluvia de ideas para crear preguntas de enfoque sobre cada uno de los temas escogidos. (Trabajen cada tema durante cuatro o cinco minutos antes de pasar al siguiente tema.) No es necesario guiar la lluvia de ideas hacia una perspectiva específica. Exploren todos los aspectos que les vengan a la mente sobre cada tema. ¿Cuántas preguntas diferentes se les ocurren para cada tema? Un miembro del grupo debe servir de secretario/a para apuntar las preguntas sugeridas.

A: LAS EXPERIENCIAS	B: LOS FENÓMENOS	C: LA GENTE
• el cambio	• el analfabetismo	• los extraterrestres
• la inspiración	• la fama	• los ancianos
• los desastres naturales	• las preocupaciones de (mi generación / mis padres)	• X y Y (una pareja célebre)
• la risa y el humor	• la salud	• la diversidad cultural
• el estrés	• los blogs	• los políticos

2. Terminadas las sesiones de lluvia de ideas, examinen las preguntas de enfoque que resultaron de cada una. Identifiquen las preguntas que podrían servir para un escrito que explore la comparación y contraste, y las que podrían servir para un escrito que explore causa y efecto.

3. Compartan el resultado de los dos primeros pasos con los resultados de los demás grupos de la clase. Entre todos, elaboren una tabla de ideas con los temas y las preguntas. ¿Hay mucha diferencia de opiniones?

TABLA DE IDEAS		
Tema general	*Pregunta específica*	*Orientación* (*¿comparación y contraste? ¿causa y efecto?*)

Actividad B Perspectivas e intercambios

1. Hoy en día se valora mucho el habla. Todos los medios de comunicación ofrecen oportunidades para conversar: los «talk shows» dominan la televisión, la radio «talk» es todo un fenómeno y hay un sinnúmero de «chat rooms» en la Red. Por otro lado, al acto de escuchar se le dedica poca atención. Ya nadie sabe escuchar atentamente, ni quiere hacerlo. ¿Cómo se explica esta tendencia? ¿A qué se debe la popularidad de los talk shows? ¿Qué significa «saber escuchar»? ¿Importa saber escuchar? ¿Por qué sí o por qué no?

2. Muchas personas «mayores» —desde los treintones hasta los septuagenarios— están volviendo de nuevo a las aulas universitarias. ¿Cómo se explica esta tendencia? ¿Qué motiva a una persona mayor a volver a ser estudiante? ¿Cuáles son los problemas que estas personas confrontan en la universidad? ¿Qué dificultades les crean a los profesores o a los demás estudiantes? Además de la posibilidad de obtener un título (*degree*), ¿qué otros beneficios obtienen las personas mayores de tal experiencia? ¿En qué se diferencia su experiencia de la de los estudiantes más jóvenes?

3. Muchos intercambios entre dos personas (o grupos de personas) se originan en la necesidad de contestar a la pregunta «¿por qué?». A veces, los intercambios pueden ser cómicos, como en la conversación entre Knute y su maestro de composición.

La pregunta del maestro es seria. ¿Por qué resulta cómica la respuesta? ¿Qué otras preguntas tipo «¿por qué?» son típicas entre los estudiantes y maestros?

En ciertos casos, las preguntas y respuestas pueden tener resultados más serios; por ejemplo, un tema para un ensayo expositorio. En grupos de dos o tres, hagan una lluvia de ideas acerca de posibles preguntas tipo «¿por qué?» para cada uno de los siguientes pares de personas. Comparen sus preguntas con las de los otros grupos para identificar los temas expositorios más interesantes.

- los padres / los maestros de escuela
- los políticos / los miembros de la prensa
- los miembros de un grupo minoritario / los ejecutivos de una red publicitaria

4. Lo real y lo ficticio; el arte y la verdad: no siempre es fácil distinguir el uno del otro, ni separar las causas de los efectos. Sin embargo, es interesante analizar los cambios que han ocurrido a la par que se presentan ciertos fenómenos en los medios de comunicación populares. ¿Cree Ud. que los medios reflejan cambios que ocurren en la sociedad, o cree que son los medios los que inician e impulsan los cambios? ¿Qué patrones puede Ud. identificar en las siguientes áreas? ¿De dónde vienen estos patrones y qué significan?

   - el primer galán o el «malo»: sus características físicas y cualidades personales
   - la familia: definición, funcionamiento, características típicas
   - la mujer ideal: sus características físicas y cualidades personales
   - la figura del extraterrestre y las características de un «encuentro» con otros seres
   - ¿ ?

5. Hoy en día, el fenómeno de las lenguas en contacto es muy común en los Estados Unidos. Debido a fenómenos como el comercio, la inmigración y los matrimonios mixtos, el contacto de lenguas es más bien una regla que una excepción. También es una fuente de riqueza y expansión tanto para las lenguas como para las culturas, ya que el contacto permite un intercambio. Sin embargo, quizás por ignorancia, hay gente que piensa que el contacto lingüístico no es favorable. ¿Por qué cree Ud. que ocurre esto? ¿Cuál puede ser la causa de estos sentimientos adversos? ¿Cuál cree Ud. que es su impacto? Piense en la región donde Ud. vive. ¿Hay lenguas en contacto? Reflexione acerca de los contactos lingüísticos. ¿Qué influencias puede Ud. ver de una lengua sobre la otra? Si actualmente no hay lenguas en contacto en la región donde Ud. vive, ¿hubo contacto lingüístico en esa región en el pasado? Comente.

Actividad C   Observación y comentario

1. Examine la foto que aparece a continuación. ¿Qué ocurre? ¿Quiénes son los personajes y dónde se encuentran? ¿En qué reside la ironía de la foto? Entre todos, comenten los posibles mensajes comunicados por la foto.

2. La tecnología y el lugar de trabajo. Cada vez más la tecnología desempeña un papel en casi todos los aspectos de la vida moderna. El hogar, la escuela, el trabajo y las relaciones personales reflejan todos su impacto. La gráfica a continuación salió en un libro de texto en 1980 para representar las actividades, los personajes y el ambiente típicos de un lugar de trabajo. ¿En qué sería diferente una gráfica contemporánea del mismo lugar? Por ejemplo, ¿de qué forma han cambiado los siguientes aspectos?

   • la máquina de escribir
   • el teléfono
   • el radio
   • la rutina de 9 a 5
   • las bebidas

Hay aspectos o características del típico lugar de trabajo actual que ni siquiera aparecen en un gráfico de hace más de 25 años, ya que no existían en aquel entonces. ¿Qué ejemplos nombraría Ud.? En su opinión, ¿qué cambio(s) ha(n) tenido el mayor impacto? Explique. ¿Ud. piensa que también han cambiado en las últimas décadas los personajes, sus preocupaciones y las relaciones entre ellos? Comente.

FRAZZ   **BY JEF MALLETT**

© Jef Mallett/Dist. by United Feature Syndicate, Inc.

3. La tecnología y los estudios. Frazz, que trabaja como conserje en una escuela primaria estadounidense, con frecuencia se asombra (y luego se asusta) de las ideas de los pequeños estudiantes de su escuela. Según el chico que le habla a Frazz, lo mejor de las computadoras son las teclas Ctrl+Z —«deshacer»— y es probable que muchos estarían de acuerdo con él. Por otro lado, con relación a los estudiantes y los estudios, algunos piensan que el impacto de Ctrl+C («copiar») y Ctrl+V («pegar») es aún más grande y más nocivo. Un artículo publicado en 2006 en el periódico español *El País* llama la atención a cómo la alta tecnología revoluciona el mundo de la «chuleta» (*cheat sheet*) en las universidades norteamericanas. Algunas de las prácticas que se describen en el artículo incluyen:

- redactar trabajos a base de copiar y pegar sin una lectura analítica y reflexiva
- utilizar los correctores ortográficos de los portátiles cuando parte del examen tiene como fin, precisamente, revisar la ortografía
- fotografiar las preguntas con teléfonos móviles para enviárselas a compañeros fuera del aula y obtener así las respuestas mediante mensajes de texto
- descargar de la Red trabajos ajenos sin citarlos

Para algunos, el problema reside en lo que hace posible la tecnología («un arsenal de artilugios electrónicos») pero para otros, la cuestión «es más un problema de mentalidad» y de carácter. Y Ud., ¿qué piensa? ¿Representa un problema la disponibilidad de la tecnología en el aula? Si es así, en su opinión, ¿para quién es un problema: para los estudiantes muy jóvenes, para los estudiantes universitarios o para los maestros? ¿Por qué piensa eso?

4. Examine la siguiente tira cómica. ¿Qué ocurre? ¿Quiénes son los personajes y dónde están? ¿Cómo se pueden explicar las acciones de estas personas? ¿En qué reside la ironía de esta escena? En su opinión, ¿de qué se trata esta tira cómica?

Rincón del escritor
Es bastante común que las ideas destinadas a mejorar la vida y a hacernos más felices con frecuencia produzcan resultados contrarios —«la ley de las consecuencias no intencionales». Por ejemplo, hay evidencia de que los que pueden adquirir fácilmente productos de consumo son menos felices que los que tienen dificultad en adquirirlos y que los productos destinados para el juego a veces llevan a la conducta agresiva y aun cruel. Alternativamente, algunas veces ciertas actividades asociadas más con el aspecto romántico —el baile— pueden tener un gran impacto positivo en la salud física. ¿Sabía Ud. que bailar el tango es tan saludable como hacer gimnasia? Para leer más, visite el **Rincón del escritor** bajo **Más lecturas.**

www.mhhe.com/composicion5

© Joaquín Salvador Lavado (QUINO) Cuánta Bondad, Ediciones de la flor, 1999

5. El siguiente anuncio publicitario hace referencia a la sociedad y a la manera de vivir. ¿Cuál es el tema? ¿Le parece que es una gráfica efectiva? ¿Por qué sí o por qué no? ¿Qué otros aparatos, costumbres o aspectos de la vida moderna —como el coche o el teléfono móvil— tienen tantas desventajas como beneficios? Entre todos, identifiquen todos los que puedan. Luego, trabajando en grupos de dos o tres, escojan un aparato o aspecto de la vida moderna y elaboren su propio «anuncio publicitario» como el anterior. Cuando terminen, compártanlo con la clase. ¿Qué aparato o aspecto de la vida motivó el mayor número de comentarios?

Actividad D   La lectura: «¿Hablas CyberSpanglish?»

El siguiente texto explora el fenómeno de la comunicación. Como toda exposición, este texto pretende contestar una pregunta específica al respecto. ¿Puede Ud. identificar esa pregunta?

¿HABLAS CYBERSPANGLISH? ¡PODRÍAS ESTAR HABLÁNDOLO YA!

*C*omenzó en los escritorios con computadoras de hispanohablantes y continúa extendiéndose sobre el globo al paso del número creciente de hispanos que se conectan con la Internet. En tanto que el mundo se vuelve más enlazado por redes de computadoras, usuarios hispanohablantes de computadoras y de la Red mundial se han visto necesitados de modos ingeniosos para explicar lo que hacen: «Voy a emailearlo ahorita; zoomea más para verlo más grande; necesito rebutear la computadora otra vez.»

Es Spanglish para computadoras —un CyberSpanglish. Es un híbrido, diferente del Spanglish callejero de las ciudades norteamericanas, que ha aparecido para resolver problemas intrincados tales como «¿Cómo se dice 'click on a hypertext link or an icon'?: ¡Cliquéalo, pues!» Los usuarios latinos conectados con la Red se han rebelado contra las reglas y tradiciones antiguas de su lengua y se han creado una identidad comunitaria de la Era de la Información. Así, el CyberSpanglish no es sólo un indicio de la evolución de una lengua, sino también de la de su gente —aquellos que están unidos por las redes de computadoras y que crean su propio conjunto de códigos para comunicarse eficientemente acerca de la tecnología innovada.

En consecuencia, muchos términos híbridos han devenido en formas idiomáticas aceptadas. Ciertos coloquialismos del inglés no tienen equivalentes en español. En tales casos, los usuarios reconocen «emailear» en vez de «enviar por correo electrónico», o «linkear» en lugar de «enlazar» o «el Web» en vez de «la Telaraña».

Tales trabalenguas como «hacer un golpecito seco» erosionan la lealtad que los usuarios hispanohablantes de computadoras le tienen al español puro. A la vez, muchos latinos astutos acerca de la informática también hablan inglés, lo cual les da la oportunidad y los medios para crear el CyberSpanglish. Al trabajar con «máquinas en inglés», estos ciberlatinos, generalmente con educación superior, están creando continuamente nuevos modismos para hablar sobre el «infobahn». La tecnología ha adoptado el léxico de sus creadores: anglohablantes norteamericanos, estirando los límites del vocabulario no sólo del español sino también de lenguas locales alrededor del mundo.

Para algunos, el cambio amenaza la pureza cultural. Otros lo aceptan como una evolución necesaria, como un modo de comunicar lo que se necesita comunicar. La Internet y su lengua franca, el inglés, han arribado a las comunidades hispanohablantes conectadas con la Red, y dos culturas se han vuelto más entrelazadas. La transformación hasta se puede comparar con otras encrucijadas que le dieron forma a otras lenguas: la invasión árabe-beréber de Iberia, la que le dio palabras árabes que los hispanohablantes usaron a la manera del latín; o la conquista normanda, que le dio al inglés tantas palabras francesas para usarse en una lengua germánica. Como el español y el inglés, los ciberlatinos toman prestados términos que usan a su propia manera, hispánica y única.

En medio de conversaciones, mensajes transmitidos, y documentación informática, los ciberlatinos salen con términos del CyberSpanglish, confeccionando híbridos de inglés y español y ajustándolos a sus necesidades. Al igual que los puertorriqueños en Nueva York o los mexicoamericanos en el suroeste, los latinos conectados con la Red usan elementos del inglés y del español pero mantienen la sintaxis del español y la pronunciación de los vocablos prestados. Los practicantes del CyberSpanglish con frecuencia usan vocablos sin traducirlos, como verbos del inglés conjugados en español («emailear»), y como palabras del español con nuevos significados porque se parecen a la palabra del inglés («fuentes» por «fonts»). El fenómeno se ha vuelto tan común que existen foros en la Internet sobre el asunto.

En la medida en que evolucione la tecnología, así evolucionará el español. Poco se duda que el CyberSpanglish permanecerá como un fenómeno dinámico a través de las comunidades latinas conectadas en la oficina, en la escuela e incluso en el hogar. Aunque algunos arguyan que el CyberSpanglish es un tipo de idioma impuro, el mundo hispanohablante debe contar con la facilidad para comunicar los conceptos de la tecnología para mantenerse al corriente con ella. La evolución de vocablos del CyberSpanglish ayuda en el diseño de terminología informática nueva que se necesita en la lengua hispánica. La innovación de términos nuevos servirá de estímulo a los hispanohablantes en el uso de un vocabulario más formalizado, en vez de términos híbridos improvisados sin suficiente discernimiento.

Las comunidades latinas conectadas con la Red han elegido avanzar con la tecnología. La lengua cambia al paso de la tecnología.

—*Yolanda M. Rivas*

1. ¿Cuál es la pregunta central que este texto busca contestar? ¿Cuál es la tesis?

2. El propósito de esta exposición es informar. ¿Cuáles son los datos específicos que se incluyen para apoyar la tesis?

3. ¿Cómo se organizan los datos: por medio de la técnica de la comparación y el contraste, la causa y el efecto o por medio de ambas técnicas?

4. ¿Cómo es el tono del escrito? ¿Es muy personal o más bien impersonal y objetivo? ¿Por qué piensa Ud. eso? ¿Qué aspecto del texto crea ese tono?

5. ¿Está Ud. de acuerdo con la selección de detalles que ha incluido la escritora para justificar su posición acerca del carácter lingüístico del «CyberSpanglish»? ¿Hay otros datos que a Ud. le parezcan más importantes? Comente.

6. Según el texto, el CyberSpanglish ha surgido como respuesta a las necesidades específicas de la comunicación electrónica. ¿Qué opina Ud. de este razonamiento? Por lo general, cuando se han inventado nuevos medios de comunicación —como el teléfono, las máquinas de escribir, los procesadores de palabras y las máquinas de fax— ¿se han inventado también «nuevas lenguas» o un nuevo léxico relacionados con ellos? Comente.

7. ¿Utiliza Ud. el correo electrónico? ¿En qué son similares un mensaje por correo electrónico y una carta personal, apuntes en un diario personal, un recado por *voice mail* y un recado por *instant messaging*? ¿En qué difieren?

8. En general, ¿piensa Ud. que el correo electrónico, el *instant messaging* o **SMS** (*Short Messaging Service*) y el *voice mail* son inventos positivos? Según algunas personas, el contacto en línea tiene la capacidad de «reemplazar los vínculos afectivos y las relaciones sociales» generando así «las condiciones para crear una generación socialmente aislada». ¿Está Ud. de acuerdo? ¿Por qué sí o por qué no? ¿Se observa el mismo fenómeno del «aislamiento social» como resultado del empleo de otros inventos modernos? Comente.

Actividad E.   La lectura: «Bienvenidos a la blogosfera»

El siguiente texto, escrito por Ignacio Escolar para *Muy Interesante*, ofrece otro ejemplo del impacto de la tecnología en la comunicación moderna y de sus efectos no intencionales. En este caso, la pregunta central del texto no enfoca específicamente las causas y los efectos. ¿Puede Ud. identificar su enfoque principal?

BIENVENIDOS A LA BLOGOSFERA

«La libertad de prensa es para quien tiene una», decía Henry Louis Mencken, un famoso periodista estadounidense de principios del siglo XX, el columnista más respetado y temido de su época. Cuando su pluma volaba, temblaba la Casa Blanca. Mencken podía enfrentarse a los banqueros y denunciar los abusos de los poderosos. Sin embargo, era consciente de sus limitaciones. Sin una rotativa, sin toneladas de papel, sin litros de tinta, sin una enorme red de distribución, sin la industria pesada necesaria para poner en marcha un medio de comunicación, su influencia

Rincón del escritor
Si quiere ver más información acerca del impacto de la Red sobre la comunicación y las relaciones sociales, visite el **Rincón del escritor.** Encontrará «Investigación: Internet...» bajo **Más lecturas.**
www.mhhe.com/composicion5

Rincón del escritor
No todos piensan que la destrucción de «barreras» representa algo bueno respecto a la prensa. Si quiere leer más acerca de esta polémica, visite el **Rincón del escritor** bajo **Más lecturas.**

www.mhhe.com/composicion5

Existe un gran número de weblog en español. Si quiere explorar algunos de los más visitados y premiados, puede escribir en un buscador, así como Google, cada una de las siguientes palabras o pistas: «20minutos», «alt1040», «barrapunto», «bitacoras», «ecuaderno», «la comunidad de weblogs argentinos» o «periodistas21».

se acababa. El cuarto poder sólo estaba al alcance de los poderosos capaces de pagar la factura.

Internet ha acabado con esta barrera. La libertad de prensa ya es como la libertad de expresión: es para todos. Ya no hacen falta millones, basta con un ordenador. Hoy los internautas pueden tener un medio de comunicación de masas. Casi con la misma facilidad y el mismo tiempo que se emplea en registrarse para acceder a una cuenta de correo electrónico, se puede montar un diario *on line,* esto es, un *blog.*

¿Pero qué es un *blog*? Según Merriam-Webster, es la palabra de 2004, el término más consultado durante los pasados doce meses. La definición que da esta editora estadounidense de diccionarios es «un sitio web que contiene un diario personal en línea con reflexiones, comentarios y enlaces». Los *weblogs,* bitácoras o *blogs* son la evolución de los fanzines de fotocopiadora y, en versión digital, de las páginas personales, esos sitios tan de moda en los primeros años de Internet donde los navegantes colgaban la foto de su perro junto con el currículum y enlaces a sus páginas favoritas. La diferencia con ellas es que los blogs son fáciles de actualizar, por lo que ya no hace falta saber programar en html. Ahora las viejas anotaciones se ordenan cronológicamente de forma inversa, esto es, en la parte superior de la página aparecen los textos más recientes. Además, debajo de cada apunte los lectores pueden incluir sus comentarios. Los *blogs* son una conversación.

Muchas de estas páginas son una traslación digital de los diarios en papel de toda la vida, esos de «querido diario... ». Otros tratan de música, de cine, de sexo, de política... Como en cualquier charla, se habla de todo tipo de cosas. En los primeros compases de este fenómeno, que ya cuenta con más de siete años de historia, el tema más tratado era la tecnología. Los pioneros eran en su mayoría internautas que escribían sobre su tema preferido, los últimos cacharros informáticos, o blogueros que comentaban en su bitácora el desarrollo del propio mundo *blog.* Pero la popularización de las herramientas de publicación y el propio avance de Internet, donde ya no sólo navegan los expertos en tecnología, han expandido los temas de conversación hasta el infinito. «El número de blogs en España se duplica cada seis meses», asegura José Luis Orihuela, autor de Ecuaderno.com y profesor de la Universidad de Navarra. Actualmente hay más de 45.000 blogs en español, de los que alrededor de 20.000 son de España. «Si seguimos creciendo a este ritmo, a mediados de año habrá 80.000 bitácoras en nuestro idioma», afirma Orihuela. Son muchas, pero ni tantas ni tan populares como en otros países. En España, son muy pocos los blogs que superan las 3.000 visitas diarias y la mayoría apenas llega al centenar de lectores al día, aunque estos números prácticamente se duplican cada pocos meses.

En EE UU, los *weblogs* más importantes superan en audiencia a muchos medios tradicionales. Según un reciente estudio de Pew Internet, el 28 por 100 de los internautas de este país leen *blogs* y el 7 por 100 de ellos —ocho millones de estadounidenses— tienen su propia bitácora. Su audiencia creció de forma espectacular el año pasado, un 58 por 100, gracias sobre todo a la campaña electoral, que disparó el consumo de información. Los *blogs* fueron parte fundamental en la estrategia de los grandes partidos y su poder se notó en las cabezas que rodaron gracias a ellos. Como si fueran miles de hormigas, estos nuevos medios han sido capaces de acabar con dinosaurios de la prensa, como el veterano periodista de televisión Dan Rather, que se vio obligado a dimitir tras un escándalo que fue destapado en los *blogs*.

Rather fue el primero, pero no el último. Hasta la poderosa CNN ha tenido que rendirse ante ellos. A mediados de febrero, el director general de esta cadena, Eason Jordan, se vio forzado a renunciar tras una dura campaña de desprestigio lanzada por las bitácoras más conservadoras, que se hicieron eco de unas polémicas declaraciones. Aunque estas apenas tuvieron repercusión en los medios, algunos *blogs* las usaron hasta lograr su dimisión dos semanas después. Según Juan Varela, responsable de Periodistas 21, una bitácora que ha sido premiada por la televisión pública alemana Deustche Melle como el mejor *blog* periodístico en español, parte del éxito de estos es la crisis de credibilidad de los medios tradicionales. «Tendrán que oír a los ciudadanos porque estos los vigilan», recalca Varela. «Antes, cuando los medios se equivocaban, nadie estaba ahí para contestar.»

En EE UU, este contrapoder también es dinero y no es extraño que los autores de los *blogs* más populares tengan en ellos su forma de vida gracias a los ingresos publicitarios. Empresas como Google, con su sistema Adsense, permiten vender anuncios sin una red comercial. Basta con añadir un código en la página y empezar a cobrar. Incluso están naciendo empresas editoriales, como Gawker Media o Weblogs, Inc., que se aprovechan de lo barato que resulta poner en marcha un *blog* para hacer negocio. Weblogs, Inc., por ejemplo, facturó el año pasado un millón de dólares por publicidad. No es mucho, pero sus costes tampoco son elevados.

«Weblogs, Inc. tiene 70 redactores que trabajan a porcentaje desde casa con sus propios equipos», asegura Julio Alonso, el principal impulsor de Weblogs SL, una empresa española que intenta repetir en nuestro país este exitoso modelo de negocio. «Weblogs Inc. no tiene oficinas ni paga sueldos fijos, por lo que es rentable con ingresos más bajos que los que necesitan los mamuts de la prensa tradicional», recalca Alonso. En España, Weblogs SL cuenta con xataka.com, un *blog* de electrónica de consumo, y vidaextra.com, sobre videojuegos.

Para otros, el beneficio económico es indirecto. Es el caso de Almudena Montero, autora del *blog. Antes muerta que sencilla*, que acaba de publicar una novela gracias a su bitácora. «Salió una reseña en un periódico y al día siguiente me llamaron de la editorial», recuerda. Su novela se titula *Mi vida perra* y cuenta la historia de una autora de un *blog*. Cada capítulo empieza con un *post,* el nombre en inglés con el que se denomina a los artículos de cada día en una bitácora.

Otro que también ha sido tentado por muchas editoriales es el argentino afincado en Barcelona Hernán Casciari, autor de tres de los *weblogs* más divertidos y leídos de la Red: Mujer Gorda, El diario de Letizia Ortiz y Don Juan. Casciari juega en sus *blogs* con la ficción y lo mismo se hace pasar por una señora que podría ser tu madre, por la princesa de Asturias o por un vidente. Parte de la gracia está en ver cómo interactúan los que se dan cuenta de que es una ficción y los que piensan que de verdad Letizia Ortiz tiene un *blog*. En su opinión, una bitácora es para los escritores la mejor forma de promocionarse.

Otros autores, además de relevancia, buscan el simple contacto con el público. Ese el motivo que llevó a Nacho Vigalondo, el director de cine español nominado a los Oscar en la categoría de mejor corto, a colgar en la Red un blog donde proyectar su trabajo y recibir la crítica inmediata de los espectadores. «Muchos directores aún tienen recelos de exponer gratuitamente sus obras, pero a mí, más que una opción, me parecía una oportunidad para practicar la escritura, testar al público anónimo y satisfacer una necesidad casi patológica de comunicación», asegura Vigalondo.

Para la inmensa mayoría de los *bloggers*, ganar dinero o notoriedad no es la razón que les lleva a sentarse en el ordenador y escribir. Javier Candeira, de Barrapunto.com, el *blog* comunitario de tecnología más leído en español, lo explica con un chiste: «Los periodistas somos como las prostitutas, cobramos por algo que todo el mundo hace gratis, que es comunicarse.» Y es que para muchos, un *blog* se hace por amor.

—*Ignacio Escolar*

1. Comente brevemente los siguientes aspectos del texto que acaba de leer:

   - la pregunta central
   - la tesis
   - la organización de los datos
   - el tono

   ¿Quién sería el lector para quien fue escrito este texto? ¿Qué rasgos (edad, profesión, nacionalidad, etcétera) tendrá tal lector? ¿Hay algo en el texto que se lo indique?

2. ¿Lee o contribuye Ud. o alguno de sus amigos a una bitácora? Si es así, ¿encuentra la(s) suya(s) entre las motivaciones que se mencionan en el texto para participar en un *blog*? Comente. De las motivaciones mencionadas, ¿cuál le parece la más citada entre sus amistades?

3. La bitácora o *blog* como fenómeno es más reciente que las actividades electrónicas que se comentaron en la **Actividad D** (páginas 132–135). En comparación con estas otras, ¿qué tan grande es el impacto de la bitácora o *blog* en la sociedad moderna: mayor o

menor? ¿Por qué opina Ud. eso? ¿Participan más personas? ¿Afecta a más personas? Explique.

4. Como también se vio en el texto y en el comentario sobre el CyberSpanglish, la tecnología aplicada a la comunicación puede traer consecuencias no intencionales, así como las modificaciones en el español para poder conversar sobre la tecnología. Del mismo modo, el medio de los mensajes de textos llevado a cabo o por computadora o por teléfono móvil ha creado todo un nuevo lenguaje —«códigos para chatear»— que consiste en abreviaturas que pueden resultar totalmente incomprensibles para quien es ajeno a ese ambiente. Y el medio de la bitácora, ¿también ha traído consecuencias no intencionales? Comente.

5. Piense Ud. en las fuerzas que llevan a los cambios lingüísticos comentados en este texto. Después, lea de nuevo «Las consecuencias del contacto lingüístico» (páginas 118–119) y recuerde qué procesos conducen al cambio lingüístico según ese artículo. ¿Qué semejanzas o diferencias observa?

6. Imagínese que los miembros de la clase van a hacer una presentación acerca del carácter y el impacto de la comunicación electrónica en el mundo contemporáneo. ¿Cómo se tendría que presentar la información si el público estuviera formado principalmente por:

- individuos poco experimentados en el uso del correo electrónico
- individuos que indentifican la tecnología con la despersonalización de la sociedad moderna
- representantes de companías que diseñan *software* y sitios Web para otros

Actividad F. Observación, comentario y el mapa semántico

1. Divídanse en grupos de tres o cuatro personas. Su profesor(a) le asignará a cada grupo un tema o una gráfica (de las que elaboraron basándose en la de la página 132). Exploren en grupo el tema de su gráfica con mas profundidad, haciendo preguntas de enfoque.

2. En su grupo, identifiquen las preguntas de enfoque que mejor se presten a la exploración de causas y efectos, y las que se presten a la comparación y/o el contraste.

3. Compartan su análisis con los demás grupos de la clase, modificando sus listas con las sugerencias de los demás.

4. En su grupo, escojan uno de los temas ya comentados y hagan un mapa semántico de ese tema. Después de cinco minutos, cada grupo debe recrear el mapa para su tema en la pizarra.

El código, ó léxico, para chatear en español varía según la región geográfica. Aquí hay una lista publicada por Clarín con algunos ejemplos que utilizan los argentinos.

- *Besitos: B7s*
- *Chica: xka*
- *Chico: xko*
- *E-mail: e-m*
- *Enojado: grrr*
- *Llámame: ymam*
- *Me duermo: ZZZ*
- *No pasa nada: NPN*
- *No puedo hablar: NPH*
- *Nos vemos: NV*
- *Profesor: prf*
- *Saludos: salu2*
- *Te mando un mail: t@*
- *Tengo que irme: TKI*
- *Vamos: vmos*

EN SU LIBRETA...

agregue los nuevos temas interesantes a la tabla de ideas.

5. Entre todos, comenten los mapas. ¿Cuál es la tesis sugerida por cada uno? ¿Hay en alguno de los mapas información omitida que se deba agregar?

Enfoque

- Repase la tabla de ideas en su libreta y los apuntes de las actividades que Ud. ha hecho hasta este punto.

- Escoja el tema que más le interese personalmente para la tarea de este capítulo.

- En su libreta, apunte los aspectos del tema que le parezcan interesantes e importantes. Para hacer resaltar la comparación y el contraste, aquí hay varias preguntas por considerar.

  a. *Comparación:* ¿En qué son semejantes esta entidad y esa otra? ¿Qué características tienen ambas en común?

  b. *Contraste:* ¿En qué son diferentes esta entidad y esa otra? ¿Qué características las diferencian?

- Para hacer resaltar la causa y el efecto, aquí hay algunas preguntas por considerar.

  a. *Causa:* ¿Por qué es así este objeto o fenómeno? ¿Cómo ha llegado a ser así?

  b. *Efecto:* ¿Qué impacto ha tenido este objeto o fenómeno en la sociedad, en la vida personal, etcétera? ¿Cuáles son sus consecuencias?

Piénsalo...   Como dijimos en el **Capítulo 3,** no todo escritor prepara un bosquejo formal antes de empezar a escribir un ensayo. Sin embargo, debe ser posible construir un esquema concreto *después* de haber escrito el ensayo. Esta técnica puede ayudarte a identificar los siguientes problemas potenciales.

- Lagunas en el texto: «Dije que iba a mostrar *Y* y *Z*; mostré *Y*, de acuerdo, pero ¿dónde está *Z*?»

- Casos de lógica injustificada: «Hmmm... estos ejemplos tenían que mostrar la evidencia de por qué algo es como es; es decir, por qué es de esa manera y no de otra, pero sólo dicen lo útil que es este asunto para la sociedad y no explican en ninguna parte la relación causa/efecto.»

- Puntos en que se saltea el pensamiento o razonamiento: «Toda esta sección empieza hablando sobre *X* y acaba hablando sobre algo totalmente diferente. Esta última parte es bastante interesante, así que quiero conservarla; pero es evidente que no está en el lugar adecuado.»

TÉCNICAS DE ORGANIZACIÓN Y EXPRESIÓN

Pensando en el lector: Introducciones y conclusiones

Como ya se ha visto, uno de los recursos importantes del escritor para asegurar que su lector siga el razonamiento del escrito es establecer una organización de párrafo lógica y clara. También es de gran importancia el uso de frases que marcan abiertamente momentos importantes en el escrito. Los más básicos son: la introducción, la conclusión y los cambios de tema. En este capítulo se presentarán las frases de introducción y conclusión. En el **Capítulo 6** se hablará de las frases de transición.

La introducción

El primer párrafo de una exposición tiene como propósito informar al lector sobre lo que está por leer; pretende captar su interés o limitar el tema indicando qué dirección tomará la exposición.

Con frecuencia se emplean dos tipos de introducción.

1. El primer tipo de introducción revela lo que será el tema general de la exposición y tiene dos propósitos:

   • presentar en términos generales el tema de la exposición

   • incluir en la última oración la tesis de la exposición, a su vez apoyada en cada uno de los párrafos del texto

Este tipo de introducción utiliza con gran frecuencia una estructura que puede representarse mediante un triángulo invertido.

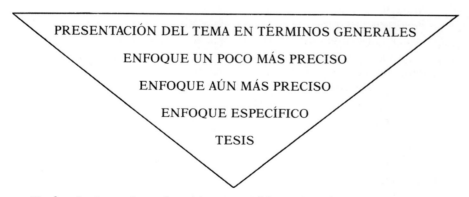

PRESENTACIÓN DEL TEMA EN TÉRMINOS GENERALES

ENFOQUE UN POCO MÁS PRECISO

ENFOQUE AÚN MÁS PRECISO

ENFOQUE ESPECÍFICO

TESIS

En la siguiente introducción se ve claramente esta estructura.

> El uso de los narcóticos ha aumentado en grandes proporciones en el mundo entero. Su consumo, que hasta hace solamente unas cuantas décadas era característico de los medios criminales o de ciertos grupos marginales, hoy en día es

común entre la llamada «gente decente». Más alarmante aún es el hecho de que su uso se ha generalizado también entre la juventud. Se sabe que el tráfico de drogas existe en forma activa entre jovencitos de 11 a 13 años de edad. Los problemas que encuentran estos niños se empiezan a estudiar hoy con detenimiento y ya se ha logrado una mejor comprensión de las causas de su dependencia de las drogas y de las posibles soluciones que pueden tener tales problemas.

Este tipo de introducción a menudo enumera brevemente los puntos principales en que se va a apoyar la tesis.

2. El segundo tipo de introducción, al que se le ha dado el nombre de «gancho», es un poco más complejo. El propósito fundamental del gancho es llamar la atención del lector neutral a quien quizás poco le interese el tema. Para lograr este propósito se usan diferentes estrategias:

- Se puede empezar con una pregunta.

  ¿Será posible que todavía haya personas que crean en la honradez del ser humano?

- Puede utilizarse la definición de algo muy conocido que luego servirá para establecer un contraste humorístico.

  El automóvil es un vehículo que sirve como medio de transporte. ¡Qué error comete el ingenuo que todavía cree en esto!

- Puede utilizarse un ejemplo que incluya una narración.

  Margarita llegó a su casa a las seis y media después del trabajo. Pasó por sus niños a la guardería y ahora comienza a preparar la cena. Después arreglará la ropa de todos para el día siguiente y limpiará un poco la casa. A las diez de la noche, se encontrará cansadísima. Así es la vida de un gran número de madres que viven solas, separadas del marido y sin el apoyo de parientes cercanos. Los problemas de estas madres y de sus hijos son cada día más graves.

- Puede utilizarse una descripción.

Aunque algunas de estas estrategias son más comunes que otras, todas pueden usarse con éxito. Su uso depende solamente del propósito del escritor y, sobre todo, de la clase de lector a quien se dirija.

La introducción, entonces, es un párrafo que le permite al escritor poner un marco alrededor de su tema; es decir, explicar a qué se refiere, por qué viene al caso, por qué es de interés. Le permite también despertar el interés del lector de alguna forma especial. La introducción es útil también porque le ofrece al lector una idea preliminar del contenido general del texto.

Es importante planear de antemano la estrategia que se empleará en la introducción, tanto para interesar al lector como para hacerle saber qué aspectos van a tratarse en la exposición.

Ciertas introducciones, como las que se incluyen a continuación, deben evitarse.

- En esta composición voy a hablar de... porque me parece muy interesante.
- Quiero hablar aquí de...
- Una cosa que quiero decir sobre... es...
- El propósito de esta composición es...

La conclusión

Una conclusión bien escrita consiste en un párrafo conciso que apoya la idea principal y deja saber al lector que se ha dado fin a la discusión. Hay varias estrategias que pueden utilizarse para escribir conclusiones.

1. Se puede hacer un resumen de los aspectos principales. Este tipo de conclusión se presta especialmente a las exposiciones largas.

2. Se puede ofrecer una opinión. En estos casos el escritor evalúa los hechos expuestos y emite un juicio al respecto.

3. Se puede recomendar una acción.

4. Se puede repetir la idea principal presentada en la tesis.

5. Se pueden comentar las implicaciones de las ideas presentadas.

6. Se pueden reiterar las ideas, el tono, etcétera, de la introducción, para darle unidad a lo escrito.

Como en el caso de la introducción, el contenido de la conclusión depende del propósito específico del escritor y de la clase de lector a quien se dirija. Al llegar a este punto, lo importante es darle a entender al lector que el texto ha terminado y ofrecerle, al mismo tiempo, una impresión final.

Actividad   Análisis de textos

1. Vuelva a examinar el texto «Las consecuencias del contacto lingüístico» (páginas 118–119). ¿En qué consiste la introducción de ese texto? ¿Es su propósito resumir los puntos principales que se van a explicar más adelante o captar el interés del lector? ¿Es otro el propósito? En su opinión, ¿es una introducción efectiva? ¿Por qué sí o por qué no? Tomando en cuenta el propósito del texto y su tono, ¿le parece apropiada la introducción? Si opina que no, ¿qué cambios recomendaría Ud. que se hicieran?

2. Vuelva a examinar el texto sobre los ancianos de Vilcabamba (páginas 121–122). Según las observaciones de la página 118, «El tono de este texto es bastante académico y distanciado» y la información se presenta de manera «desinteresada» e impersonal. ¿Se aplican también estos comentarios a la introducción y la conclusión? Explique. En su opinión, ¿es efectiva la conclusión? ¿Por qué sí o por qué no? Si dice que no, ¿qué cambios recomendaría Ud. que se hicieran?

3. Trabajando en grupos pequeños, cada grupo debe volver a examinar uno de los otros textos incluidos en este capítulo o en el capítulo anterior. Cada grupo debe contestar las siguientes preguntas con respecto a su texto:

- ¿Qué párrafos específicos sirven de introducción, sólo el primer párrafo u otro(s) más? ¿Cuál es el propósito (o cuáles son los propósitos, si hay más de uno) de la introducción? ¿es efectiva la introducción? ¿Por que sí o por qué no?

- ¿Qué párrafos sirven de conclusion? ¿es efectiva la conclusión? ¿Por qué sí o por qué no?

- Si encuentran inefectivos algunos párrafos, ¿qué cambios recomendarían Uds. que hicieran los autores? Expliquen.

- Cada grupo debe compartir el análisis de su texto con los demás grupos de la clase.

4. De los varios tipos de introducción y conclusión comentados aquí, ¿qué tipo le gusta más a Ud.? ¿Por qué?

Estrategias del escritor: La técnica para llegar al núcleo del mensaje

Una de las razones por las cuales la escritura puede presentar dificultades es que el escritor, a diferencia del orador, tiene que «hablar» sin el beneficio de una respuesta o reacción directa o inmediata. En cambio, anticipa el efecto de sus palabras en un lector ausente.

Rincón del escritor

Hay más información sobre <u>llegar al núcleo del mensaje</u> en el **Rincón del escritor.**

www.mhhe.com/composicion5

Sin embargo, el aspecto solitario de la redacción no debe interferir con la búsqueda de reacciones por parte de algunos lectores. De hecho, una estrategia muy útil consiste en condensar las ideas principales para explicárselas en resumen a un amigo o compañero. Esta estrategia, que se ha llamado en inglés *nutshelling*, ayuda al escritor a distinguir las ideas principales de las subordinadas. Al hacer esto, el escritor se enfoca aún más en lo esencial de su mensaje, e incluso puede llegar a una nueva comprensión conceptual de lo que quiere decir.

Esta técnica para <u>llegar al núcleo del mensaje</u> de un escrito se lleva a cabo en dos etapas. Primero, hay que buscar un amigo y presentarle en unas cuantas oraciones la esencia del argumento. A este proceso se le llama **la identificación del mensaje.** Segundo, hay que imaginar a un maestro de escuela que debe enseñarle esto mismo a un grupo que no sabe nada sobre el tema. ¿Cómo ha de explicar u organizar sus ideas para que este grupo las capte? ¿Qué información ha de incluir de modo que el grupo comprenda *el propósito* de su presentación y no simplemente los hechos específicos? Al igual que cualquier maestro, el escritor tendrá que tomar en cuenta las características más sobresalientes de su público y escoger los ejemplos y el lenguaje más apropiados para dicho público.

En resumidas cuentas, el escritor debe preguntarse, primero: ¿Qué quiero que el lector aprenda de mi escrito? y, segundo: ¿Cómo he de conceptuar y presentar la materia para lograrlo?

Se puede encontrar más información sobre nutshelling en Problem-solving Strategies for Writing de Linda Flower (International Thomson, quinta edición, 2003).

Actividad A   Llegar al núcleo del mensaje (Parte 1)

1. Una compañera de clase suya es estudiante de intercambio de Venezuela. Está escribiendo un texto para su clase acerca de «la cultura de la belleza» en su país y le ha pedido a Ud. que ayude con la técnica de llegar al núcleo del mensaje. Para ello, le muestra el título y los primeros cuatro párrafos de su texto. Léalos brevemente. ¿Qué puede Ud. deducir, de esta primera lectura, acerca de lo que le quiere «enseñar» su compañera?

LA BELLEZA AL ALCANCE DEL BISTURÍ

*U*nas pocas estadísticas son, a veces, más elocuentes que un espeso tratado de sociología. Venezuela es el país que cosechó más premios internacionales de belleza en el último medio siglo: cinco Miss Mundo, cuatro Miss Universo y otros innumerables cetros y coronas. No se trata de un fenómeno casual, sino que revela una de las tendencias más profundas de la sociedad venezolana y —de manera más general— de las de numerosos países de América Latina. Como en Brasil, la «doctrina oficial» pretende que Venezuela es un país multirracial y tolerante. Pero debajo de la superficie, prevalence una sutil discriminación racial con los descendientes de esclavos negros que se manifiesta —esencialmente— en el culto de criterios estéticos que valorizan la piel blanca, la cabellera rubia y los ojos claros.

«A mi consultorio llegan pidiendo narices más finas, bocas ligeramente rellenas, bustos amplios, glúteos elevados y, sobre todo, delgadez. Quieren ser cada vez más delgadas», confirma el doctor Pedro Meneses, miembro de la Sociedad Venezolana de Cirugía Plástica. En ese contexto, la belleza se ha convertido en un valor social que muchas veces suele definir triunfos y fracasos, tanto en las relaciones personales como en la vida profesional. Esta realidad se superpone con otras reglas de juego que definen el papel de la mujer en una sociedad que aún no integró ciertos principios de la revolución feminista. Para las mujeres, atenazadas entre racismo y machismo, la belleza representa un recurso eficaz de promoción social y —con frecuencia— la única forma de «existir».

(continúa)

2. Entre todos, comenten el tema sugerido por este trozo. Ya que el texto está dirigido a los miembros de su clase, ¿qué tiene que hacer su compañero para presentar la materia de manera que sea de interés para el grupo? ¿Qué actitudes o información previa debe tener en cuenta? ¿Qué preguntas debe contestar? En otras palabras, ¿qué tiene que hacer de modo que Uds., sus lectores, capten «el propósito de su presentación y no simplemente los hechos específicos»? Ahora lean el resto del texto.

El culto a la belleza que existe en Venezuela permite comprender el vertiginoso auge de la cirugía plástica en los últimos 10 años. Aunque no existen estadísticas oficiales, se estima que son similares a las cifras de la Sociedad Americana de Cirugía Plástica y Reconstructiva (SACPR). En los últimos dos años, según ese registro, el recurso a la cirugía estética aumentó más de 60%. En un período más largo, comprendido entre 1992 y 1998, las intervenciones más frecuentes fueron la lipoescultura, que se incrementó en 264%; la mamoplastia de aumento (implante de prótesis mamarias), que creció 306%; y la cirugía de rejuvenecimiento facial y de remodelación nasal.

Los criterios estéticos, sin embargo, cambian constantemente. «El modelo del último decenio viene de Estados Unidos, que está a dos horas de vuelo de Venezuela. La diferencia es que nuestras mujeres no son rubias de ojos azules, pero se empeñan en parecerse en cuerpo y rasgos a ese ideal blanco. Nunca operé a una mujer blanca que haya querido cambiarse la nariz y ensancharla para aproximarse a los rasgos de una negra. Siempre es lo contrario» explica Meneses.

A pesar de su riqueza petrolera, casi 70% de la población de Venezuela vive sumergida en la pobreza. Pero cuando se trata de lucir bien, no existen limitaciones de presupuesto. Un estudio realizado en 1999 por Roper Starch Worldwide demostró que los venezolanos gastan 20% de su presupuesto en cuidado personal y productos de belleza. La mamoplastia, una de las operaciones más frecuentes, cuesta entre 1.000 y 3.500 dólares. Aunque pertenezcan a un estrato social humilde, las mujeres siempre encuentran el dinero que hace falta, porque la necesidad de sentirse bellas prevalece sobre cualquier otro criterio.

Cada vez son más frecuentes las candidatas que tienen entre 17 y 35 años, que no sólo desean perfilar su nariz y aumentar los senos, sino que pretenden cambiar el contorno corporal. «Recurren a la cirugía porque se sienten rechazadas por la sociedad o no están satisfechas con la imagen que proyectan», dice el doctor Alberto Salinas, uno de los pocos especialistas venezolanos que practica la gastroplastia desde hace más de 15 años. Ese procedimiento reduce las dimensiones del estómago para que el paciente coma menos y adelgace progresivamente. «La mitad de mis pacientes no quieren sentirse mejor, sino verse mejor», precisa.

Aunque no son obesas, muchas de las jovencitas llegan a su consultorio por razones de «salud psicológica». «La presión de la sociedad es tan grande, que esas adolescentes toman una caja de diurético por día y otra caja de laxante. En esos casos, para evitar que se sigan intoxicando con medicamentos, prefiero operar», confiesa.

La imagen social es la razón que induce a muchas profesionales a acudir al quirófano con la esperanza de mejorar su imagen y aumentar su autoestima. Morelia Pelayo, una exitosa odontóloga que hace algunos años se sometió a una mamoplastia, asegura que esa operación cambió su vida: «Siempre me consideré una mujer realizada tanto en el plano profesional como personal. Pero tenía un complejo por el tamaño de mis senos. Desde que me operé, cambié mi forma de vestir. Como vivimos en un país caribeño, donde hay sol, puedo lucir mejor mi figura y usar ropa con escotes más generosos», reconoce. Esa decisión capital, sin embargo, fue adoptada bajo la presión subliminal que ejercen los mensajes publicitarios de la televisión. «Todas las mujeres tienen senos y nalgas prominentes, cuerpos espectaculares y lucen bellas y exitosas. ¡Es inevitable querer ser como ellas!», confiesa.

En esa confusión entre ser y parecer, la fascinación de los venezolanos por los cambios rápidos y drásticos que ofrece el bisturí comienza a convertirse en un rasgo cultural. Ese rasgo importado es tan fuerte que amenaza con modificar la identidad de la sociedad.

(Gracias a Rakel Sosa)

Rincón del escritor
Si le interesa a Ud. el tema de los sacrificios que se hacen en nombre de la belleza física, visite el **Rincón del escritor** bajo **Más lecturas.**
www.mhhe.com/composicion5

3. ¿Qué tal acertaron Uds. con respecto a sus recomendaciones? Y el texto, ¿logra el propósito del escritor? Comenten.

Actividad B Llegar al núcleo del mensaje (Parte 2)

1. Vuelva al tema que Ud. ha escogido para la tarea de este capítulo y analice detenidamente las ideas que ha apuntado hasta este punto con respecto al tema y al lector, las posibilidades de organización y el propósito.

2. Identifique brevemente la esencia del argumento que va a presentar.

3. Trabajando con un compañero / una compañera, sigan los pasos que se describen en las páginas 144–145 para llegar al núcleo de su mensaje.

4. Finalmente, examine sus apuntes de nuevo. ¿Qué cambios quiere Ud. incorporar, basándose en esta actividad?

SEGUNDA ETAPA: *La redacción y la revisión de las versiones preliminares*

Después de terminar las actividades de prerredacción, Ud. escribirá un borrador de su ensayo expositorio.

Las actividades que se han llevado a cabo en la primera etapa de este capítulo le han dado a Ud. la oportunidad de desarrollar la materia prima para elaborar una exposición. En esta segunda parte del capítulo, tendrá la oportunidad de

- crear un plan de redacción para guiar la composición de su escrito
- desarrollar un borrador de su escrito
- experimentar con la técnica de revisión con grupos de consulta
- experimentar con la técnica de una lista de control
- desarrollar un plan de revisión

Tarea

Como recordará, la tarea de este capítulo es redactar un ensayo expositorio sobre un tema que sea de interés para Ud.

Ahora que ha completado la primera etapa de esta tarea, escriba el borrador de un texto expositorio que tenga como mínimo unas 500 palabras. Su texto puede organizarse como «Las consecuencias del contacto lingüístico» (páginas 118–119): presentando una tesis con base en una sola técnica para examinar y explicar un tema (comparación/contraste o causa/efecto), más varios ejemplos específicos. También puede explorar su tema utilizando una combinación de técnicas, como se hizo en «Los ancianos de Vilcabamba» (páginas 121–123) y en «¿Hablas CyberSpanglish?» (páginas 132–134). Por lo general, no se empieza por elegir una técnica de escritura (comparación/contraste o causa/efecto), sino con un tema o una pregunta interesante. La organización suele derivarse de la información reunida. Si quiere, puede incorporar citas directas y otros detalles descriptivos, como se ha visto en varios de los textos de este capítulo y del **Capítulo 3.** Su escrito debe adoptar el formato de un ensayo formal. Así como en sus escritos anteriores, es importante reconocer y apreciar las necesidades específicas de su lector. Su ensayo debe incluir una introducción y una conclusión apropiadas. Como ya se dijo en el capítulo anterior, es a veces más fácil escribir la introducción después de haber redactado un borrador del ensayo total.

Para empezar, tendrá que planear cómo redactar el ensayo expositorio. A continuación encontrará sugerencias que lo/la ayudarán a completar el **plan de redacción.**

EL PLAN DE REDACCIÓN: CÓMO SE ESCRIBE UNA EXPOSICIÓN

PLAN DE REDACCIÓN: LA EXPOSICIÓN

1. El tema

2. La idea principal que quiero comunicarle a mi lector (la tesis)

3. Mi propósito como escritor
   El lector y su propósito al leer
   Cinco preguntas cuyas respuestas el lector busca en el escrito

4. La información (la evidencia) y su organización: ¿Sirve la información del texto para explicar y apoyar la idea principal? ¿Cómo se organiza la información del texto? ¿Se utiliza la comparación y el contraste, la causa y el efecto u otro tipo de organización o combinación de organizaciones? ¿Se presenta la información de cada párrafo lógicamente?

5. La introducción y la conclusión

> **EN EL CUADERNO DE PRÁCTICA...**
>
> *Ud. puede completar su* **plan de redacción (Capítulo 4, Segunda etapa).**

1. **El tema**

   - Vuelva a examinar sus notas y apuntes de la **Primera etapa**.

   - Repase los varios temas examinados y escoja uno que le interese especialmente.

2. **La tesis**

   - Examine los varios datos que ha reunido acerca del tema e identifique la idea principal que estos apoyan.

3. **El propósito y el lector**

   - Determine por qué quiere Ud. hablar sobre este asunto. ¿Cuál es su propósito?

   - ¿Cuál es su actitud hacia el tema? ¿Por qué le parece interesante? ¿Cuál es la reacción que quiere provocar en su lector? ¿Cuáles son los aspectos del tema que mejor puedan dar a conocer esta actitud al lector?

   - Identifique al lector y su propósito. ¿Por qué va a leer lo que Ud. escribe? ¿Qué sabe ya acerca del tema? ¿Cuál puede ser su actitud al respecto? ¿Qué información busca? ¿Qué preguntas se va a hacer al respecto?

4. **La información (la evidencia) y su organización**

   - Recuerde y tome notas del tema en su totalidad. Luego, escoja los detalles que mejor se presten para apoyar la tesis que Ud. ha identificado y elimine aquellos que no se relacionen directamente con la tesis ni ayuden a producir el impacto que Ud. desea.

- Determine cómo va a organizar la exposición; elabore un esquema en el cual se presenten la tesis y los detalles que se utilizarán para apoyarla.

5. La introducción y la conclusión

- ¿Qué propósitos tiene la introducción: entretener, llamar la atención del lector, presentar la tesis y/o los puntos principales del texto u otra cosa? ¿Es efectiva la introducción?

- ¿Qué propósitos tiene la conclusión: repetir los puntos principales del texto u ofrecer nuevas perspectivas? ¿Es efectiva la conclusión?

Refiriéndose a su plan con frecuencia, escriba el borrador de su ensayo.

Determine qué tono tendrá la exposición; es decir, si va a ser formal o informal; si va a ser serio, alegre o irónico; si va a incluir ejemplos o anécdotas personales o si va a incluir datos impersonales, más bien objetivos.

Recuerde que para esta versión de su ensayo no debe preocuparse demasiado por cuestiones de la forma; es decir, ni por el vocabulario ni por la gramática. Si no sabe o no recuerda una palabra o expresión en español, introduzca un <u>comodín</u> o escríbala en inglés y siga escribiendo.

> **EN SU LIBRETA...**
>
> *escriba el borrador*
> *para la tarea de este*
> *capítulo.*

EL PLAN DE REVISIÓN: ACTIVIDADES CON GRUPOS DE CONSULTA

Práctica con grupos de consulta

Leer y analizar. Lea el siguiente texto y apunte todas sus notas y respuestas a las preguntas. Complete el primer ejercicio antes de leer el texto.

Texto: «El medio ambiente y las políticas económicas: ¿Quién gana y quién pierde?»

Se les ha pedido a los estudiantes de una clase de composición que escriban un breve ensayo expositorio. Este texto explora la relación entre el medio ambiente y la política económica. Según el texto, esta relación presenta aspectos positivos y aspectos negativos. Identifique tres o cuatro preguntas acerca del tema cuyas respuestas le gustaría a Ud. encontrar en el texto. Después, siga con el análisis.

Texto: El medio ambiente y las políticas económicas: ¿Quién gana y quién pierde?

Análisis

Todas las actividades económicas, sin importar su índole, tienen consecuencias profundas sobre el medio ambiente. No todo el mundo comparte la misma opinión acerca de la naturaleza de estas consecuencias; es decir, si son positivas o negativas. A veces dichas consecuencias se ven como ejemplos de progreso, otras como signos de amenaza. El tema ha provocado controversia tanto en los países de Occidente oeste como en los del Oriente y cada año se gastan millones de dólares en tecnología nueva. Quienes consideran las actividades económicas y el desarrollo industrial como algo positivo, como un signo de progreso, afirman que las actividades económicas ayudan a determinar el tipo de política ambiental que debe seguirse, y su evolución. O sea, dicen que la relación entre políticas económicas y medio ambiente es positiva. Los nuevos descubrimentos tecnológicos que resultan de la investigación industrial producen nuevas formas de control o supervisión de la contaminación. En varios países esta supervisión es obligatoria; en otros, no. Sin embargo, las universidades que ofrecen programas de gerencia industrial pueden aprovechar la necesidad que existe de gente entrenada en la supervisión, ya que sus graduados rápidamente encontrarán empleo. La relación entre la educación y la economía es cada vez más estrecha. Además, por supuesto, una economía sana provee la financiación necesaria para poder invertir en la protección del medio ambiente el uso de energías alternativas y otros pasos provechosos.

1. ¿Acierta el escritor en contestar sus preguntas? ¿Las contesta todas?

2. ¿Cuál es la idea principal que el escritor intenta expresar en este borrador?

3. ¿Se relaciona toda la información directamente con la idea principal? De lo contrario, ¿que parte(s) no viene(n) al caso?

4. ¿Hay partes sobre las cuales le gustaría a Ud. tener más información (explicación, ejemplos, detalles)?

5. ¿Hay partes del texto en las que de repente se encuentre Ud. «perdido/a»?

6. Haga rápidamente un bosquejo del texto en su totalidad. ¿Encuentra en su bosquejo partes donde la organización del texto deba cambiarse?

7. ¿Captó su interés la introducción de manera que Ud. quiso seguir leyendo?

8. ¿Qué parte(s) del borrador le gusta(n) más?

9. ¿Le sirvió la conclusión como resumen de la información general del texto? ¿Lo/La ayudó a comprender la importancia del tema para el escritor?

(continúa)

Texto: El medio ambiente...   *Análisis*

En cambio, hay quienes consideran las actividades económicas como algo negativo, más que un progreso. Por ejemplo, la industria produce desechos y causa contaminación, y a veces explota los recursos naturales de forma indiscriminada, hasta causar su extinción (la muerte de toda una especie). Según algunos, la extinción es un proceso natural y parte de la evolución normal de esa especie. En los últimos años, miles y miles de especies han desaparecido de la tierra. La construcción de nuevas plantas industriales y de las infraestructuras necesarias para alimentarlas afecta el paisaje y la vida silvestre. En los Estados Unidos, la construcción de esta infraestructura se beneficia de toda una serie de exenciones de impuestos, una de las razones por las cuales hoy en día se observa un proceso de construcción por todas partes. Además, las técnicas de cultivo intensivo, basadas en la maximación de la producción, han cambiado de forma irreversible el aspecto del campo. Lo que antes se consideraba una práctica normal y natural (por ejemplo, la rotación de cultivos para que no sufra la tierra, para que no se agote) es considerada ahora como ineficaz. El respeto por la naturaleza y por sus ciclos actualmente se ve como conducta retrógrada.

En conclusión, la relación entre las políticas económicas y la protección del medio ambiente no es sencilla y siempre va a tener consecuencias positivas y negativas.

Consultar y recomendar. Dividan la clase en grupos de tres o cuatro estudiantes. Compartan los miembros de cada grupo su análisis de «El medio ambiente y las políticas económicas» u otro texto asignado. ¿Hay mucha diferencia de opiniones? Después de llegar a un acuerdo común, formulen un plan de revisión para su texto basándose en sus comentarios. Presenten su plan al resto de la clase y prepárense para justificar sus sugerencias.

PLAN DE REVISIÓN: LA EXPOSICIÓN _____
(nombre del texto)

1. Comentarios positivos sobre el texto, ya sea en su totalidad o relacionados con alguna parte en particular (es decir, los datos reunidos, un ejemplo específico, la organización, la expresión de la tesis, la manera de presentar o de concluir el texto). Sea lo más específico posible.

2. Identifique la idea principal del texto. ¿Qué es lo que quiere explicar o defender? ¿Sirven todos los datos incluidos para defender la tesis? ¿Resulta una defensa convincente?

3. Identifique brevemente la organización de los datos (comparación y contraste, causa y efecto u otra). ¿Le parece clara la organización de los datos? ¿Le parece una manera efectiva de presentar la información?

4. Los lectores quieren saber lo siguiente con respecto a esta tesis (marque la caja con este símbolo ✓ si el texto contesta la pregunta).

   ☐ _____

   ☐ _____

   ☐ _____

   ☐ _____

5. Comentarios constructivos acerca del texto

   • detalles o datos que necesitan agregarse, reorganizarse o cambiarse

   • cambios que podrían hacer más vivo y efectivo el lenguaje

   • cambios que podrían hacer más efectiva la introducción

   • cambios que podrían hacer más efectiva la conclusión

6. Otros cambios que se recomiendan

En este capítulo se ofrece un solo texto modelo para las actividades en grupos de consulta. Para practicar más, se puede aplicar esta misma técnica al borrador de un compañero / una compañera de clase.

 Rincón del escritor
En el ***Apéndice D*** del **Rincón del escritor** se ofrecen reglas de etiqueta para trabajar con el texto de un compañero.
www.mhhe.com/composicion5

TÉCNICA DE UNA LISTA DE CONTROL

El siguiente proceso de revisión puede aplicarse tanto a su propia composición como al escrito de un compañero / una compañera. Para utilizarlo, debe examinar el borrador que escribió Ud., o el que escribió su compañero/a, para la tarea de este capítulo. Conteste cada una de las preguntas.

Cuando acabe, basándose en las respuestas, formule un plan de revisión para su texto.

Como Ud. sabe, es importante separar la revisión del contenido de la revisión de la forma. Véase la lista de control modelo para la revisión de la forma en la **Segunda etapa del Capítulo 2**. Recuerde que puede adaptar la lista para incluir las cosas que más le importan.

EN EL CUADERNO DE PRÁCTICA...

Ud. puede recopilar su propia lista de control, con preguntas diferentes, según los elementos que le parezcan importantes y apropiados **(Capítulo 4, Segunda etapa).**

LISTA DE CONTROL PARA LA EXPOSICIÓN

☐ ¿Cuál es la meta o el propósito de la exposición?

☐ ¿Qué explica específicamente mi composición? ¿Cuál es la idea principal de mi texto? ¿Logro comunicar y enseñar al lector la esencia de mis ideas?

☐ ¿A quién le escribo? ¿Quién es mi lector y qué quiere saber sobre el tema? ¿Qué puede saber ya al respecto?

☐ ¿Qué preguntas puede hacerse el lector con respecto al tema sobre el que escribo? ¿Las he contestado todas?

☐ ¿Qué impresión quiero dejar en el lector?

☐ ¿Qué tono he adoptado en el ensayo? ¿Es apropiado para mi propósito?

☐ ¿Cuál es la organización de los datos en el ensayo: comparación y contraste, causa y efecto ó una combinación de ambas? ¿Se indica esto en la tesis misma?

☐ ¿Qué detalles o evidencia he incluido en el texto? ¿Cómo contribuye cada detalle a lograr lo que me propongo? ¿Son lógicas y válidas las relaciones (causa y efecto o comparación y contraste) que quiero establecer? ¿Hay otros datos que deba tomar en cuenta?

☐ ¿En mi composición hay algún detalle que no contribuya lo suficiente a crear la impresión que quiero dejar?

☐ ¿Para qué sirve la introducción? ¿Capta el interés del lector? ¿Presenta, en breve, los puntos que se van a tratar con más detalle en el ensayo?

☐ ¿Para qué sirve la conclusión? ¿Resume los puntos clave del ensayo? ¿Ayuda a establecer la importancia del tema?

☐ ¿He utilizado un vocabulario claro y vivo, o he utilizado términos generales y abstractos que no captan la esencia de lo que quiero compartir?

> ## TERCERA ETAPA: *La revisión de la forma y la preparación de la versión final*

Al llegar a esta etapa se supone que el contenido y la organización de un escrito han pasado por una revisión rigurosa y que el escritor está satisfecho con ellos. Ha llegado el momento de poner atención a las cuestiones de la forma. En esta última etapa, Ud. tendrá la oportunidad de

- repasar el subjuntivo en español
- pulir la forma de su escrito, repasando sistemáticamente la gramática, el vocabulario y la ortografía
- redactar una versión final de la tarea para entregar

Esta revisión le será más fácil si la emprende por pasos; en cada paso se enfoca un sólo aspecto de la forma.

REVISIÓN DE LOS ASPECTOS GRAMATICALES: EL SUBJUNTIVO

Los dos modos principales del español son el indicativo y el subjuntivo. Con muy pocas excepciones, el subjuntivo sólo se encuentra en cláusulas subordinadas.

El subjuntivo en cláusulas subordinadas

Una cláusula subordinada es una oración que va incluida dentro de otra oración.

El coche es nuevo. Compré el coche.	→	El coche **que compré** es nuevo.
Sé algo. Ellos no pueden venir.	→	Sé **que ellos no pueden venir.**

La cláusula subordinada puede tener varias funciones: nominal, adjetival o adverbial.

EN EL CUADERNO DE PRÁCTICA...

hay actividades para practicar el subjuntivo. Además, verá el subjuntivo en otras construcciones.
   También hay una sección adicional, **Repaso de aspectos básicos,** *donde Ud. puede repasar* «Usos especiales de los complementos pronominales» **(Capítulo 4, Tercera) etapa).**

Nominal:	Creen **que es un libro bueno.**	(La cláusula funciona como complemento directo del verbo **creer.**)
Adjetival:	Es un libro **que trata de la historia colonial.**	(La cláusula describe el sustantivo **libro.**)
Adverbial:	Vienen **cuando pueden.**	(La cláusula indica cuándo, cómo, dónde o por qué ocurre la acción principal: **venir.**)

En todos estos casos se usa el subjuntivo, en vez del indicativo, en la cláusula subordinada cuando:

1. La cláusula se refiere a lo que está fuera de lo que el hablante considera real: es decir, lo no conocido o lo no experimentado.

2. El mensaje de la oración principal expresa un comentario personal o una reacción emocional acerca del contenido de la cláusula subordinada.

A continuación se presentan estas dos condiciones en detalle.

Lo conocido *versus* lo no conocido

El conocimiento puede resultar de la experiencia personal obtenida por medio de información que se recibe a través de los sentidos o de fuentes confiables: libros, lógica, creencias generalmente aceptadas como verdaderas, etcétera. Cuando la cláusula subordinada trata de lo conocido o de lo experimentado, *se usa el indicativo.*

EJEMPLOS	ANÁLISIS
Cláusula nominal	
Sabemos **que ellos no tienen suficiente dinero.**	*La información «no tienen suficiente dinero» se considera verdadera.*
Veo **que Ud. se compró un Mercedes.**	*«Ud. se compró un Mercedes» es parte de mi experiencia personal; puedo afirmar su realidad.*
Es **que son unos desagradecidos.**	*Se afirma algo que se considera verdadero y que se sabe a través de una experiencia directa.*

EJEMPLOS	ANÁLISIS
Cláusula adjetival	
Viven en una casa **que está cerca del lago.**	*Sé que la casa donde viven tiene esa característica.*
Hay varias personas aquí **que hablan francés.**	*Por experiencia personal sé que existen estas personas que tienen la capacidad de hablar francés.*
Dieron el premio a los **que llegaron primero.**	*«Los» se refiere a un grupo específico, conocido.*
Hizo todo lo **que pudo para ayudarnos.**	*«Todo» se refiere a ciertas acciones específicas, conocidas.*
Cláusula adverbial	
Sus planes me parecen bien hechos; Ud. puede viajar **como quiere.**	*El que habla está enterado de la manera en que el otro quiere viajar.*
Siempre van a Dooley's **tan pronto como salen del trabajo.**	*Se afirma la realidad de una serie de acciones habituales de las que se tiene conocimiento.*
Ya que se conoce al aspirante, no será necesario entrevistarlo.	*Se afirma que se conoce al aspirante; esto se acepta como real.*
Por mucho que trabajan, nunca salen adelante.	*Se sabe cuánto trabajan; «mucho», en este contexto, es una cantidad conocida.*

Note que, en todos estos ejemplos, se usó el indicativo —tanto en la oración principal como en la oración subordinada— porque es el modo que corresponde cuando se hace una afirmación. Una afirmación se hace basándose en lo conocido o en lo experimentado y consiste en una declaración sobre la verdad de lo que se conoce o de lo que se ha experimentado. Sin embargo, cuando uno se refiere a sucesos o circunstancias de los que no se tiene conocimiento ni experiencia alguna, no es posible hacer una afirmación sobre ellos; por lo tanto, no es posible usar el indicativo. En las cláusulas cuyo contenido habla de lo que está fuera del alcance de nuestra experiencia, *se usa el subjuntivo.*

Lo no experimentado o lo no conocido incluye lo que no existe, lo que todavía no ha ocurrido y también lo que *puede* existir o *puede* haber ocurrido pero que se desconoce personalmente.

EJEMPLOS	ANÁLISIS
Cláusula nominal	
Dudo **que ellos tengan suficiente dinero.**	*No se conoce su situación económica lo suficiente para hacer una afirmación absoluta.*
Es posible **que él se haya comprado un Mercedes.**	*No se sabe con seguridad si él se compró un Mercedes; la situación forma parte de lo no conocido.*
No es **que sean unos desagradecidos,** sino que tienen otras formas de expresar su agradecimiento.	*Se niega la existencia de cierta situación.*
Quiero **que se vayan inmediatamente.**	*La acción de irse todavía no ha ocurrido y, por lo tanto, no ha sido experimentada.*
Cláusula adjetival	
Buscan una casa **que esté cerca del lago.**	*Se afirma solamente que ellos buscan la casa; no se sabe si la casa misma existe.*
No hay nadie aquí **que hable francés.**	*No es posible tener experiencia o conocimiento de algo que no existe.*
Quieren dar el premio a los **que lleguen primero.**	*En este momento no se sabe quiénes serán los primeros en llegar; «los» se refiere a algo no conocido.*
Hará todo lo **que pueda para ayudarnos.**	*«Todo» se refiere a ciertas acciones todavía no realizadas y por lo tanto no conocidas.*
Cláusula adverbial	
Ud. puede viajar **como quiera.**	*El que habla no tiene idea de la manera en que el otro quiere viajar.*
Piensan ir a Dooley's **tan pronto como salgan del trabajo.**	*El «ir a Dooley's», al igual que el salir del trabajo, son acciones futuras y, por lo tanto, no experimentadas.*
Debes llevar el paraguas **en caso de que llueva.**	*La acción de llover es incierta; se presenta como una posibilidad, no como una realidad.*
Abren la ventana **para que haya más ventilación.**	*Sólo se puede afirmar la acción de abrir la ventana; el efecto de esa acción es hipotética, no es un hecho afirmado.*
Por mucho que trabajen, nunca saldrán adelante.	*No se sabe exactamente cuánto trabajarán; «mucho», en este contexto, es una cantidad no conocida.*

Puede deducirse que a veces es necesario usar el subjuntivo en la oración subordinada, cuando se refiere a acciones que tendrán lugar en el futuro y cuando se describe una circunstancia inexistente o no específica. La oración principal puede estar formada por un solo verbo, por una expresión impersonal o por una frase.

Deseamos
Es necesario   } que se vaya de aquí inmediatamente.
Nuestro deseo es

Recuerde: a pesar de la gran variedad de estructuras y mensajes que exigen el subjuntivo, siempre están presentes dos características. Primero, se habla de objetos, seres o circunstancias que no forman parte de lo conocido o lo experimentado; segundo, esta información se presenta en una oración subordinada.

Casos especiales

A. *Lo indefinido no es siempre lo no específico.* Muchas descripciones del subjuntivo indican que su uso puede ser motivado por un pronombre indefinido (**alguien, cualquier**) o por un artículo indefinido (**un, una**).

Necesitan a alguien que pueda hacerlo.	*They need someone (who may or may not exist) who can do it.*
Buscan un negociante que tenga experiencia internacional.	*They are looking for a businessman (who may or may not exist) who has international experience.*
Cualquier persona que viviera allí tendría la misma opinión.	*Any person who lived there (no knowledge of who, in fact, does) would have the same opinion.*

Sin embargo, es importante señalar que *no* es la presencia de un pronombre o de un artículo indefinido lo que ocasiona el uso del subjuntivo, sino el significado de la oración. Compare los siguientes ejemplos.

Veo **una/la** manzana que es verde.	«Una» manzana, tanto como «la» manzana, se refieren a entidades *específicas,* conocidas. → *indicativo*

¿Existe **una/la** persona que entienda estas ecuaciones?	En este contexto, tanto «una» como «la» preceden una entidad *no específica;* no sabe si tal persona existe. → *subjuntivo*

Tanto el artículo definido como el artículo indefinido pueden exigir el uso del subjuntivo si el sustantivo que se describe se refiere a una entidad no específica; es decir, si el sustantivo no corresponde a una entidad de cuya existencia el hablante tenga conocimiento o experiencia.

Hay alguien que puede hacerlo.	*There is someone (I know the person) who can do it.*
Buscan a un negociante (creen que se llama Ruf) que tiene experiencia internacional.	*They are looking for a businessman (they think his name is Ruf) who has international experience.*
Todas las personas que viven allí deben tener la misma opinión.	*Every person who lives there should have the same opinion.*

B. *Duda y seguridad.* Tradicionalmente las expresiones **creer, es cierto** y **es seguro** (entre otras) se han asociado con la certidumbre (y con el indicativo), mientras que sus formas negativas e interrogativas se han asociado con la duda (y con el subjuntivo). Sin embargo, es importante reconocer que la duda y la certidumbre son dos polos opuestos y que entre ambos extremos existen varios grados que no se prestan a clasificaciones absolutas. Por eso, muchas expresiones llamadas «dubitativas» admiten los dos modos: con el subjuntivo se acentúa la incertidumbre; con el indicativo se manifiesta una inclinación hacia la afirmación.

No creo que sea así.	*I don't think it's that way (but I'm not sure).*
No creo que es así.	*I (really) don't think it's that way.*
Sospecho que esté mintiendo.	*I suspect (but I'm not sure) that he may be lying.*
Sospecho que está mintiendo.	*I suspect (and I feel pretty sure) that he is lying.*

Por otro lado, la incertidumbre no parece eliminarse totalmente en las expresiones **no dudar, no ser dudoso** y **no haber duda.** Aunque «exigen» el indicativo, con mucha frecuencia se expresan en el subjuntivo: **No dudo que sea inteligente.**

El subjuntivo de emoción y comentario personal

Como hemos visto, es posible decir que el indicativo es el modo usado para la información y la afirmación, mientras que el subjuntivo es el modo apropiado para la opinión y la especulación. El otro contraste fundamental entre los dos modos asocia el indicativo con la objetividad y el subjuntivo con la subjetividad. El indicativo es el modo que se usa para la información; el subjuntivo, para hacer comentarios sobre ella.

En la mayoría de estos casos el contraste entre el indicativo y el subjuntivo en la oración subordinada ya no se basa en la diferencia que existe entre una afirmación y una especulación. Por ejemplo, en los dos casos siguientes, «va a llover» se presenta como información verdadera. El contraste radica en la manera de comunicar esa información. El indicativo se reserva para el reportaje objetivo, mientras que el subjuntivo se usa para llevar el mensaje emotivo y el comentario personal.

EJEMPLOS		ANÁLISIS
El meteorólogo { asegura / dice / cree / señala / anuncia / explica / afirma / opina }	que mañana **va** a llover.	*En la oración principal se indica que la información contenida en la oración subordinada se considera un hecho.*
¡Qué pena / Sentimos / Es bueno para la cosecha / ¡Qué horror / Es increíble / Nos alegramos de / Es una lástima }	que mañana **vaya** a llover(!).	*En la oración principal se expresa un comentario o un juicio emocional sobre la información de la oración subordinada.*

Casos especiales

A. *Temer* y *esperar*. **Temer** y **esperar** van seguidos del subjuntivo cuando tienen una connotación emotiva (*to fear* y *to hope*). **Temer** en el sentido de *to suspect* y **esperar** con el significado de *to expect* van seguidos del indicativo y con frecuencia del tiempo futuro.

Nadie contesta el teléfono; temo que no hayan llegado.	*No one answers the phone; I'm afraid that they may not have arrived.*

Siempre lleva el mismo traje; temo que no tiene otro.	*He always wears the same suit; I suspect he doesn't have another.*
Espero que todos se diviertan mucho en la fiesta.	*I hope that you all have a good time at the party.*
Se espera que la ceremonia durará menos de dos horas.	*It is expected that the ceremony will last less than two hours.*

B. Ojalá (que). Para expresar el deseo o la esperanza de que algo ocurra, **ojalá (que)** va seguido del presente de subjuntivo. Para expresar un deseo imposible o contrario a la realidad, se usa el pasado de subjuntivo.

Ojalá que sean ricos.	*I hope they are rich.*
Ojalá que fueran ricos.	*I wish they were rich.*
Ojalá que lo hayan visto.	*I hope they have seen it.*
Ojalá que lo hubieran visto.	*I wish they had seen it.*

C. El (hecho de) que. Esta expresión exige el subjuntivo cuando presenta información ya conocida por los oyentes, información que después es la base de algún comentario o la causa de una reacción emotiva. Se usa con el indicativo cuando la información, además de ser nueva, se presenta sin comentario alguno.

El (hecho de) que sea el hijo de un noble no debe tener ninguna importancia.	*The fact that he is the son of a nobleman should not be important at all.*
Les sorprendió mucho el hecho de que Ud. nunca hubiera asistido a la universidad.	*They were very surprised by the fact that you had never attended the university.*
Luego mencionaron el hecho de que, en su juventud, había matado varios animalitos.	*Then they mentioned the fact that, in his youth, he had killed several small animals.*

El subjuntivo en oraciones condicionales

Hay tres clases de oraciones condicionales: las que describen una situación incierta, pero posible; las que describen una futura situación, poco probable; y las que describen una situación falsa y contraria a la realidad. Se usa el indicativo en la primera clase de oraciones y el subjuntivo en las restantes.

Si **tengo** dinero, quiero ir al cine este fin de semana.	*If I have money (possibly I will), I want to go to the movies this weekend.*

Si **conociera** al presidente, le haría algunas sugerencias.	*If I were to meet the president* (*a future event that I consider improbable*), *I would give him a few suggestions.*
Si yo **fuera** el presidente, no haría caso de los consejos de los desconocidos.	*If I were the president* (*but I am not*), *I would not pay any attention to the advice of strangers.*

En la primera clase de oraciones condicionales, pueden ocurrir casi todos los tiempos del indicativo.

Si **tenía** mucho apoyo, ¿por qué no **ganó** las elecciones?	*If she had a lot of support, why didn't she win the election?*
Si **fue** al hospital, es porque **estaba** muy enfermo.	*If he went to the hospital, it was because he was very sick.*
No sé si **tendrás** tiempo, pero **debes** visitar el museo de arte.	*I don't know if you will have time, but you should visit the art museum.*

En las otras dos clases, sin embargo, la oración principal siempre se expresa en el *condicional* (en cualquiera de sus formas: simple, perfecta o progresiva), mientras que la cláusula que lleva **si** se expresa en el *pasado de subjuntivo*.

Si **pudiera** escoger otra edad en que vivir, **escogería** el Renacimiento.	*If I could choose another age in which to live, I would choose the Renaissance.*
Habría podido entender mejor la película si **hubiera aprendido** italiano.	*I would have been able to understand the film better if I had learned Italian.*
Si **estuvieras ganando** $1.000.000 al año, ¿**estarías estudiando** aquí?	*If you were earning $1,000,000 a year, would you be studying here?*

Dos variaciones del patrón de la oración condicional son

1. Usar una frase preposicional con **de** en vez de la cláusula que lleva **si.**

De tener más tiempo, iría a verlo.	**Si tuviera más tiempo,** iría a verlo.
De haber recibido una invitación, ¿habrías asistido a la fiesta?	**Si hubieras recibido una invitación,** ¿habrías asistido a la fiesta?

2. Usar el pasado de subjuntivo en lugar del condicional cuando se trata de las formas perfectas.

Si hubiera tenido dinero, me **hubiera** comprado una casa cerca del mar.

Si hubiera tenido dinero, me **habría** comprado una casa cerca del mar.

Después de la expresión **como si,** siempre se usa una forma del pasado de subjuntivo; no es necesario usar el condicional en la oración principal.

Comen **como si fuera** su última comida.

They're eating as if it were their last meal.

Fue **como si** todo el mundo se me **cayera** encima.

It was as if the whole world came crashing down on me.

Por lo general el presente de subjuntivo no ocurre en las oraciones condicionales.

REVISIÓN DE LOS ASPECTOS GRAMATICALES YA ESTUDIADOS

Después de revisar en su escrito para la tarea de este capítulo los usos del subjuntivo, revise también:

1. El uso de **ser** y **estar**

2. El uso del pretérito y el imperfecto

3. El uso de la voz pasiva con **ser,** la voz pasiva refleja y la construcción pasiva impersonal

REVISIÓN DEL VOCABULARIO Y DE LA EXPRESIÓN

Después de revisar la gramática, lea su escrito de nuevo, con ojo crítico particularmente en el vocabulario.

REVISIÓN DE LA ORTOGRAFÍA

Después de revisar los aspectos gramaticales estudiados y las notas sobre el vocabulario y la expresión, repase su escrito buscando los posibles errores de acentuación y de ortografía.

EN EL CUADERNO DE PRÁCTICA...

*hay listas de vocabulario útil para hacer la exposición. Consúltelas y haga las actividades correspondientes antes de revisar su escrito (**Capítulo 4, Tercera etapa**).*

Piénsalo... Si puedes, pídele a un compañero / una compañera que lea tu texto, buscando los posibles errores gramaticales o de expresión. Le puedes facilitar la lectura si le preparas una lista de control (sobre los aspectos de la forma) como la de la ***Tercera etapa*** del ***Capítulo 2*** indicándole claramente los puntos de mayor interés.

PASO 5 — PREPARACIÓN DE LA VERSIÓN FINAL

Escriba una nueva versión de su trabajo ya con las correcciones y los cambios necesarios.

EN SU LIBRETA...

¡Es la hora de escribir la versión final de la tarea de este capítulo!

La argumentación (Parte 1)

Orientación

LA ARGUMENTACIÓN (PARTE 1)

Los dos propósitos más comunes de la escritura dentro del contexto académico son:

1. *explicar, informar, aclarar*

     El escritor acumula y organiza los datos con la intención de presentárselos al lector de manera objetiva. No se trata de las opiniones personales del escritor. La mayoría de los modelos expositorios que se han visto hasta ahora en los **Capítulos 3** y **4** son de este tipo.

2. *convencer, persuadir*

     El escritor presenta su información, pero también adopta una posición, se aferra a una idea que quiere que el lector acepte convencido. Desea explicarle a este su opinión y además presentarla con suficiente evidencia para demostrar que es válida y justificada. Va más allá de la mera presentación de la información; incluye también alguna evaluación de la misma. El escrito que pretende convencer se llama **argumentación.**

El ensayo expositorio empieza con una tesis que comunica y resume la información que se va a presentar. El ensayo argumentativo, por otro lado, empieza con una postura fundamental que luego va a justificarse. Compare las siguientes afirmaciones.

La revolución industrial, que empezó en Inglaterra en 1760 y algo más tarde en otros países occidentales, sustituyó las herramientas de mano por las herramientas mecánicas.

Los efectos de la revolución industrial se notaron en todos los aspectos de la vida económica; sin embargo, las repercusiones más profundas y más amplias se percibieron en el ámbito social.

La primera oración es la presentación de un hecho; comunica cierta información. La segunda oración es la presentación de una opinión. La primera oración podría servir de tesis para un ensayo expositorio; la segunda, para un ensayo argumentativo.

Tesis expositoria: El sistema de cargo vitalicio, que opera desde hace muchos años en casi todas las universidades y *colleges* en los Estados Unidos, les garantiza seguridad de empleo a los profesores que lo obtienen.

Tesis argumentativa: **A** pesar de la crítica severa de que es objeto el sistema de cargo vitalicio en las universidades estadounidenses, existen fuertes razones para mantenerlo vigente.

La tesis expositoria presenta hechos; es descriptiva e informativa, pero no indica cuál es la opinión del escritor acerca del tema. La tesis argumentativa mantiene una postura fundamental acerca del tema, reconoce que existen perspectivas contrarias y ofrece información que justifica la opinión del escritor como si esta fuera necesariamente correcta. La diferencia entre estas dos tesis refleja la diferencia fundamental entre la exposición y la argumentación.

Para defender con efectividad, por escrito, una postura fundamental, importa saber lo más que se pueda acerca de la postura contraria para así poder reconocer las objeciones que existan y poder responder a ellas. Es esencial convencer al lector de que se han examinado varias opiniones sobre el tema y que se ha llegado a la conclusión racional de que la postura que se defiende es la más acertada.

Para justificar o apoyar la postura fundamental, la evidencia puede sacar provecho de todas las técnicas de organización que ya se han presentado: la descripción, la narración y la exposición (con sus varias estrategias de desarrollo: comparación y contraste, análisis, causa y efecto, etcétera). Con frecuencia se utilizan varias estrategias en el mismo ensayo. Por ejemplo, para convencer o persuadir al lector, se puede empezar por narrar un hecho que incluya una descripción. Entonces puede darse una definición de los conceptos que se presentan, para luego pasar a hacer un análisis o clasificación del hecho mismo y, finalmente, hacer una comparación o contraste con otras ideas.

WWW ***Rincón del escritor***
Puede encontrar más información acerca de la evidencia en el **Rincón del escritor.**
www.mhhe.com/composicion5

¡! ***Piénsalo...***   Para algunas personas, el término «argumentación» puede connotar sentimientos hostiles como enojo, sarcasmo y hasta disputa. Pero en el contexto retórico (de la redacción, por ejemplo, o de las presentaciones orales formales como las que se hacen en la corte), la argumentación no implica antagonismo o controversia. Los argumentos son opiniones justificadas con evidencia. Presentan y apoyan un punto de vista, eso sí; el lenguaje que se debe usar ha de ser enérgico y firme, pero no hostil u ofensivo: no se persuade con ofensas e insultos. Se hablará más sobre el lenguaje y el tono apropiados en las páginas 194–195.

Aproximaciones a la argumentación

La argumentación puede consistir, por ejemplo, en la simple justificación de la opinión del escritor acerca de un asunto determinado, o en el esfuerzo por convencer al lector de que piense o actúe de una manera dada. En todo caso, la estructura del ensayo argumentativo tiene que reconocer que existen otras opiniones acerca del tema. Esto se puede hacer de varias maneras:

- Empezando el texto con alguna información acerca de las opiniones contrarias (= contra), para luego dedicar la mayor parte del escrito a la explicación y defensa de la postura del escritor (= pro)

- Incluyendo algunas notas breves acerca de la oposición (= contra) en cada párrafo en que presenta la opinión que defiende (= pro)

La conclusión reitera la postura fundamental y agrega unas observaciones más: la importancia del tema, el impacto de la perspectiva que se acaba de exponer o una posible solución al dilema, si acaso este existe.

A continuación se presentan en forma esquemática estas dos organizaciones.

1. Reconocer temprana y brevemente las posiciones contrarias; dedicar la mayor parte del ensayo a la justificación de la postura fundamental

Tema:	El impacto de la revolución industrial
Postura fundamental:	El impacto en la sociedad (por ejemplo, definición de «trabajo», «valor», «contribución a la sociedad») fue más importante que ningún otro.
Tesis:	Los efectos de la revolución industrial se notaron en todos los aspectos de la vida económica (contra); sin embargo, las repercusiones más profundas y más amplias se percibieron en el ámbito social (pro).
Contra:	Efectos económicos de la revolución industrial • ejemplo #1 • ejemplo #2 Amplios y variados; sin embargo, no tan significativos ni tan duraderos como los efectos sociales.
Pro:	Efecto social #1
Pro:	Efecto social #2
Pro:	Efecto social #3
Conclusión:	Los efectos de la revolución industrial, como los de toda revolución, transcendieron su contexto inicial—la economía, el mercado y el lugar de trabajo—para transformar los valores fundamentales de la sociedad.

2. Incorporar las posiciones contrarias brevemente en la presentación de cada punto a favor de la postura fundamental

Tema:	El aborto
Postura fundamental:	El aborto es defendible y justificable.
Tesis:	Aunque muchos creen que el aborto es inmoral y que sus defensores son viles (contra), hay razones por las cuales la sociedad debe defenderlo (pro).
Punto #1:	La postura actual de la Iglesia Católica (contra). No obstante, hay que reconocer que en cierto modo la postura de la Iglesia ha evolucionado con el transcurso de los siglos; por ejemplo, los primeros cristianos, entre ellos San Agustín, no consideraban el aborto como el equivalente al asesinato (pro).
Punto #2:	Quienes hoy tildan al aborto de asesinato (contra) lo aceptan a veces bajo ciertas circunstancias (violación, incesto) (pro).
Punto #3:	La adopción ofrece una buena alternativa al aborto (contra) con tal de que el proceso de dar a luz no ponga en peligro la vida de la madre (pro).
Punto #4:	La mujer tiene el derecho y la responsabilidad de disponer de su cuerpo (pro).
Punto #5:	Decisión de la mujer, el médico y sus conciencias, sin que intervenga el gobierno (pro).
Conclusión:	El aborto representa una decisión dificilísima; ha provocado, durante siglos, grandes controversias en la sociedad y ha causado muchas horas de angustia a muchas personas de buena voluntad. Ya es hora de que se deje de tratar el tema como algo unidimensional y a los individuos confrontados con la decisión como monstruos o criminales.

Al desarrollar el ensayo argumentativo, puede ser útil darle al lector una idea de la trayectoria del problema, del origen del debate. Se puede estructurar la presentación de <u>la evidencia</u> de manera progresiva; es decir, empezando por los puntos de menor importancia, para luego pasar a los puntos más convincentes al final.

Hay dos claves para escribir un buen ensayo argumentativo. La primera consiste en escoger un tema que permita más de una sola opinión; la segunda, en dar evidencia que indique un examen cuidadoso de varios puntos de vista. No es suficiente presentar un tema controvertido; tampoco basta presentar una sola opinión al respeto. El siguiente texto trata un tema menos serio que el anterior; sin embargo, logra defender su tesis de manera convincente.

¿Y DESPUÉS DEL ALMUERZO, QUÉ?

Nada más cambiante en la vida del hombre que las expresiones culturales. Cambia el arte, cambia la moda, cambia la música y hasta las costumbres alimentarias de los hombres.

Mientras a principios de siglo las mujeres preferían faldas largas, ahora las desean cortas; mientras las tradicionales familias santafereñas se deleitaban con las melodías entonadas por sus hijas, los hogares modernos se han acostumbrado a la música estridente a puerta cerrada en la alcoba de los hijos adolescentes; mientras a mediados del siglo pasado los artistas se deleitaban con el regreso al romanticismo, en la actualidad la abstracción reina en las galerías de arte; mientras los niños de las primeras décadas de este siglo gozaban con helados batidos y hostigantes, hoy el gusto por el dulce se inclina hacia los merengues y las cremas.

Y aunque ya no es raro escuchar que las cosas se transforman, el último alarido de la cultura gastronómica ha lanzado a más de un especialista a la pista de restaurantes y hoteles de lujo.

La razón es muy sencilla: un almuerzo ya no es ocasión de reunión. Tampoco es necesidad de calmar el apetito y disfrutar la charla de un amigo. Ahora el desayuno o el almuerzo se ha convertido en la excusa perfecta para iniciar negocios, cerrarlos, concretarlos, evadirlos y hasta sugerirlos.

De lunes a viernes los desayunos y almuerzos ejecutivos han dejado de ser lo que son para tomar las riendas del horario laboral de negocios. Su costo no es pérdida de utilidades. Se considera una inversión. Día a día ejecutivos y profesionales de todas las disciplinas se reúnen en la mañana o al mediodía para plantear o escuchar alternativas de negocios.

Y aunque la reunión parece tan sencilla, el éxito de un desayuno o almuerzo de negocios ya no radica en el sabor de los alimentos sino en la sazón del negocio que habrá de cerrarse.

El reto aunque apetitoso, parece convertirse en un bumerán. Se devuelve en contra de la negociación misma.

Según el profesor norteamericano de psicología en la Universidad de California, Paul Ekman, autor del libro «Desenmascarando el rostro», los desayunos o almuerzos ejecutivos no son adecuados para realizar negocios a alto nivel.

Si bien este tipo de actos sociales ayudan a fortificar la relación entre las partes de la negociación, está comprobado que resultan poco eficaces en el logro de las metas deseadas para el negocio.

Las razones son varias. Para Ekman, «la gente tiene más práctica para mentir con las palabras que con el rostro y más práctica con la cara que con los movimientos del cuerpo».

Los restaurantes opacan los cambios de la voz, el lenguaje corporal y los códigos faciales que son aspectos importantes para observar las reacciones del oponente.

Asimismo, los desayunos o almuerzos dan demasiada importancia a las habilidades sociales. Para Ekman, la comodidad de un establecimiento pone en evidencia un condicionamiento para la negociación.

En ese sentido, puede afirmarse que durante un desayuno ejecutivo no se puede detectar la creatividad y la agudeza de un personaje. Las acciones de negociación se ven limitadas por un acto de naturaleza social más que laboral.

El hecho de llamar al mesero, tomar un trago o un bocado son estrategias que sirven de pretexto para eludir determinadas situaciones molestas para el ejecutivo que negocia.

Asimismo, el carácter de comunidad del restaurante hace que sea un lugar inapropiado para expresar con libertad reacciones de ira por ejemplo. Pues ante un público desconocido, el ejecutivo debe controlar sus sentimientos.

Generalmente, el negocio viene a concretarse en la oficina. Según algunos expertos, la única posibilidad para poder controlar un desayuno o un almuerzo es realizar una agenda previa para saber qué se quiere lograr en él y así vencer el principal obstáculo: el desperdicio del tiempo durante la situación social de descanso.

Este texto reconoce que la práctica de «la comida de negocios» tiene sus proponentes y que algunos piensan que es una costumbre valiosa; luego presenta información contraria: «No es una buena idea hacer negocios durante las comidas por las siguientes razones...». Puede que el tema no tenga mucha seriedad, pero la presentación de la información es sólida: el texto no es la simple presentación de un solo punto de vista, sino que justifica su posición frente a otras posibles.

Ahora lea el suiguiente texto. ¿Cuál es la tesis? ¿Y el propósito? Haga un bosquejo del texto y analice su contenido. ¿Es un ensayo argumentativo o un ensayo expositorio?

LA ENSEÑANZA DE LA LECTURA

*L*a lectura puede definirse como aquella actividad humana que tiene como objeto la extracción del significado de un texto escrito. Al leer, el lector extrae el significado de los símbolos escritos; es decir, comprende el sentido de lo que representan. Sin comprensión, no puede decirse que se ha llevado a cabo el proceso de la lectura. Desafortunadamente, hoy en día, la mala interpretación de lo que significa *leer* ha afectado la forma en que se enseña a leer tanto a los niños en su propia lengua como a los estudiantes de lenguas extranjeras.

En el caso de la enseñanza de la lectura a los niños, el error más común que comete el maestro es creer que la lectura consiste en pronunciar en voz alta ciertas combinaciones de sonidos. En la mayoría de los casos, esto hace que el alumno trabaje con palabras aisladas y no con textos que verdaderamente tienen significado. Se le enseña al niño que ciertos símbolos grafémicos tienen un valor definitivo: la letra *a* se pronuncia como [a], etcétera; y cuando este puede relacionar las letras con los sonidos se dice que ya sabe leer. No se consideran las limitaciones que esta estrategia le impone, pues al tratar de leer un texto palabra por palabra, el significado de la lectura en su totalidad se le escapará.

La enseñanza de la lectura en una lengua extranjera también refleja una mala interpretación del proceso de la lectura. Aunque generalmente el estudiante de lengua extranjera es un lector maduro que ya ha logrado adquirir práctica en extraer el significado de textos de diferentes tipos en su primera lengua, se usa con él el mismo método que se utiliza con los niños. En este caso también parece considerarse la lectura un proceso que consiste en leer en voz alta. Para muchos profesores de lenguas extranjeras, leer significa pronunciar correctamente lo que se lee. En un gran número de cursos de lenguas extranjeras, el profesor utiliza la lectura sólo para corregir la pronunciación de los estudiantes. Rara vez se le da al alumno la oportunidad de practicar la lectura en silencio y de descubrir así en el contexto el significado de ciertas palabras desconocidas. Con gran frecuencia, el estudiante de una lengua extranjera sólo logra leer palabra por palabra; por eso concluye que leer es traducir.

Los métodos que hoy se utilizan para la enseñanza de la lectura se basan en la interpretación de lo que se cree que este proceso significa. Para poder cambiar estos métodos —y es obvio que necesitan cambiarse ya que parece que su éxito ha sido limitado— es necesario educar tanto al público como al personal educativo sobre el verdadero significado de la lectura.

La tesis del ensayo anterior afirma que la metodología actual de la enseñanza de la lectura, la cual se deriva de una interpretación falsa del proceso, se pone en práctica tanto en las escuelas primarias como en las clases para adultos. ¿Cuál es el objetivo principal de este ensayo: convencer o informar? ¿Es un texto argumentativo o un texto expositorio?

El texto describe cómo cierta interpretación de un concepto básico (en este caso, la lectura) afecta las prácticas educativas; ofrece ejemplos de estas prácticas y las relaciona con la interpretación de lo que es la lectura; sugiere que tales prácticas son ineficaces y termina recomendando enérgicamente que se cambien. A pesar de su tono autoritario y la urgente recomendación de la conclusión, este no es un texto argumentativo sino expositorio: empieza con una tesis (las prácticas educativas reflejan cierta interpretación del aprendizaje) y luego la apoya con ejemplos específicos. El texto es insistente —el autor tiene opiniones firmes— pero no incluye la característica definitiva de la argumentación: el intento de establecer y justificar una postura fundamental ante otras posibles opiniones. ¿Cómo sería un texto argumentativo sobre este mismo tema? Examine el siguiente bosquejo.

Tema:	La enseñanza de la lectura
Postura fundamental:	La enseñanza de la lectura es ineficaz porque parte de un concepto erróneo de lo que significa *leer*.
Tesis:	La enseñanza de la lectura basada en técnicas de pronunciación de ciertos sonidos en voz alta parte de un concepto inadecuado de lo que constituye la lectura (pro). No obstante su amplia aceptación y larga tradición en salones de enseñanza de ambos tipos de idiomas, nativos y extranjeros (contra), esta metodología es ineficaz y debería reemplazarse (pro).
Contra:	Algunas personas creen que leer constituye en el hecho de enunciar sonidos • razones • razones
Pro:	Evidencia de que leer en voz alta no equivale a leer con comprensión

(continúa)

Pro:	Evidencia de que el sonido interfiere en la comprensión
Pro:	Teoría nueva sobre la lectura → técnicas nuevas de enseñanza
Pro:	Evidencia de que la metodología nueva da como resultado mejores lectores en ambos idiomas, el nativo y el extranjero
Conclusión:	Para obtener eficacia en la enseñanza de la lectura, hay que cambiar de metodología: de una basada en la lectura en voz alta a una basada en la teoría nueva.

El siguiente ensayo apareció en una revista hispana. Presenta una tesis clara, con ejemplos específicos que la justifican, y una opinión adversa. Sin embargo, no es un ensayo argumentativo. Es más bien una **columna editorial:** presenta y elabora una opinión, pero no busca convencer al lector de que se han examinado cabalmente las opiniones contrarias; no intenta establecer la validez de esta opinión por encima de otras. La columna editorial tampoco es igual a la argumentación.

POR CULPA DE LA INFORMACIÓN

No es que el mundo esté peor que antes. Lo que pasa es que los noticieros son mejores, y uno se entera cada vez más pronto de cada vez más sitios.

Hoy suceden en 24 horas más hechos que en la vida de nuestros abuelos en 24 años. Además nos enteramos de todo. Uno está paseando en su auto en una plácida mañana de sol, y de pronto la voz del locutor estalla en la radio: «Boletín especial: ¡último momento! ¡Se rebelaron los ñoquisñoquis en la Polinesia! ¡Hay agitación en el Himalaya! ¡Violento incendio en el Ártico! ¡Cambió de sexo Miss Triángulo de las Bermudas!»

Hasta el siglo pasado la vida era mucho más serena. Nadie se enteraba de nada. La Revolución Francesa de 1789 influyó sobre los hombres de América Latina recién en 1805. En cambio ahora Bush y Gorbachev se reunen en Londres, y a los dos minutos todo el mundo sabe de qué hablaron y qué marca de ketchup le puso el americano al caviar ruso. En la época de los virreinatos, el Duque de la Pelusa perdía todos los bienes en Castilla, pero su familia seguía viviendo a todo lujo en Cochabamba porque la noticia de la bancarrota venía por carabela y tardaba tres años en llegar. En cambio hoy, usted tiene la mala suerte de que le reboten un cheque por falta de fondos en un banco de Hong Kong, y a los 60 segundos la computadora se lo ha informado a todos los bancos del mundo, y nadie le da más crédito.

Rincón del escritor
¿Editorial o argumentación? Si quiere analizar otros ejemplos, visite el **Rincón del escritor** bajo **Más lecturas.**

www.mhhe.com/composicion5

En la época de Diego Portales, la gente de Chile iba a veranear de Valparaíso a Viña del Mar y tomaba diligencias preparadas para un largo viaje por inhóspitos caminos llenos de tierra. Hoy uno toma el avión Concord en París y llega a Caracas 20 minutos antes de haber salido.

Antes las noticias llegaban despacio y uno tenía tiempo de adaptarse. Ahora vienen todas de golpe. En El Cairo todos recuerdan al señor que en el año 1200 AC se presentó en el palacio real y pidió hablar con el rey Tutankamon para quien llevaba una carta de recomendación, y los edecanes le informaron «El faraón Tutankamon ya no trabaja más aquí. Murió hace 100 años. Pero si quiere verlo, está ahí nomás, en la cuarta pirámide doblando a la derecha». Claro, el tipo no había tenido manera de enterarse de la muerte de Tutankamon. En cambio, ahora las partes empiezan a informar «Atención, el señor Perico Pimpinela, ex ministro de Caramelos de Menta de Luxoria, está indispuesto. Es posible que sea grave. Siga sitonizando y si se muere, ¡usted será el primero en saberlo!… »

En el siglo XV, alguien traía la noticia de que un tal Cristóbal Colón había descubierto América, y la gente comentaba «entonces la Tierra es redonda nomás». Y nada más. Ahí se terminaba el asunto porque no había más detalles para seguir con el tema. En cambio ahora la televisión trasmite en directo imágenes que el Voyager envía desde Saturno, y los niños murmuran malhumorados: «Ufa… ¿y para esto cortaron Los Simpsons?»

—*Aldo Cammarota*

Piénsalo…   Es más fácil construir un argumento si se empieza con un tema controvertido. Pero recuerda que un «*hot topic*» por sí solo no garantiza una presentación argumentativa válida. Tampoco lo puede garantizar la presentación vehemente de una opinión. Para escribir un buen ensayo argumentativo, hay que adoptar una actitud y luego justificarla a través de la presentación de <u>evidencia</u>, la cual también debe incluir una explicación razonable de opiniones contrarias.

Tarea

En este capítulo, Ud. va a redactar un ensayo argumentativo sobre un tema que sea de interés para Ud. <u>La evidencia</u> que incluya para apoyar la tesis puede organizarse según cualquiera de las técnicas (o alguna combinación de ellas) que se han estudiado hasta este punto. No olvide que su texto tiene que reconocer opiniones contrarias a la que quiere justificar. Esta tarea la va a completar en tres etapas.

PRIMERA ETAPA: *Antes de redactar*

En esta primera parte del capítulo, Ud. tendrá la oportunidad de

- explorar ideas relacionadas con varios temas que se prestan a la argumentación

- experimentar con varias técnicas de prerredacción para escoger el tema y la técnica de organización

- identificar las necesidades del lector a quien Ud. escribe

LA GENERACIÓN Y RECOLECCIÓN DE IDEAS

Actividad A   Observación y comentario

Comente brevemente las siguientes cuatro escenas, usando las preguntas como punto de partida. Apunte en la tabla de ideas los temas que le parezcan más interesantes y apropiados para un ensayo argumentativo.

TABLA DE IDEAS
Afirmación que se quiere apoyar (o disputar)   *(Por ejemplo: El alcohol es más perjudicial para la sociedad que la marihuana.)*

EN SU LIBRETA...

apunte los temas y «hot topics» que surjan de las cuatro escenas que le pueden servir como punto de partida para la tarea de este capítulo.

1. ¿En qué consiste la ironía del siguiente dibujo? ¿Cree Ud. que el consumo de alcohol representa un problema tan grave como el de las drogas? ¿Entre qué grupos es frecuente el abuso del alcohol y el abuso de las drogas? ¿Cuáles son las causas y los efectos de estos abusos? ¿Quién es responsable de los efectos nocivos del consumo de algunos productos de venta legal como los cigarrillos y el alcohol: la compañía que los fabrica y los vende o el individuo que decide consumirlos? Explique. ¿Cree Ud. que ha aumentado en los últimos años el uso (y el abuso) de estas sustancias? ¿Por qué? ¿Cree Ud. que la legalización de algunas drogas podría ser una de las soluciones? Explique.

2. ¿En qué consiste la ironía del siguiente dibujo? ¿Es hipócrita la mujer o es una madre sincera? Explique. Algunas personas creen que una buena educación y buenos servicios médicos o legales son derechos de todo ciudadano y que no deben depender del dinero que uno tenga. ¿Está Ud. de acuerdo? ¿Por qué sí o por qué no? ¿Cree Ud. que el sistema de asistencia pública afecta a la sociedad de manera negativa o que influye en ella de manera positiva? Explique. ¿Existen mejores alternativas? ¿Por qué son mejores?

3. ¿En qué consiste la ironía del siguiente dibujo? ¿Refleja la realidad de su familia o los conflictos de alguien que Ud. conoce? ¿Son inevitables los conflictos entre las generaciones? ¿Piensa Ud. que las personas tienden a ser más tolerantes a medida que se hacen mayores o que tienden a serlo menos? Explique. ¿Heredamos ideas y actitudes de nuestros padres?

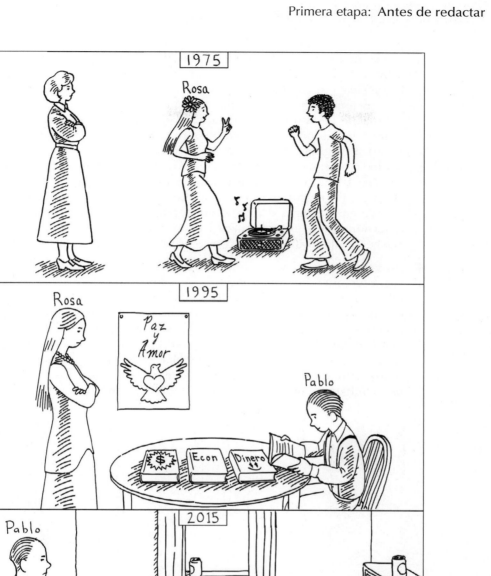

Según la secuencia anterior, las diferencias generacionales que están a la vista tienen que ver con la ropa y los gustos en cuanto a la música y otros pasatiempos. Otros dirían que durante estas tres generaciones algo mucho más profundo ha cambiado: la estructura misma de la familia y la definición del concepto de «familia». Así opinan los autores del artículo sobre la transformación de la familia europea (páginas 70–71). ¿Está Ud. de acuerdo? ¿En qué son diferentes los conceptos de «familia» y «pariente» en el presente, de lo que eran en 1965? ¿Cuáles de estos cambios son positivos, en su opinión? ¿Cuáles son negativos? ¿Por qué? Los grupos religiosos suelen tener interés en ayudar a definir el concepto de «familia» y de esa forma determinar qué grupos pueden o no pueden constituir una familia. ¿Debe el estado intervenir en este asunto? ¿Por qué sí o por qué no?

4. En las últimas décadas, se ha reconocido la existencia de expectativas estereotipadas con respecto a las niñas y las mujeres, y cómo tales expectativas limitan su pleno desarrollo. También existen expectativas estereotipadas con respecto a los niños y los hombres, según las cuales los varones deben ser independientes, intrépidos, fuertes, competitivos, estoicos, y nunca deben llorar ni mostrar sus emociones. Según el psicólogo William Pollack, la sociedad encierra a los niños en una camisa de fuerza de género, por lo que los jóvenes de hoy confrontan una crisis. ¿Está Ud. de acuerdo?

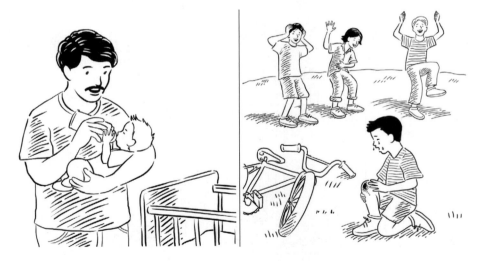

 Trabaje con uno o dos compañeros/as para identificar las características que la sociedad valora en los niños y los hombres, y las que la sociedad rechaza. Compartan sus listas con los otros grupos e identifiquen los comportamientos que revelan estos estereotipos (por ejemplo, cómo tratan los adultos a los niños, o la manera en que los maestros de escuela responden a sus alumnos varones). ¿Creen Uds. que estas expectativas y comportamientos ayudan a los varones, o cree Ud. que tienen un impacto dañino? ¿En qué sentido? Expliquen.

Según Pollack, la sociedad manda «mensajes contradictorios» a los niños; es decir, rechaza características en los jóvenes que luego valora en los adultos. El dibujo de la página anterior demuestra uno de estos «mensajes contradictorios». ¿En qué consiste? ¿Sabe Ud. de otros ejemplos? Explique.

Actividad B Pros y contras

1. Cada uno de los siguientes temas admite aspectos a favor y aspectos en contra. Trabajando con dos o tres compañeros/as, escojan un tema de la tabla. Hagan una <u>lluvia de ideas</u> para crear dos listas: una de pros y otra de contras. ¿Cuántos aspectos diferentes se les ocurren para cada tema?

Después de cuatro o cinco minutos, escojan otro tema y repitan el ejercicio: hagan una lluvia de ideas para identificar todos los puntos en pro y en contra que puedan. Un miembro del grupo debe servir de secretario/a para apuntar las ideas sugeridas.

PROS	POSTURA O ACTITUD	CONTRAS
	La educación secundaria debería ser obligatoria hasta los 16 años.	
	La televisión no debería permitirse en los tribunales.	
	El uso de los medios de difusión debería ser gratis para los candidatos políticos.	
	El suicidio asistido debería ser legal.	
	Los padres deberían ser responsables de los daños ocasionados por sus hijos (por ejemplo, el vandalismo).	
	El inglés debería ser el idioma oficial de los Estados Unidos.	
	Los médicos no deberían ayudar a las mujeres mayores de 50 años a quedar embarazadas.	
	Otro tema (de su elección)	

2. Terminadas las sesiones de lluvia de ideas, compartan entre todos las ideas relacionadas con cada tema, para recopilar una lista comprehensiva de posibles pros y contras.

3. ¿Servirían las ideas apuntadas para persuadir a cada uno de los siguientes grupos de lectores? Divídanse en equipos de tres o cuatro; su profesor(a) le asignará a cada equipo un grupo de lectores. Cada equipo debe examinar la lista de puntos en pro y en contra para cada uno de los temas desde la perspectiva de su grupo de lectores. ¿Qué puntos les parecen convincentes? ¿Cuáles habría que tachar? Expliquen.

   Grupos de lectores:

   • jóvenes de entre 14 y 18 años de edad

   • personas mayores, de la edad de sus padres; profesionales

   • ancianos de la edad de sus abuelos; jubilados

   • jóvenes profesionales de entre 20 y 30 años de edad

Actividad C   La tecnología en el mundo moderno

En el **Capítulo 4** (**Actividad C,** páginas 180–182) se identificaron muchos cambios tecnológicos y su impacto tanto en el mundo de la oficina como en las escuelas. Muchos expertos de los medios de comunicación y publicidad tratan las fotos y las gráficas como textos, ya que estas comunican mensajes al igual que los textos impresos. Examine la tira cómica de la siguiente página.

   ¿Qué ocurre? ¿Quiénes son los personajes y dónde están? ¿Quién es el «lector» para esta gráfica, y cuál es su propósito? ¿Cuál es la tesis de esta gráfica? ¿Qué «dice» con respecto a la cultura moderna? En su opinión, ¿representa esta gráfica un texto expositorio, argumentativo o editorial? Comente.

Actividad D   La lectura: «Los cuentos son muy viejos»

El siguiente texto examina el papel que los cuentos infantiles juegan en el desarrollo de los estereotipos masculino y femenino; acepta la idea de que los cuentos ofrecen «acondicionamiento cultural» y ofrece datos para apoyar esta tesis. ¿Le parece convincente el texto?

© Joaquín Salvador Lavado (QUINO) Cuánta Bondad, Ediciones de la Flor, 1999

LOS CUENTOS SON MUY VIEJOS

Dice María Luisa Bemberg en el prólogo de su film *Juguetes:* «Desde la infancia, las expectativas de conducta son distintas para cada sexo. Se educa a los hijos de manera específica para que actúen de manera específica. Los juguetes y los cuentos no son inocentes: son el primer acondicionamiento cultural.»

Por ello, quisiera ocuparme acá de mostrar cómo los cuentos infantiles han reforzado y refuerzan los estereotipos masculino y femenino tal como los conocemos. Los varones tienen el monopolio del coraje, la imaginación, la iniciativa, la astucia, el gesto heroico, la solidaridad con sus congéneres así como también la posibilidad de emplear la violencia, ya sea en defensa propia o como medio para conseguir sus fines. A las mujeres nos queda la abnegación, el sometimiento, la mansedumbre, la rivalidad con nuestras congéneres, la fragilidad y hasta el servilismo rotulado como actitud positiva.

A las mujeres de estos cuentos, ya sean ellas reinas o plebeyas, no se les conoce otra ocupación que la de amas de casa. Los varones, en cambio, realizan toda clase de tareas, desde gobernar hasta hachar leña. En los varones se recompensa la iniciativa y el espíritu de aventura con poder y riquezas. En las mujeres se recompensa la abnegación y el sometimiento con el matrimonio y punto.

Para describir al héroe de un cuento, el autor puede elegir entre una amplia gama de cualidades humanas, pero describir a la heroína es más simple: joven y bella.

Librada a su propia iniciativa, Blanca Nieves puede sólo realizar quehaceres domésticos o cae en las trampas de su madrastra. Como Caperucita y como la Bella Durmiente, no sabe cuidar de sí misma. Por ello, debe ser salvada por el buen corazón del leñador, más tarde por los enanitos y finalmente por el príncipe. Esta bella joven, hija de rey, canta y sonríe mientras barre y cocina para siete enanos mineros.

El personaje de la madrastra, tanto de Blanca Nieves como la de la Cenicienta, ilustra no sólo la tristemente célebre rivalidad entre mujeres sino también la advertencia que una mujer activa, lo es sólo en la maldad.

No hay una sola bella heroína que sea inteligente o audaz. Algunas son irremediablemente bobas (o irremediablemente miopes). Caperucita cree que el lobo en cofia y camisón es su abuela y Blanca Nieves es incapaz de ver que la viejecita que trata de envenenarla es su madrastra disfrazada.

Las mujeres fuimos siempre las culpables de toda desgracia (y algunas religiones se han encargado de enfatizarlo). Porque la madre de Caperucita, no sabe cuidar de su hija, y de brujas y madrastras mejor no hablar. Pero a los padres (varones), se los exime de culpa y cargo: demasiado ocupados con cuestiones de Estado o con su trabajo, o simplemente están influenciados por una mala mujer. Excepción hecha de Barba Azul y del ogro de

Pulgarcito, los varones de los cuentos son juzgados con gran benevolencia. El Gato con Botas miente, roba y mata (pero en su caso porque es astuto) consiguiendo así un reino para su amo cómplice. Pulgarcito se defiende y también roba y mata. Nadie se lo reprocha. Es el héroe que triunfa.

El valiente, el audaz, el capaz del gesto heroico para salvar a las niñas bellas de las garras de lobos, madrastras y Barbas Azules, es siempre un varón. Con la sola excepción del Hada de Cenicienta. Pero, claro, en el mundo de la magia todo es posible.

A la Bella Durmiente, la única actividad que se le conoce, es la de haber metido su principesco dedito donde no debía. Así, fue dormida por el huso de la bruja y fue despertada por el beso del príncipe. El príncipe caza, monta, explora y descubre mientras la bella duerme.

Y se podría seguir. Pero esto ya da una idea de la misoginia implícita en los cuentos que van formando las personalidades de nuestras hijas, y también las de nuestros hijos.

Habrá servido de algo si sólo una persona, madre o padre, se inquieta, toma conciencia y se hace capaz de contar a su hija alguno de estos hermosísimos cuentos con los cambios necesarios para que la niña pueda verse a sí misma como poseedora no sólo de ternura y afecto sino también de inteligencia, audacia, imaginación y solidaridad. Y a su hijo como poseedor no sólo de inteligencia, audacia, imaginación y solidaridad, sino también de afecto y ternura.

—(*Diario La Opinión,* Hilda Ocampo)

1. ¿Cuál es la pregunta central que este texto pretende contestar? ¿Cuál es la tesis?

2. El propósito de esta exposición es persuadir. ¿Cuáles son los datos específicos que se incluyen para apoyar la tesis?

3. ¿Se incluyen opiniones contrarias? ¿Cómo afecta esto la validez o la fuerza de la presentación?

4. ¿Cómo es el tono del escrito? ¿Es muy personal o más bien impersonal y objetivo? ¿Por qué piensa Ud. eso? ¿Qué hay en el texto que crea ese tono?

5. ¿Está Ud. de acuerdo con la selección de detalles que ha incluido la escritora para justificar su posición acerca de los cuentos? ¿Hay otros datos que le parezcan más importantes a Ud.? Comente. ¿Hay opiniones contrarias que deberían incluirse? Explique.

6. ¿Piensa Ud. que modelar actitudes y comportamientos no sexistas en realidad puede llegar a cambiar la conducta de los niños? Por ejemplo, si a un niño no se le dan ni pistolitas ni espadas ni ametralladoras de juguete, ¿será menos agresivo? ¿Por qué sí o por

qué no? Si dice que no, ¿qué otras alternativas pueden tener impacto en los niños?

7. Algunos expertos hablan hoy de una nueva cultura «kidult» —contracción del inglés *kid* (niño) y *adult* (adulto)— que se relaciona con producciones (películas, series y libros) llamadas «transgeneracionales». Es decir, productos diseñados para chicos que han resultado igualmente atractivos para los mayores de 18 años. Como ejemplos recientes son de mencionar, *Shrek*, *Buscando a Nemo*, y *Cars*. Estas obras suelen ofrecer, entre otras cosas, varios niveles de lectura o interpretación e incluyen constantes (algunos dirían obsesivas) referencias a la cultura popular. ¿Cuáles de las siguientes obras incluiría Ud. como parte de la cultura «kidult»? ¿Cuáles son las características definitivas o más importantes? ¿Tienen algo en común los temas tratados (o no tratados)? ¿Hay otros ejemplos de la cultura «kidult» que Ud. incluiría en la tabla? Comente.

Harry Potter (cualquiera de las novelas)	*La Guerra de las Galaxias* (*Star Wars*)
El Rey León (*Lion King*)	*Monsters, Inc.*
El Señor de los Anillos	*X-Men*
Wallace & Gromit: La maldición de las verduras	*Los Increíbles*
Misión imposible	*Batman*

¿En qué se parecen las obras «kidult» a los cuentos de hadas y en qué son diferentes? En cuanto a la presentación de los personajes femeninos, ¿muestran las mismas tendencias que los cuentos de hadas? Dé un ejemplo que justifique su opinión.

Actividad E   La lectura: «El incentivo *ferpecto*»

El siguiente texto, escrito por Manuel Sbdar, director de Educación Ejecutiva de la Escuela de Negocios de la Universidad Torcuato Di Tella, Argentina, critica una práctica bastante común en el mundo de los negocios. Basa su posición en las consecuencias perversas y no intencionales de esta práctica. ¿Le parece convincente el texto?

EL INCENTIVO «FERPECTO»

*R*afael era un seductor y ambicioso vendedor de un *department store* madrileño. Por años había luchado por llegar hasta la gerencia. Un buen día, llegó la oportunidad soñada. La tienda organizó una competencia para definir quién se quedaría con el codiciado puesto. La consigna era sencilla: «El que logre el mayor volumen de ventas esta semana será el nuevo gerente». ¿El resultado? Los vendedores no dudaron en emplear cuantos medios estuvieran a su alcance. Mentiras a los clientes, golpes bajos, competencia desleal... La escalada acabó con Rafael asesinando a su contrincante y una desopilante comedia de enredos para ocultar el crimen.

Así es como *Crimen Ferpecto,* del genial director Alex de la Iglesia, expresa la feroz competencia surgida de los sistemas de remuneración por incentivos. El tiempo en el que un empleado cobraba un salario fijo a fin de mes se encuentra cada vez más lejos. Hace ya varios años que los ingresos de los trabajadores corporativos dependen menos del salario de base y más de toda una serie de «bonus» y comisiones. ¿Qué tan eficiente resulta este método?

En una encuesta de *The Wall Street Journal* de junio de 2004, un 83% de las compañías con programas de pago por rendimiento afirmaron que estos sólo eran relativamente exitosos o que no estaban funcionando del todo. En el artículo «Goal Setting as a Motivator of Unethical Behavior», Maurice Schweitzer, profesor de Operaciones y Management de la Información de Wharton, señala que la remuneración vía cumplimiento de metas suele incentivar al fraude. Por ejemplo, a principios de los noventa, Sears, Roebuck & Co, implementó ambiciosos objetivos para su departamento de reparación de automóviles. ¿El resultado? Para cumplir con las metas, los mecánicos realizaron reparaciones innecesarias en el 90% de los casos.

Otro ejemplo de incentivos perversos puede ocurrir en el esquema conocido como «*forced ranking*». Imagine que su empresa tiene cien vendedores. Para incentivarlos, el directorio establece que, a fin de año, se armará un ranking de ventas. Quienes se ubiquen en los últimos 10 lugares serán automáticamente despedidos. Esta es la aplicación del *fear-factor* hasta sus consecuencias más descarnadas. Tal vez sirva para eliminar a algunos empleados ineficientes de la empresa. Pero posiblemente, engendre comportamientos maliciosos: desde la competencia más despiadada, hasta el hostigamiento, incluyendo amenazas y mobbing.

En su best-seller, *The Cheating Culture* (2004), el escritor de negocios David Callahan señala que, a causa de esta clase de política de incentivos, se ha instaurado una cultura del miedo en las corporaciones norteamericanas, donde la desconfianza entre colegas ha dado lugar a toda clase de fraudes y engaños. Callahan menciona el caso de empleados que no deseaban abandonar sus computadoras por temor a que otros les robaran información. Entonces, ¿son ventajosos o perjudiciales los incentivos? ¿Pueden ser una buena práctica de *corporate governance*?

Sin lugar a dudas pueden dar excelentes resultados si son correctamente diseñados e implementados, con una planificación seria y un claro liderazgo que los comunique y haga funcionar. Sin embargo, ningún incentivo remunerativo puede tener éxito si no reposa sobre incentivos morales. Sin este supuesto, el resultado se acercará a la tragedia del *Crimen Ferpecto*, atentando contra los objetivos organizacionales.

Los incentivos morales, más que en un listado taxativo sobre mejores prácticas, se constituyen sobre HECHOS. El trato que la empresa da a las personas; la aplicación de reglas de juego claras y transparentes; acciones concretas de protección o respeto del medio ambiente; el cumplimiento de las obligaciones legales y compromisos generales; la no discriminación, son solo algunos hechos concretos que van a describir el comportamiento ético de la empresa y orientar el de sus empleados. Sólo cuando se cumpla esta condición, los incentivos remunerativos podrán desplegar todo su potencial, fomentando la eficiencia y la creatividad, así como la competencia en el buen sentido de la palabra.

—*Manuel Sbdar*

1. ¿Cuál es la pregunta central que este texto pretende contestar? ¿Cuál es la tesis?

2. El propósito de esa exposición es persuadir. ¿Cuáles son los datos específicos que se incluyen para apoyar la tesis?

3. ¿Se incluyen opiniones contrarias? ¿Cómo afecta esto la validez o la fuerza de la presentación?

4. La introducción del texto incluye una breve referencia a una película muy popular del tipo «black comedy» —*Crimen Ferpecto*— de un conocido director argentino. En su opinión, ¿por qué incluye esta referencia a la cultura popular el autor del texto? ¿Lo/La ayuda a establecer cierto tono o tipo de relación con su lector? ¿Qué impacto tendrá en el lector?

5. ¿Está Ud. de acuerdo con la selección de detalles que ha incluido el autor para justificar su posición acerca del sistema de remuneración por incentivos? ¿Cree que estos detalles ofrecen una opinión contraria respecto a su tema? Comente.

6. Generalmente se piensa que la competencia («la competencia en el buen sentido de la palabra») es buena porque motiva a obtener mejores resultados. Además de desempeñar un papel en los negocios, la competencia también tiene un impacto en otros campos: los juegos, los deportes, la política, la imagen personal, la educa-

ción y la crianza de los niños, entre otros. ¿Qué ejemplos puede Ud. identificar en algunos de estos campos en los que la competencia lleva a resultados no deseados o en los que no debería desempeñar un papel en absoluto? Comente.

7. Tanto en el mundo académico como en el mundo científico, existen prácticas —¡publicar o morir! ¡descubrir algo nuevo o perder la subvención!— que a veces también llevan a consecuencias no intencionales, como la falsificación de datos. Según algunas personas, las consecuencias en estos casos pueden ser especialmente graves. Y Ud., ¿qué piensa?

Actividad F   La lectura: «El alcohol no es un juego de niños»

El siguiente texto, sacado de la revista hispana *La Guía,* trata un grave problema cada vez más común entre los jóvenes hispanos en muchas partes del mundo. ¿Qué tipo de texto es, exposición o argumentación?

EL ALCOHOL NO ES UN JUEGO DE NIÑOS

*E*l alcohol y los jóvenes siempre han ido, de una manera u otra, de la mano. Las ganas de experimentar nuevas sensaciones, de emular a los mayores han causado un furor por la bebida. Lo que los adolescentes no tienen en cuenta es que el alcohol puede traer consigo daños irreparables en el hígado, y que convertirse en un adicto a la bebida es más fácil de lo que piensan.

La edad de iniciación en el alcohol ha ido bajando progresivamente. Hoy, los adolescentes, casi niños, han tomado su primera copa a los trece o catorce años. A los quince o dieciséis, beben con cierta regularidad. Muchos de ellos acaban por convertirse en una nueva modalidad de alcohólicos, los llamados de fin de semana: pueden pasarse los días lectivos sin probar ni una gota, pero al llegar el viernes se lanzan a beber sin reparar en las consecuencias.

El fenómeno del alcoholismo juvenil tiene varias características distintivas. A diferencia del alcoholismo convencional, el alcoholismo juvenil presenta la característica de que se suele dar sólo en fin de semana. El fin de semana es el momento en el cual los jóvenes salen a la calle y, en lugar de salir a jugar al fútbol o a charlar en el parque, últimamente salen a beber.

Beber en cantidades industriales, con un único objetivo: la borrachera. Da igual que el alcohol sea de ínfima calidad o que el resultado se traduzca en mareos y vómitos, la misión es acabar ebrio para conseguir autoestima, generada por los aplausos y las risas de los compañeros.

Los jóvenes comienzan con bebidas menos fuertes, como la cerveza o el «calimocho», el combinado estrella compuesto por vino y refresco de cola; para pasar progresivamente a bebidas como el vodka, uno de los preferidos por su alta velocidad de acción; o el whisky, por aquello de hacer de la borrachera algo más sofisticado.

El fenómeno ha sido descrito con la palabra botellón. Convertido en toda una cuestión social, es la actividad favorita de los jóvenes. Si en los bares el alcohol es más caro, suponiendo que les dejen entrar, ¿por qué no comprarlo en el supermercado y beberlo en la calle?

Aunque el fenómeno del botellón está extendido sobre todo en España, en América Latina el problema del alcohol es similar cuando no mayor, iniciándose los jóvenes en el alcohol a edades en torno a los once o doce años, y con bares ofertando todo el alcohol que la persona sea capaz de beber. Si bien el nombre cambia, el funcionamiento es el mismo: un parque, botellas y a beber.

El abuso del alcohol entre los jóvenes es un grave problema. ¿Será posible encontrar una solución? En un mundo en el cual los padres tienen cada vez menos tiempo para sus hijos, la respuesta es difícil. El enemigo no es únicamente el alcohol: los bares, sabedores de que la bebida tiene un inmenso tirón entre los jóvenes, no sólo no respetan las distintas normativas que prohíben su venta a menores, sino que promocionan su consumo para beneficio propio. Como ejemplo, aquellos bares que regalaban una copa por cada suspenso que presentara el estudiante.

El mayor problema que se presenta es que los jóvenes se mueven en círculos de influencias en los que el alcohol constituye no ya una afición, sino toda una forma de vida: el que no bebe se queda fuera del grupo. Por tanto, los chicos se ven abocados a la bebida al sustituir la figura paterna, en muchos casos vaga y poco influyente, en otros directamente inexistente, por sus compañeros de grupo más mayores, a los que imitan para lograr una mayor aceptación dentro del colectivo.

Muchos jóvenes han encontrado en el alcohol una vía para rebelarse. Cada nueva prohibición, cada nuevo debate trae consigo una reacción por parte de los adolescentes. También se ha hecho tristemente famoso el macrobotellón, una iniciativa creada por los jóvenes para captar al mayor número de bebedores posibles.

No existe la panacea. No hay solución a corto plazo. Se necesita un largo trabajo de concientización para prevenir a las generaciones futuras de los peligros del alcohol, peligros que, en su mayoría, los adolescentes actuales desconocen: daños irreparables en el hígado, trastornos en la conducta, probabilidades muy altas de desarrollar una adicción y, por si fuera poco, la posibilidad de acceder a las drogas: si han empezado a beber, ¿por qué no comenzar también con los porros o las pastillas?

Este trabajo de concientización tendrá que ser llevado a cabo de manera conjunta entre los padres, los centros escolares y otras instituciones públicas que presenten una alternativa real, consistente y atractiva para los jóvenes. Si no se cumplen estas condiciones, todas estas actividades se verán abocadas al fracaso, ya que los adolescentes seguirán viendo más atractivo el alcohol, tentados y respaldados por los otros miembros de su grupo. El problema es que, a su vez, estos adolescentes tientan y respaldan a otros adolescentes, con lo que el círculo nunca se acaba de cerrar.

Además de presentar esta segunda vía, es necesario no sólo educar a los jóvenes alertándoles de los peligros del alcohol, sino dar ejemplo. Si un padre intenta convencer a su hijo de que el alcohol no es bueno cuando él mismo lo bebe con frecuencia, no sólo no habrá solucionado el problema, sino que otorgará a su hijo la excusa perfecta para iniciarse en el alcohol o seguir bebiéndolo.

El alcohol y la juventud caminan de la mano. Siempre lo han hecho. Sin embargo, mientras que anteriormente quienes bebían más solían ser los menos favorecidos, que buscaban en las copas una solución a su amarga existencia; hoy no se dan este tipo de distinciones sociales, y el problema ha saltado a primera plana. La solución se hace necesaria, en primer lugar, para salvar a un gran número de jóvenes que, en su mayoría, no saben lo que hacen; y en segundo, para evitar que a los que vienen después les pase lo mismo.

1. ¿Cuál es la pregunta central que este texto pretende contestar? ¿Cuál es la tesis? ¿Qué datos incluye para apoyar la tesis?

2. ¿Qué tipo de texto es, argumentación o exposición? Para Ud., ¿hay un punto clave en el texto que le sirvió para determinar el asunto? Explique. En su opinión, ¿para quién fue escrito este texto?

3. Si Ud. determinó que el texto representaba la exposición, complete los puntos (a) y (b) a continuación:

   a. Identifique dos grupos distintos de posibles lectores (un grupo puede incluir al lector que Ud. nombró anteriormente como respuesta para el número dos) y

   b. Determine los cambios que introduciría en el texto para convertirlo en un argumento persuasivo para cada grupo de lectores

   Alternativamente, si Ud. determinó que el texto representaba la argumentación, complete los puntos (c) y (d) a continuación:

   c. Identifique dos grupos distintos de posibles lectores (un grupo puede incluir al lector que Ud. nombró anteriormente como respuesta para el número dos) y

   d. Determine los cambios que introduciría en el texto para convertirlo en una exposición apropiada para cada grupo de lectores

Enfoque

- Repase la tabla de ideas su libreta y los apuntes de las actividades que Ud. ha hecho hasta este punto.

- Escoja el tema que más le interese personalmente para la tarea de este capítulo.

- En su libreta, haga un <u>mapa semántico</u> de los aspectos del tema que le parezcan interesantes e importantes. No se olvide de identificar algunas de las opiniones contrarias a su postura.

TÉCNICAS DE ORGANIZACIÓN Y EXPRESIÓN

Pensando en el lector: Cómo establecer una «voz» creíble

Para convencer a alguien de algo, es importante tomar en cuenta dos factores. El primero es seleccionar, organizar y presentar la información de manera clara y memorable. El segundo, no menos importante, es establecerse como persona creíble y razonable —una persona, en fin, cuyo punto de vista merece considerarse. A fin de crear esta «persona» es importante demostrarle al lector que se han tomado en cuenta otras perspectivas del tema y que se han evaluado (o por lo menos que se han intentado evaluar) los datos objetivamente.

La argumentación, aunque por definición revela la opinión o el juicio del escritor, no se caracteriza necesariamente por un <u>tono</u> personal. Esto se debe a que un tono demasiado fuerte puede tener el efecto contrario: en vez de ayudar a convencer al lector de la validez del argumento del escritor, acaba convenciéndolo de su falta de credibilidad.

Como en cualquier otro tipo de escrito, en la argumentación también es de gran importancia saber todo lo que se pueda acerca del lector a quien va dirigido el ensayo argumentativo. Aunque la postura fundamental no cambia necesariamente, el apoyo o justificación que se usa para convencer se escoge de acuerdo con el lector. Por ejemplo, si lo que el escritor se propone en el ensayo es el control de los delitos violentos en una comunidad, los detalles usados para convencer a un grupo de ancianos jubilados serán diferentes de los que se escojan para convencer a un grupo de comerciantes.

Actividad A Cómo establecer una voz creíble

1. En ciertos contextos, algunos escritores tienen una autoridad «natural» y el lector está dispuesto a aceptar su postura sin pedir mucha evidencia: por ejemplo, un campeón internacional de tenis muy conocido que escribe sobre los beneficios y los peligros de competir siendo joven. Por otro lado, en ciertos contextos el escritor puede confrontar dificultades especiales

---

EN SU LIBRETA...

examine el tema que Ud. ha escogido para la tarea de este capítulo. ¿Tiene Ud. autoridad «natural» con respecto al tema? ¿Qué dificultades podría tener un lector en aceptar su postura acerca del tema? Haga una lista de las objeciones que podría hacer un lector con respecto al tema y a su autoridad y credibilidad. ¿Puede identificar algunas técnicas para refutar estas objeciones?

para establecerse como una autoridad creíble. Por ejemplo, ¿para quién es más fácil escribir acerca del acoso sexual, para un hombre o para una mujer? ¿Por qué? ¿Qué puede hacer un escritor para convencer a su lector de que tiene conocimiento pleno de lo que escribe?

2. Trabajando con dos o tres compañeros/as, analice las siguientes combinaciones de escritor ~ tema. ¿Qué dificultades puede tener el escritor en cada caso para establecer una voz creíble? ¿Qué técnica(s) recomiendan Uds. para resolver el dilema en cada caso?

a. un individuo divorciado tres veces ~ los valores familiares

b. un miembro de un grupo minoritario ~ la acción afirmativa

c. un joven (de entre 18 y 20 años de edad) ~ la vejez y la muerte

d. ¿ ?

Compartan sus análisis con los de los demás grupos de la clase. ¿Hay mucha diferencia de opiniones?

Actividad B   Análisis de textos

Los dos textos que se presentan a continuación comunican abiertamente la actitud personal de cada autor. Los dos intentan convencer al lector de que el inglés debe ser la lengua oficial de los Estados Unidos, y lo hacen criticando la situación actual, a veces demostrando una intolerancia que hoy en día se suele más bien disfrazar. Examine los dos textos con cuidado. Uno de los dos presenta una voz creíble. ¿Cuál es y cómo lo logra? ¿Presenta ambos lados de la cuestión usando un tono neutral o emplea también la estrategia de persuadir? Explique.

QUE HABLEN INGLÉS O QUE NO HABLEN

*S*i se camina por las calles de muchas ciudades de los Estados Unidos, se oye hablar no inglés como pudiera esperarse, sino español, chino, vietnamita, coreano y un sinnúmero de otras lenguas. Este hecho indica que el país está en peligro de desintegrarse totalmente. Los inmigrantes recientes se niegan a aprender inglés. No están dispuestos a hacer lo que hicieron nuestros antepasados al principio de este siglo. Llegan a los Estados Unidos esperando que se les dé todo, pero insisten en mantener su cultura y sus costumbres. Pongámosle alto a esta explotación. El que no quiera aprender inglés, que se vaya. El que no quiera formar parte del crisol americano, que regrese a su patria de origen. Que no nos cuenten que toma tiempo aprender una lengua. Que no nos cuenten que viven en barrios de inmigrantes porque no pueden vivir en otra parte. No vamos a creerlo. No vamos a permitir que nos dividan. Hemos recibido ya a demasiados extranjeros, extranjeros que dan poco a este país. Hay que dar el

primer paso. Hay que insistir en que en los Estados Unidos se hable solamente inglés. Es nuestra lengua, la lengua de nuestros antepasados y el
símbolo tangible de que se ha aceptado la realidad americana.

UNA NACIÓN: UNA LENGUA

En todo país en el cual se hablan varias lenguas puede surgir un conflicto sobre el prestigio relativo de cada una de las lenguas y de su
función en la vida oficial y particular de los ciudadanos. Actualmente en
los Estados Unidos se ha iniciado un movimiento político que tiene como
objetivo el pasar una enmienda a la Constitución por la cual se declare
que el inglés, y solamente el inglés, es la lengua oficial de esta nación.

Los que se oponen a esta enmienda insisten en que el esfuerzo por
establecer el inglés como lengua única en los Estados Unidos obedece a
la xenofobia que ha vuelto a surgir en este país. Explican que el proceso
de aprender una segunda lengua es un proceso lento, y presentan datos
sobre el número de inmigrantes recién llegados que hablan o empiezan
a hablar inglés. Defienden la educación bilingüe (el uso de lenguas como
el español, el chino o las lenguas indígenas en la instrucción escolar)
diciendo que el uso de las lenguas maternas en la instrucción inicial permite al niño captar conceptos importantes mientras aprende inglés.

Nadie niega que sea difícil aprender una lengua extranjera, pero todo
inmigrante debe aprender inglés lo más pronto posible. La educación
bilingüe aísla a los niños de sus compañeros anglohablantes. Puede ser
que aprendan a leer y a escribir su lengua, puede ser que logren educarse,
pero es más importante que aprendan inglés. Esto es lo primordial. El
educarse, quizás sea secundario.

Se acabaron los tiempos en que este país podía recibir a todo extran-
jero que tocaba a la puerta. Hoy ya no es posible. Debemos utilizar la
lengua para asegurarnos de que los que piden la entrada a este país se
comprometan a formar parte de esta sociedad. La unidad requiere cierto
grado de uniformidad. Deben quedar fuera los que no quieran o no puedan ser como nosotros.

Estrategias del escritor: El tono

En el texto sobre la enseñanza de la lectura (páginas 173–174), el
autor no mantiene un <u>tono</u> neutral con relación al tema que presenta;
por el contrario, expresa su opinión personal y hace una crítica severa
de la enseñanza de la lectura. La presentación de la opinión personal
en este texto es de especial interés, ya que se manifiesta en el tono que
utiliza el autor desde el principio. Como queda demostrado, para presentar una opinión no es necesario decir «yo pienso que» o «en mi

opinión»; basta escoger ciertos detalles y presentarlos de manera que provoquen en el lector la reacción que el escritor desea.

Para formar en el lector una opinión negativa acerca de un tema, el autor no necesita decir «esta es una actitud tonta». Puede influir en el lector escogiendo con cuidado el vocabulario, la forma en que expresa los hechos y el orden en que los presenta. La siguiente comparación entre una actitud neutral y la actitud subjetiva del autor del ejemplo anterior ilustra las diferentes estrategias que se pueden utilizar para presentar una opinión.

 Rincón del escritor
Consulte el **Rincón del escritor** para obtener más información acerca del <u>tono</u>.
www.mhhe.com/composicion5

ACTITUD OBJETIVA NEUTRAL	ACTITUD SUBJETIVA DEL AUTOR
La interpretación de lo que es «leer» ha afectado…	Desafortunadamente… la mala interpretación de lo que significa «leer»…
En el caso de la enseñanza de la lectura a los niños, es común creer que…	En el caso de la enseñanza de la lectura a los niños, el error más común…
Esta estrategia lo lleva, cuando se trata de leer un texto entero, a leerlo palabra por palabra.	No se consideran las limitaciones… palabra por palabra, el significado de la lectura en su totalidad se le escapará.
La enseñanza de la lectura en una lengua extranjera también parte de la teoría que se tiene de la lectura.	…también refleja una mala interpretación del proceso de la lectura.
…se usa con él el mismo método que se utiliza con los niños.	Aunque es un lector maduro con práctica en leer textos en su lengua nativa, empieza por lo elemental en la extranjera.

Por otro lado, el escritor tiene que tener mucho cuidado al seleccionar las palabras y los ejemplos, ya que puede suceder que el lenguaje provoque una reacción diferente de la que busca suscitar. Por ejemplo, el lenguaje de «Que hablen inglés o que no hablen» (páginas 193–194) es fuerte y directo; sin embargo, a muchas personas este texto les ha de parecer más ofensivo que persuasivo, y por lo tanto resulta mucho menos efectivo que si el escritor se hubiera expresado con más moderación y tacto.

Actividad A   Las técnicas del mercado: Cómo vender una idea

Las personas que diseñan anuncios y campañas de publicidad son expertas en el arte de persuadir. ¿Cuáles de las técnicas que utilizan se aplican también al ensayo argumentativo?

*Muchas de las técnicas de los publicitarios son muy conocidas, por ser tan frecuentes. Pero si quiere repasar algunas, vuelva al texto «Las estrategias de Marketing y ventas: La ciencia de la persuasión» en el **Capítulo 3** (páginas 92–95).*

1. El humor es un recurso poderoso para convencer al lector de que el locutor (o el escritor) es «buena gente» y, por lo tanto, digno de confianza. Pero hay que tener cuidado, ya que es posible ofender, sin querer, con el humor, y entonces el resultado obtenido puede ser lo opuesto de lo que uno desea. Vuelva a leer el editorial «Por culpa de la información» (páginas 175–176). La columna editorial no es un texto argumentativo, pero sí busca persuadir al lector. ¿Encuentra Ud. toques de humor en el texto? ¿Cómo afectan su opinión acerca del escritor? ¿Afectan su opinión sobre el tema? Ahora mire el siguiente anuncio. ¿Es efectivo el humor en cuanto a persuadir al lector? ¿Por qué sí o por qué no? ¿Conoce Ud. otros ejemplos de anuncios publicitarios en que se haya utilizado el humor con efectividad para establecer una voz creíble y persuasiva?

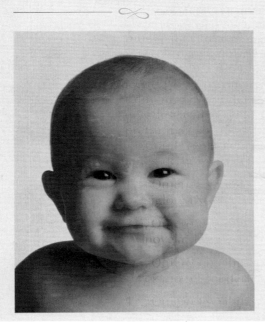

TU YA FUISTE CALVO UNA VEZ.

ASI QUE AHORA USA LA CABEZA.

Tú, como todo el mundo, naciste calvo o con poco cabello. Pero como la naturaleza del bebé es crecer y desarrollarse, pronto tuviste una hermosa cabellera. Sin embargo, con la edad adulta, la tendencia parece invertirse y no es difícil que, si no cuidas tu cabello, puedas acabar perdiéndolo. Kerzo Cabello Joven es una loción capilar que devuelve al cuero cabelludo el equilibrio natural de hidratación que precisa.

El stress, la polución, la mala alimentación, las espumas y fijadores, el lavado frecuente... son agresiones diarias que resecan e irritan el cuero cabelludo. Y, en consecuencia, empobrecen y

debilitan a los cabellos que caen con facilidad. La mejor solución es conservar el cabello cuando aún no ha caído y cuidarlo con Kerzo Cabello Joven. Un suave masaje capilar diario renueva las células del bulbo piloso gracias a sus exclusivos tricopéptidos, y sus proteínas de seda refuerzan y nutren los cabellos.

Con Kerzo Cabello Joven notarás que los síntomas del cuero cabelludo reseco como son la caspa, la grasa y los picores, disminuyen sensiblemente. Si tu ritmo de actividad ya no es la plácida vida de un bebé, empieza a usar Kerzo Cabello Joven ahora mismo. Ya tienes edad de cuidar de ti mismo.

KERZO CABELLO JOVEN
100.000 CABELLOS PARA TODA LA VIDA.

eugene PARIS

2. ¿Qué otras técnicas, además del humor, utilizan los anuncios para persuadir acerca de las cualidades o ventajas de su producto o mensaje? Considere, por ejemplo, los siguientes anuncios. ¿A quiénes tratan de convencer, y de qué? ¿Cuáles son las objeciones que anticipan? ¿Logran superarlas?

a. *Got milk?*

b. Los anuncios del troglodita de Geico

c. La campaña antidrogas que se dirige a los jóvenes

d. ¿ ?

¿Se prestan algunas de estas técnicas al ensayo argumentativo? Explique.

Actividad B   Análisis de texto: «Los OGM: Una solución que plantea problemas más serios de los que resuelve»

Lea con cuidado el siguiente texto. ¿Es expositorio o argumentativo?

LOS OGM: UNA SOLUCIÓN QUE PLANTEA PROBLEMAS MÁS SERIOS DE LOS QUE RESUELVE

Para unos, el problema de la desnutrición y el hambre mundial —problema que parece ocurrir con cada vez más frecuencia y en formas más graves— sólo puede resolverse con la ayuda de los organismos genéticamente modificados (OGM). El mijo resistente a la sequía y la batata vacunada contra los virus son sólo dos de las armas que ofrecen las biotecnologías para combatir el hambre. Las posibilidades prometidas por la tecnología pueden dejar a uno sin aliento, pero la realidad es otra: el desarrollo de los OGM trae consigo un número de cuestiones serias que deben frenar el entusiasmo precipitado.

El cultivo de semillas de los OGM puede ser dañino para el ecosistema. Los cultivos resistentes a herbicidas en particular pueden ser extremadamente peligrosos para la fauna de una región. Los agricultores pronto comienzan a ver que la resistencia a los pesticidas de las semillas les permite utilizar herbicidas cada vez más potentes —el veneno no afecta a las plantas, que son inmunes a los efectos— pero pronto notan que al mismo tiempo que eliminan la mala hierba, también están eliminando los insectos y los pájaros que se habían alimentado de ellos. Y este no es el único peligro —aun con vigilancia cuidadosa, no es fácil controlar todos los resultados de la tecnología; por ejemplo, impedir que no se disemine el polen de los OGM, capaz de comunicar a las malas hierbas sus medios de defensa contra insectos y virus. Además, las variedades de cultivos OGM más resistentes arrasan muchas veces con las plantas nativas.

Algunos críticos de los OGM afirman que la comida derivada de este cultivo atrofia el crecimiento y daña los sistemas inmunológicos de los animales en pruebas de laboratorio. Pero actualmente no existe evidencia científica alguna que sea fidedigna y respetada de que la comida que contiene OGM es peligrosa para los seres humanos. Sin embargo, es importante reconocer que es mucho aún lo que queda por descubrir acerca de los efectos de los OGM. John Sauven, de la organización internacional Greenpeace, compara el desarrollo descuidado de los OGM con «un experimento global masivo en el que las personas y el medio ambiente no somos sino conejillos de Indias.»

Dado el enorme potencial de los OGM y la falta relativa de evidencia explícita en su contra, algunos dirían que vale la pena seguir adelante con los OGM. Según las proyecciones de las Naciones Unidas, dentro de 50 años, la Tierra tendrá 9.000 millones de habitantes, es decir 3.000 millones más que ahora. ¿No vale acaso la pena investigar una solución que permitirá al planeta alimentar a todos sus hijos? Los críticos de los OGM rechazan esta sugerencia señalando que la malnutrición no se debe a la subproducción de alimentos. El problema se deriva del hecho de que los más pobres, habitantes de estados destructurados y devastados por los conflictos, no tienen acceso a las semillas. Es decir, les hace falta crédito, necesitan información sobre cómo evitar las pérdidas y utilizar correctamente las semillas milagrosas y necesitan una reforma de las prácticas de cultivo en sus países. Las patentes de los productos OGM pertenecen, en su mayoría, a un puñado de multinacionales hegemónicas, quienes controlan el mercado y edifican en torno a sus descubrimientos auténticas murallas de costos prohibitivos. Los proponentes de los OGM afirman que estos productos no sólo pueden evitar los trágicos problemas asociados con la primera «Revolución Verde» de los años 60, sino que podrán compensar aquellos errores. En los años 60, la creación de variedades de trigo y arroz de alto rendimiento duplicó la producción de alimentos. Pero estas semillas, muy ávidas en aditivos (riego, abonos, herbicidas y pesticidas) beneficiaron sobre todo a los laboratorios de biogenética y a los inversionistas. África y las tierras más pobres de Asia y América Latina quedaron al margen. Y aun para los que se beneficiaron, sobre todo China y Vietnam, el saldo no fue positivo ni mucho menos: desaparecieron las variedades tradicionales, la salinidad de las tierras aumentó debido a la irrigación y se abusó de herbicidas e insecticidas en detrimento del medio ambiente y de la salud de los agricultores. Según los partidarios de la «Segunda Revolución Verde», la nueva generación de productos OGM, que no necesitan aditivos y pueden cultivarse en zonas de condiciones extremas, puede paliar las tragedias de la «Primera Revolución Verde». Pero si el acceso a las semillas milagrosas está bajo el control de las multinacionales, si la información y los recursos financieros no están al alcance de quienes los necesitan, lo más probable es que los errores de la «Primera Revolución Verde» se repitan.

Hay mucho que aún queda por descubrir con respecto a los productos derivados de los OGM y sus efectos; de eso no hay duda. Pero la historia de nuestra experiencia con «semillas milagrosas» aboga cautela y escepticismo. A las declaraciones optimistas y entusiastas (que son muchas) de que los productos derivados de los OGM representan, aquí y ahora, la solución al hambre mundial, les respondemos con un fuerte «no».

EN SU LIBRETA...

analice el tema que Ud. ha escogido para la tarea de este capítulo. ¿Quién es el lector anticipado? ¿Qué tono le parece más apropiado a Ud.? ¿Qué tipo de imagen quiere Ud. proyectar: seria, intelectual, chistosa graciosa o práctica? Apunte algunas ideas al respecto.

1. ¿Qué opina Ud.? ¿Es expositorio o argumentativo este texto? ¿Por qué piensa Ud. eso? ¿Qué hay en el texto que lo indique?

2. ¿Cuál es la tesis del ensayo?

3. ¿Cómo es el tono del texto: impersonal y objetivo o neutro? ¿Revela alguna actitud hacia el tema o hacia el lector? ¿El tono le parece apropiado para el propósito del texto? Explique.

4. ¿Cómo se organiza la información?

5. ¿Le parece un ensayo efectivo? ¿Por qué sí o por qué no? ¿Qué le recomendaría Ud. al escritor para mejorarlo?

6. Hoy en día, en los Estados Unidos y los países de la Unión Europea, se habla menos de los peligros de los OGM para la agricultura que para el mercado. Es decir, muchos no se oponen al desarrollo ni a la venta de los productos que contienen los OGM, con tal de que estos estén claramente señalados como tales. ¿Por qué cree Ud. que saber el origen de los productos preocupa tanto a algunas personas? ¿Les preocupa a todos los consumidores por igual o sólo a ciertas personas? Explique. ¿Quiénes cree Ud. que se oponen a una descripción completa de los ingredientes de los comestibles y cuáles piensa que son sus puntos en contra de hacerlo?

> **EN EL CUADERNO DE PRÁCTICA...**
>
> *hay otros ejemplos, si Ud. quiere practicar más con el análisis de textos (**Capítulo 5, Primera etapa**).*

SEGUNDA ETAPA: *La redacción y la revisión de las versiones preliminares*

Después de terminar las actividades de prerredacción, Ud. escribirá un borrador de su ensayo argumentativo.

Las actividades que se han llevado a cabo en la primera etapa de este capítulo le han dado a Ud. la oportunidad de desarrollar la materia prima necesaria para elaborar un texto argumentativo. En esta segunda parte del capítulo, Ud. tendrá la oportunidad de

- crear un plan de redacción para guiar la composición de su escrito

- desarrollar un borrador de su escrito

- experimentar con la técnica de revisión con grupos de consulta

- experimentar con la técnica de una lista de control

- desarrollar un plan de revisión

Tarea

Como recordará, la tarea de este capítulo es redactar un ensayo argumentativo sobre algún tema que sea de interés para Ud.

Ahora que ha completado la primera etapa de esta tarea, escriba el borrador de un texto argumentativo que tenga como mínimo unas 800 palabras. Su texto puede organizarse según alguno de los esquemas de las páginas 169–170. Si quiere, puede incorporar citas directas y otros detalles descriptivos. Su escrito debe adoptar el formato de un ensayo formal. Como en sus ensayos anteriores, es importante reconocer y apreciar las necesidades específicas de su lector. Su ensayo debe incluir una introducción y una conclusión apropiadas.

Para empezar, tendrá que planear cómo redactar el ensayo argumentativo. A continuación encontrará sugerencias que lo/la ayudarán a completar el **plan de redacción.**

EL PLAN DE REDACCIÓN: CÓMO SE ESCRIBE UN ENSAYO ARGUMENTATIVO

EN EL CUADERNO DE PRÁCTICA...

Ud. puede completar su **plan de redacción** *(Capítulo 5, Segunda etapa).*

PLAN DE REDACCIÓN: LA ARGUMENTACIÓN

1. El tema

2. La idea principal que quiero comunicarle a mi lector (la tesis)

3. Mi propósito como escritor
   El lector y su propósito al leer
   Cinco preguntas cuyas respuestas el lector busca en el escrito

4. Los detalles (<u>la evidencia</u>)

   • En contra

   • A favor

5. La organización lógica

6. La introducción y la conclusión

---

1. El tema

   • Vuelva a examinar sus notas y apuntes de la **Primera etapa.**

   • Repase los diversos temas examinados y escoja uno que 1) le interese y le importe personalmente (asegúrese de tener una opinión clara al respecto) y 2) tenga margen para más de un punto de vista.

2. La tesis

- Examine los datos que Ud. ha reunido acerca del tema; estudie o considere todas las actitudes al respecto.
- Identifique y aclare la postura que Ud. tomará.

3. El propósito y el lector

- Su propósito es convencer al lector de la validez de su postura. ¿Qué actitud tiene Ud. hacia su postura? ¿Por qué le parece interesante/importante/válida? ¿Cuál es la reacción que quiere provocar en su lector? ¿Cuáles son los aspectos del tema que mejor pueden dar a conocer esta actitud al lector?
- Identifique al lector y su propósito. ¿Por qué va a leer lo que Ud. escribe? ¿Qué sabe ya el lector acerca del tema? ¿Cuál puede ser su actitud al respecto? ¿Qué información busca? ¿Qué preguntas se va a hacer al respecto?

4. La organización y los detalles (la evidencia)

- Recuerde y tome notas del tema en su totalidad. Tomando en cuenta las necesidades de su lector, busque pruebas que justifiquen la postura fundamental o haga una lista de las razones por las cuales ha asumido la postura que defiende. Haga otra lista de las opiniones contrarias respecto al tema y las razones que se podrían ofrecer para justificarlas.
- Determine qué técnica o combinación de técnicas de desarrollo va Ud. a utilizar. Por ejemplo, en algunos casos puede ser útil usar la comparación y el contraste, o quizá la causa y el efecto. Elabore un esquema para presentar la tesis y los detalles que se utilizarán para apoyar tanto la(s) actitud(es) contraria(s) como la postura fundamental. Organice la información para que el punto de mayor impacto aparezca al principio o al final del ensayo.

5. La organización lógica

- ¿Qué recursos (por ejemplo, frases de transición, oración temática en cada párrafo) se pueden utilizar para hacer que la presentación de la información sea más lógica y clara a los ojos del lector?

6. La introducción y la conclusión

- ¿Qué propósito(s) tiene la introducción: entretener, llamar la atención del lector, presentar la tesis y/o los puntos principales del texto u otra cosa?
- ¿Qué propósito(s) tiene la conclusión: repetir los puntos principales del texto u ofrecer nuevas perspectivas?

EN SU LIBRETA...

escriba el borrador para la tarea de este capítulo.

Refiriéndose a su plan con frecuencia, escriba el borrador de su ensayo.

Decida qué tono tendrá su ensayo; es decir, si va a ser formal o informal; serio, alegre o irónico. Decida también si va a incluir ejemplos o anécdotas personales, o si va a incluir datos impersonales y más bien objetivos.

Recuerde que para esta versión de su ensayo no hay que preocuparse demasiado por cuestiones de la forma; es decir, por el vocabulario o la gramática. Si no sabe o no recuerda una palabra o expresión en español, introduzca un <u>comodín</u> o escríbala en ingles, y siga escribiendo. Recuerde que, como se dijo en el capítulo anterior, puede ser más fácil escribir la introducción después de redactar un borrador del ensayo en general.

EL PLAN DE REVISIÓN: ACTIVIDADES CON GRUPOS DE CONSULTA

Práctica con grupos de consulta

Los dos textos que aparecen a continuación son respuestas al ensayo de Hilda Ocampo «Los cuentos son muy viejos» (páginas 184–185). Primero, analícelos individualmente. Después, determinará, junto con el resto de la clase, cuál de los textos les parece más convincente, y por qué.

Leer y analizar. Cada estudiante debe leer los dos textos, apuntando todas sus notas y respuestas a las preguntas. Lea el párrafo de introducción y complete el primer ejercicio («Identifique tres o cuatró preguntas...») antes de leer cada texto.

Texto A: «Los cuentos de hadas: Un mal menor»

Este texto examina la postura de Hilda Ocampo respecto al papel que juegan los cuentos infantiles en el reforzamiento de los estereotipos masculino y femenino. Identifique tres o cuatro preguntas acerca del tema cuyas respuestas le gustaría a Ud. encontrar en el texto. Después, siga con el análisis.

Texto A: Los cuentos de hadas: Un mal menor	Análisis
$\mathcal{E}$l artículo de Hilda Ocampo me parece muy superficial. A esta escritora le preocupa que los papeles de los personajes masculinos y femeninos de los cuentos de hadas refuercen los estereotipos que existen hoy en día. De hecho, estos cuentos	1. ¿Qué tal acierta el escritor en contestar sus preguntas? ¿Contesta todas? 2. ¿Cuál es la tesis que el escritor intenta justificar? ¿Se han considerado otros puntos de vista también?

(continúa)

Texto A: Los cuentos de...   *Análisis*

hacen resaltar los estereotipos, mostrando a todas las mujeres como ingenuas y necesitadas de un príncipe, y a todos los hombres como valientes y audaces. Sin embargo, no creo que estos cuentos tengan mucho efecto en la vida de los niños. Hay otros factores que tienen mucha más influencia en sus vidas: la televisión, el cine y los padres mismos. Todos estos también contribuyen a poner de relieve esos papeles sexistas.	3. ¿Se relaciona toda la información directamente con la idea principal? Si no, ¿qué parte(s) no viene(n) al caso?

hacen resaltar los estereotipos, mostrando a todas las mujeres como ingenuas y necesitadas de un príncipe, y a todos los hombres como valientes y audaces. Sin embargo, no creo que estos cuentos tengan mucho efecto en la vida de los niños. Hay otros factores que tienen mucha más influencia en sus vidas: la televisión, el cine y los padres mismos. Todos estos también contribuyen a poner de relieve esos papeles sexistas.

En comparación con la exposición breve que tiene un niño a los cuentos de hadas, la televisión es lo que hace falta censurar. La televisión es parte significativa de la vida de la mayoría de los niños. La programación hoy está llena de programas de los años cincuenta y sesenta que ponen énfasis en los estereotipos masculino y femenino. Por ejemplo, un programa como «Leave it to Beaver» retrata al personaje femenino principal como un ama de casa que es absolutamente inútil en asuntos financieros. En cada episodio, el trabajo más difícil de ella consiste en decidir qué cocinar para la cena. En cambio, el hombre de la familia va a la oficina todos los días y todos cuentan con él para tomar las decisiones importantes.

Las películas también son culpables de acentuar estos estereotipos. La película *Indiana Jones and the Temple of Doom* presenta al personaje femenino principal como una cantante talentosa y al parecer una mujer inteligente. Sin embargo, después de la primera escena se transforma en una mujer débil y quejumbrosa a quien tiene que salvar continuamente el macho héroe de la película.

Lo que quiero enfatizar aquí es que si uno va a preocuparse de la censura de los

3. ¿Se relaciona toda la información directamente con la idea principal? Si no, ¿qué parte(s) no viene(n) al caso?

4. ¿Hay partes sobre las cuales le gustaría a Ud. tener más información (explicación, ejemplos, detalles)?

5. ¿Hay partes del texto en las que de repente se encuentre Ud. «perdido/a»?

6. Haga rápidamente un bosquejo del texto en su totalidad. ¿Encuentra lugares donde la organización del texto deba cambiarse?

7. ¿Captó su interés la introducción de manera que quiso Ud. seguir leyendo?

8. ¿Qué parte(s) del borrador le gusta(n) más?

9. ¿Le sirvió la conclusión como buen resumen de la información en el texto? ¿Lo/La ayudó a comprender la importancia del tema para el escritor?

(continúa)

Texto A: Los cuentos de...   *Análisis*

medios que contribuyen a perpetuar los estereotipos, debe empezar por aquel al que los niños estarán más expuestos por más tiempo. Creo que los niños todavía son demasiado jóvenes cuando oyen los cuentos de hadas para darse cuenta de los estereotipos que presentan.	

Texto B: «Los cuentos de hadas y la discriminación sexual»

Este texto examina la postura de Hilda Ocampo respecto al papel que desempeñan los cuentos infantiles en el reforzamiento de los estereotipos masculino y femenino. Identifique tres o cuatro preguntas acerca del tema cuyas respuestas le gustaría a Ud. encontrar en el texto. Después, siga con el análisis.

Texto B: Los cuentos de hadas y la discriminación sexual   *Análisis*

En su artículo, Ocampo afirma que los cuentos de hadas refuerzan los estereotipos masculino y femenino. Mientras los cuentos de hadas presentan a las mujeres como seres delicados y poco inteligentes, a los hombres se les describe como poseedores de las virtudes del heroísmo, el valor y la inteligencia. Estoy de acuerdo con ella con respecto a la interpretación de estos patrones: es una representación misógina de la mujer. No obstante, discrepo con su recomendación a favor de la censura. No creo que ella comprenda la utilidad de estos ejemplos de discriminación.

Hace mucho tiempo que los folcloristas concuerdan en que los cuentos de hadas, al igual que los mitos y las leyendas antiguas, representan las emociones y preocupaciones subconscientes, cuando no los verdaderos sucesos históricos, de las culturas antiguas. El sexismo dentro de los cuentos de hadas indica claramente que la

1. ¿Qué tal acierta el escritor en contestar sus preguntas? ¿Contesta todas?

2. ¿Cuál es la tesis que el escritor intenta justificar? ¿Se han considerado otros puntos de vista también?

3. ¿Se relaciona toda la información directamente con la idea principal? Si no, ¿qué parte(s) no viene(n) al caso?

4. ¿Hay partes en las cuales le gustaría a Ud. tener más información (explicación, ejemplos, detalles)?

5. ¿Hay partes del texto en las que de repente se encuentre Ud. «perdido/a»?

6. Haga rápidamente un bosquejo del texto en su totalidad. ¿Encuentra lugares donde la organización del texto debe cambiarse?

7. ¿Captó su interés la introducción, de manera que quiso Ud. seguir leyendo?

8. ¿Qué parte(s) del borrador le gusta(n) más?

(continúa)

Texto B: Los cuentos... · *Análisis*

discriminación sexual existía en las sociedades que creaban estas historias. Dados los muchos ejemplos de sexismo en estos relatos, la discriminación sexual habrá sido una fuerza principal en la sociedad antigua. Ocampo parece entender este hecho. Sin embargo, los padres contemporáneos no tienen que censurar estos cuentos.

Por el contrario, los padres deben leer los cuentos de hadas a sus niños y luego deben explicarles la falsedad de los estereotipos que aparecen en cada cuento. Los cuentos de hadas son armas perfectas para combatir la propagación de falsedades tales como la superioridad de los hombres en relación con las mujeres. Los cuentos de hadas son interesantes y emocionantes. Así, los niños prestarán atención mientras sus padres hacen resaltar los ejemplos de estereotipos sexuales y luego explican (con sus propias palabras) que estos estereotipos ya no tienen validez y que tales descripciones se basan en la ignorancia. Los niños jóvenes tienen confianza en sus padres y creerán sus explicaciones. El propósito principal de los cuentos de hadas no es, no hay ni que decirlo, señalar el sexismo. Sin embargo, estos cuentos contienen la materia prima que los padres inteligentes pueden usar para enseñar a sus niños lecciones valiosas sobre los efectos dañinos de la discriminación sexual.

Ocampo reconoce el sexismo en los cuentos antiguos y sugiere que los padres los censuren. Es verdad que los ejemplos de los estereotipos sexuales en los cuentos son impropios, pero la censura no hace más que encubrirlos. En cambio, si reconocemos abiertamente la discriminación de los cuentos podemos sacar de ella una ventaja importante.

9. ¿Le sirvió la conclusión como buen resumen de la información en el texto? ¿Lo/La ayudó a comprender la importancia del tema para el escritor?

Consultar. La clase debe dividirse en grupos de tres o cuatro estudiantes. Los miembros de cada grupo deben compartir su análisis de cada texto. ¿Hay mucha diferencia de opiniones?

Más análisis y discusión. Los dos ensayos anteriores son respuestas o reacciones a un estímulo específico: el ensayo de Hilda Ocampo. El ensayo de Ocampo es, a su vez, una reacción a un film de María Luisa Bemberg.

- Comparen y contrasten las maneras en que los tres ensayos hacen referencia a la obra que los ha provocado. ¿Qué supone el escritor en cada caso con respecto al conocimiento previo de su lector? ¿Qué ventajas o limitaciones tienen estas suposiciones en cada caso?

- Analicen a «la persona» que proyecta el escritor en cada caso. ¿Parece razonable y creíble? ¿Atrae la simpatía del lector? Expliquen.

Recomendar. Formule la mitad de la clase un plan de revisión para el texto A; formule la otra mitad un plan para el texto B. Cada plan debe tomar en cuenta la información que resultó de las discusiones iniciadas anteriormente. Presenten ambos planes ante la clase.

PLAN DE REVISIÓN: LA ARGUMENTACIÓN _____
(nombre del texto)

1. Comentarios positivos sobre el texto —en su totalidad o relacionados con alguna parte en particular (es decir, los datos reunidos, un ejemplo específico, la organización, la expresión de la tesis, la manera de presentar o de concluir el texto, la manera de establecer una voz creíble). Sea lo más específico que pueda.

2. Identifique la idea principal del texto: ¿Qué es lo que quiere defender? ¿Sirven los datos incluidos para defender la tesis y para establecer que se sabe algo de la posición contraria? ¿Resulta una defensa convincente? ¿Es creíble la voz del autor?

3. Identifique brevemente la organización de los datos. ¿Se reconoce brevemente las posiciones contrarias pero se dedica la mayoría del ensayo a la justificación de la postura fundamental, o se incorporan las posiciones contrarias en la presentación de cada punto a favor de la postura fundamental? ¿Le parece clara la organización de los datos? ¿Le parece una manera efectiva de presentar la información?

4. ¿Captó su interés la introducción, de manera que quiso seguir leyendo? Y la conclusión, ¿le sirvió como un buen resumen de la información en el texto? ¿Lo/La ayudó a comprender la importancia del tema para el escritor?

(continúa)

PLAN DE REVISIÓN: LA ARGUMENTACIÓN

5. Los lectores quieren saber lo siguiente con respecto a esta tesis (marque con este símbolo ✓ la casilla si el texto contesta la pregunta):

□ _____

□ _____

□ _____

□ _____

6. Comentarios constructivos sobre el texto

- detalles o datos que necesitan agregarse, reorganizarse o cambiarse

- cambios que podrían hacer más vivo y efectivo el lenguaje

- cambios que podrían hacer más interesante y/o efectiva la introducción

- cambios que podrían hacer más interesante y/o efectiva la conclusión

- cambios que harían que la voz del autor fuera más creíble

7. Otros cambios que se recomiendan

> **EN EL CUADERNO DE PRÁCTICA...**
>
> *Ud. puede recopilar su propia lista de control, con preguntas diferentes, según los elementos que le parezcan importantes y apropiados* **(Capítulo 5, Segunda etapa).**

TÉCNICA DE UNA LISTA DE CONTROL

El siguiente proceso de revisión puede aplicarse tanto a su propia composición como al escrito de un compañero / una compañera. Para utilizarlo, debe examinar el borrador que escribió Ud., o el que escribió su compañero/a, para la tarea de este capítulo. Conteste cada una de las preguntas.

Cuando acabe, basándose en las respuestas, formule un plan de revisión para su texto.

Como Ud. ya sabe, es importante separar la revisión del contenido de la revisión de la forma. Véase la lista de control modelo para la revisión de la forma en las páginas 66–67.

LISTA DE CONTROL PARA LA ARGUMENTACIÓN

□ ¿Es la meta o el propósito de mi ensayo el de justificar una postura fundamental?

□ ¿Cuál es el tema del ensayo? ¿Cuál es la tesis?

□ ¿Incluyo opiniones contrarias a mi posición? ¿Logro comunicar y mostrar al lector la esencia de mis ideas?

(continúa)

LISTA DE CONTROL PARA LA ARGUMENTACIÓN

☐ ¿A quién le escribo? ¿Quién es mi lector y qué quiere saber acerca del tema? ¿Qué puede saber ya al respecto?

☐ ¿Qué preguntas puede hacerse el lector con respecto al tema sobre el que escribo? ¿Las he contestado todas?

☐ ¿Qué impresión quiero dejar en el lector? ¿Logro establecer mi autoridad respecto al tema? ¿Es creíble mi voz?

☐ ¿Qué tono he adoptado en el ensayo? ¿Es apropiado para mi propósito?

☐ ¿Organizo jerárquicamente (es decir, de menos importante a más importante o viceversa) los datos en el ensayo?

☐ ¿Qué evidencia he incluido en el texto? ¿Cómo contribuye cada detalle a lograr lo que me propongo? ¿Son lógicas y válidas las relaciones (por ejemplo, causa/efecto o comparación/contraste) que quiero establecer? ¿He incluido datos para establecer que se sabe algo acerca de la posición contraria? ¿Hay otros datos que deba tomar en cuenta?

☐ ¿En mi composición hay algún detalle que no contribuya lo suficiente a crear la impresión que quiero dejar?

☐ ¿Para qué sirve la introducción? ¿Capta el interés del lector? ¿Presenta, en breve, los puntos que se van a tratar en detalle en el ensayo?

☐ ¿Para qué sirve la conclusión? ¿Resume los puntos clave del ensayo? ¿Ayuda a establecer la importancia del tema?

☐ ¿He utilizado un vocabulario claro y vivo, o he utilizado términos generales y abstractos que no captan la esencia de lo que quiero compartir?

Lea el ***Apéndice C*** de este texto si quiere aprender cómo utilizar en los exámenes que requieren respuestas en forma de ensayo, ciertos aspectos de las técnicas de redacción que estás estudiando.

TERCERA ETAPA: *La revisión de la forma y la preparación de la versión final*

Al llegar a esta etapa se supone que el contenido y la organización de un escrito han pasado por una revisión rigurosa y que el escritor está satisfecho con ellos. Ha llegado el momento de poner atención a las cuestiones de la forma. En esta última etapa, Ud. tendrá la oportunidad de

- repasar los pronombres relativos

- pulir la forma de su escrito, repasando sistemáticamente la gramática, el vocabulario y la ortografía

- redactar una versión final de la tarea para entregar

Esta revisión le resultará más fácil si la emprende por pasos; en cada paso se enfoca un solo aspecto de la forma.

REVISIÓN DE LOS ASPECTOS GRAMATICALES: LOS PRONOMBRES RELATIVOS

EN EL CUADERNO DE PRÁCTICA...

hay actividades para practicar los pronombres relativos.

También hay una sección adicional, **Repaso de aspectos básicos,** *donde Ud. puede repasar* «*Verbos con preposiciones*» **(Capítulo 5, Tercera etapa).**

Cuando dos oraciones simples comparten un mismo elemento, es posible reemplazar uno de estos elementos con un pronombre relativo y unir las dos oraciones en una sola.

Van a leer **el libro. El libro** fue escrito por García Márquez.	→	Van a leer **el libro que** fue escrito por García Márquez.
Los planes son ultrasecretos. Hablan de **los planes.**	→	**Los planes de que** hablan son ultrasecretos.

En inglés hay contextos en que se pueden omitir los pronombres relativos. En español, los pronombres relativos siempre tienen que expresarse. Como regla general, se puede decir que si en cierto contexto es *posible* usar un pronombre relativo en inglés, será *necesario* usarlo en español.

¿Cómo se llamaba la película **que** vieron?	*What was the name of the film (that) they saw?*

Estos son los pronombres relativos en español.

que	*that, which, who*
quien, quienes	*who, whom*
el que, los que, la que, las que	*that, which, who, whom*
el cual, los cuales, la cual, las cuales	*that, which, who, whom*
lo que, lo cual	*which*
cuyo, cuyos, cuya, cuyas	*whose*

El uso de los pronombres relativos depende de muchos factores: de la naturaleza del elemento reemplazado (si se refiere a una persona o una cosa), del contexto del discurso (si es formal o informal, si está claro o si existe la posibilidad de ambigüedad), del contexto lingüístico en que

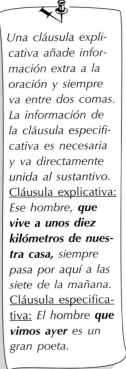

Una cláusula expli-
cativa añade infor-
mación extra a la
oración y siempre
va entre dos comas.
La información de
la cláusula especifi-
cativa es necesaria
y va directamente
unida al sustantivo.
Cláusula explicativa:
Ese hombre, **que
vive a unos diez
kilómetros de nues-
tra casa,** siempre
pasa por aquí a las
siete de la mañana.
Cláusula especifica-
tiva: El hombre **que
vimos ayer** es un
gran poeta.

se coloca la nueva oración (si viene después de una preposición, si forma parte de una cláusula explicativa o de una cláusula especificativa) y, hasta cierto punto, de las preferencias personales de quien escribe. A continuación se presenta una guía general para el uso correcto de los pronombres relativos. Cuando se indica la posibilidad de usar ciertas formas indistintamente, será conveniente tener presente las siguientes reglas.

1. **Que** y **quien** son las formas más simples y, por lo tanto, las formas preferidas en los contextos informales (conversación, cartas personales).

2. Ya que las formas **el que** y **el cual** pueden indicar el género y el número del sustantivo al que se refieren, estos pronombres relativos se prefieren cuando existe la posibilidad de ambigüedad, o sea, cuando es necesario hacer una distinción entre dos posibles antecedentes.

Hablaron con las hijas de los Gómez, **las cuales** viven ahora en Madrid.	*They spoke with the Gómez daughters, who now live in Madrid.*
Hablaron con las hijas de los Gómez, **los cuales** viven ahora en Madrid.	*They spoke to the daughters of the Gómezes, who now live in Madrid.*

3. **El cual** es el pronombre relativo más «elegante» y por eso se prefiere en los contextos más formales (discursos, ensayos).

El uso de los pronombres relativos para referirse a personas

1. En las cláusulas especificativas, el único pronombre que se puede usar es **que**.

Los inmigrantes **que** llegan a este país vienen de todas partes del mundo.	*The immigrants who come to this country come from all over the world.*
Invitaste a todas las personas **que** conoces, ¿verdad?	*You invited everyone that you know, right?*

2. Cuando se trata de las cláusulas explicativas, se usa **que** en la conversación, pero en la lengua escrita se encuentran a menudo **quien** y las formas **el que** y **el cual.**

Los obreros, **que / quienes / los que / los cuales** pidieron un aumento de sueldo hace varios meses, presentaron hoy su nuevo contrato.	*The workers, who requested a pay raise several months ago, today presented their new contract.*

El antecedente es el
sustantivo a que se
refiere el pronombre
relativo. Por ejem-
plo, en la oración
«El hombre que
vimos es un gran
poeta», **el hombre**
es el antecedente
del relativo **que**.

3. En los dos tipos de cláusula, después de las preposiciones se prefiere el uso de **quien,** aunque también es posible el uso de las formas **el que** y **el cual.**

Los indígenas norteamericanos, con **quienes / los que / los cuales** había vivido varios años, son conocidos tejedores.	*The Native Americans, with whom she had lived for several years, are famous weavers.*
La mujer detrás de **quien / la que / la cual** todos esconden su ratería es nada menos que la presidenta de la compañía.	*The woman behind whom they all hide their petty thievery is none other than the president of the company.*

Note que, en español, la preposición siempre tiene que colocarse delante del pronombre relativo, a diferencia del inglés, en donde el *uso informal* permite la separación del pronombre relativo de la preposición.

¿Es ese el hombre **de quien** estás enamorada?	*Is that the man **that** you're in love **with**?*

4. Para expresar la idea de *the one who* o *those who,* se usan las formas apropiadas de **el que.**

Después de varios años, **los que** habían aprendido inglés empezaron a adaptarse a la cultura nacional.	*After several years, the ones who had learned English began to adapt themselves to the national culture.*
La hija de Gómez, **la que** ganó un premio este año, me impresionó mucho.	*Gomez's daughter, the one who won a prize this year, impressed me a great deal.*

5. En todos los contextos, para indicar posesión se usa **cuyo.** Note que **cuyo** concuerda en número y género con lo poseído, no con la persona que posee.

Esa mujer, **cuyos** hijos ganan más de $500.000 al año, vive en la miseria.	*That woman, whose children earn more than $500,000 a year, lives in poverty.*
El escritor de **cuyas** novelas todavía no hemos hablado nació en Nicaragua.	*The writer about whose novels we have not yet spoken was born in Nicaragua.*
	(The writer, whose novels we have not yet spoken about, was born in Nicaragua.)

El uso de los pronombres relativos para referirse a cosas

1. En las cláusulas especificativas, el único pronombre cuyo uso es posible es **que.**

Van a presentar un programa **que** describe las enfermedades cardíacas.	*They are going to show a program that describes heart diseases.*
Las excusas **que** le ofrecieron no tenían fundamento.	*The excuses that they offered her had no basis in fact.*

2. En las cláusulas explicativas, se usa **que** en la conversación, pero en la lengua escrita son frecuentes las formas **el que** y **el cual.**

Estos problemas, **que / los que / los cuales** ni siquiera existían hace cincuenta años, ahora amenazan toda la civilización moderna.	*These problems, which did not even exist fifty years ago, now threaten all of modern civilization.*

3. En las cláusulas especificativas, después de las preposiciones **a, de, en** y **con,** se prefiere usar **que** y **el que** aunque en la lengua escrita también se usa **el cual.** En las cláusulas explicativas, es más frecuente el uso de **el cual** después de estas preposiciones.

La película de **que / la que / la cual** hablas no se filmó en Grecia sino en España.	*The movie you are talking about was not filmed in Greece, but in Spain.*
Esa película, de **la cual** ya todos han oído hablar, no se filmó en Grecia sino en España.	*That movie, about which you have all heard, was not filmed in Greece, but in Spain.*

4. En las dos cláusulas se pueden usar **el que** o **el cual** después de las preposiciones cortas (**sin, para, hacia**). Después de las preposiciones de dos sílabas o más (**durante, después de, a través de**), sólo se usa **el cual.**

El sol es una fuente de energía sin **la que / la cual** no podemos sobrevivir.	*The sun is a source of energy without which we cannot survive.*
Hicieron una presentación durante **la cual** todos los asistentes se quedaron dormidos.	*They made a presentation during which everyone fell asleep.*

5. Para expresar la idea de *the one that* o *those that,* se usan las formas apropiadas de **el que.**

La universidad, **la que** está en Salamanca, va a patrocinar un simposio literario.	*The university, the one in Salamanca, is going to sponsor a literary symposium.*

6. En todos los contextos, para indicar posesión se usa **cuyo.**

Esa es la catedral **cuya** bóveda fue diseñada por Miguel Ángel.	*That is the cathedral whose dome was designed by Michelangelo.*
En un lugar de La Mancha de **cuyo** nombre no quiero acordarme...	*In a place in La Mancha, whose name I don't wish to recall ...*

El uso de los pronombres relativos para referirse a ideas y a otras abstracciones

1. En las cláusulas explicativas y después de las preposiciones cortas, se usan **lo que** o **lo cual.** Después de las preposiciones de dos o más sílabas sólo se usa **lo cual.**

La conquista fue muy rápida, **lo que / lo cual** se explica en parte por las creencias supersticiosas de la población.	*The conquest was very rapid, which is explained in part by the superstitious beliefs of the population.*
Nadan dos millas y media, recorren otras 112 en bicicleta y luego corren un maratón, después de todo **lo cual** tienen derecho a llamarse hombres (y mujeres) de hierro.	*They swim 2.5 miles, cycle another 112, and then run a marathon, after all of which they have a right to call themselves iron men (and iron women).*

2. En las cláusulas especificativas sólo es posible usar **lo que.** En este contexto **lo que** equivale a *what* o *that which* en inglés.

No entiendo nada de **lo que** Ud. dice.	*I don't understand anything that you are saying.*
Lo que más nos molesta es la manera en que tratan a sus empleados.	*What bothers us most is the way in which they treat their employees.*

REVISIÓN DE LOS ASPECTOS GRAMATICALES YA ESTUDIADOS

Después de revisar en su escrito para la tarea de este capítulo los usos de los pronombres relativos presentados en este capítulo, revise también:

1. El uso de **ser** y **estar**

2. El uso del pretérito y el imperfecto

3. El uso de la voz pasiva con **ser,** la voz pasiva refleja y la construcción pasiva impersonal

4. El uso del subjuntivo

REVISIÓN DEL VOCABULARIO Y DE LA EXPRESIÓN

Después de revisar la gramática, lea su escrito de nuevo, con ojo crítico particularmente en el vocabulario.

REVISIÓN DE LA ORTOGRAFÍA

Después de revisar los aspectos gramaticales estudiados y las notas sobre el vocabulario y la expresión, repase su escrito buscando los posibles errores de acentuación y ortografía.

Piénsalo...   Si puedes, pídele a un compañero / una compañera que lea tu texto, buscando los posibles errores gramaticales o de expresión. Le puedes facilitar la lectura si le preparas una lista de control (sobre los aspectos de la forma) como la de la **Tercera etapa** del **Capítulo 2,** indicándole claramente los puntos de mayor interés.

PREPARACIÓN DE LA VERSIÓN FINAL

Escriba una nueva versión de su trabajo ya con las correcciones y los cambios necesarios.

6
CAPÍTULO

La argumentación (Parte 2)

Orientación

LA ARGUMENTACIÓN SOBRE UNA OBRA LITERARIA

Hasta este punto se ha visto cómo las varias modalidades de la redacción (la descripción, la narración, la exposición y la argumentación), al igual que distintos patrones de la organización de los datos (análisis/clasificación, comparación/contraste, causa/efecto), se pueden utilizar para escribir sobre temas de interés general y personal. Cada una de las cuatro modalidades responde a preguntas o propósitos específicos. Por ejemplo, si un escritor busca explorar la pregunta «¿Cómo es esta persona o cosa?», lo más común es que utilice la descripción; para contestar la pregunta «¿Qué sucedió?», escribirá una narración. Si el propósito es reportar, explicar o informar, es probable que utilice la exposición. Y cuando el propósito es persuadir a otro de que acepte como válida cierta postura o punto de vista, el escritor recurre a la argumentación.

Piénsalo...   ¿Te ha pasado algo como lo que le ocurrió a la estudiante del dibujo? En este capítulo, vas a redactar un ensayo argumentativo sobre un cuento o poema. En él **Apéndice A** de este texto se encuentran dos textos que puedes utilizar, o tu profesor(a) te recomendará otro. Debes empezar a leer el texto cuanto antes para tener suficiente tiempo para pensar en él detenidamente antes de preparar el borrador de tu ensayo. ¡No lo dejes para última hora!

EN SU LIBRETA...

tome apuntes sobre el texto que elija para la tarea de este capítulo.

En los ensayos literarios predominan dos tipos de redacción: la informativa y la argumentativa. La redacción informativa es como la exposición, ya que su propósito es informar o explicar. El texto informativo explora la trama de una obra y lo explica a nivel literal: «¿Qué ocurre en el cuento/drama/poema? ¿De qué se trata? ¿Quién hace qué, a quién y dónde?» Los textos informativos se limitan a comunicar datos basados en la obra.

El resumen y la explicación son ejemplos de la redacción informativa. La información que se incluye en estos tipos de texto suele organizarse cronológicamente, es decir, según el orden en que se presentan los hechos en la obra. El texto que sigue es un resumen del cuento «A la deriva» del escritor uruguayo Horacio Quiroga. ¿Cuál parece ser el tema de este resumen? ¿Presenta una postura fundamental o una tesis?

«A LA DERIVA»

«A la deriva», un cuento por Horacio Quiroga, describe las últimas horas en la vida de un hombre que ha intentado sobrevivir en el trópico lejos de la civilización. Enfoca la pequeñez del hombre ante la fuerza de la naturaleza.

«A la deriva» no es un cuento de acción. Los sucesos ocurren en un espacio de tiempo limitado y desde la perspectiva del protagonista. Empieza el cuento cuando este pisa una víbora venenosa. El hombre siente el piquete del reptil y al examinarse el pie encuentra dos gotitas de sangre. Calmadamente se liga el pie con un pañuelo y regresa a su rancho. Ahí nota que el pie se le ha hinchado monstruosamente y siente una sed quemante. Decide entonces buscar ayuda. Sube a su canoa y se dirige al centro del caudaloso río Paraná. Espera llegar a un pueblo vecino dentro de cinco horas.

Ya en el río, la selva lo rodea. La corriente, casi por sí misma, lo arrastra hacia Tacurú Pucú. La pierna es ya un bloque deforme. Sabe que no alcanzará a llegar sin ayuda. Decide detenerse y buscar a su compadre. Con esfuerzo atraca y lo llama, pero este no contesta. Ya débil, el hombre regresa al río. El paisaje a su alrededor es a la vez agresivo y bello. Pasan las horas. Cae el sol. Poco a poco empieza a sentirse mejor. El dolor agudo se calma. Recuerda a su viejo patrón. Y así, dentro de la mente de un hombre moribundo, termina el cuento. El hombre no llega a su destino. Muere en el camino. Quiroga describe lo que rodea al hombre y nos dice que este simplemente deja de respirar.

Si Ud. dijo que este texto no tenía tesis, ¡tiene razón! Tiene un tema —la trama del cuento «A la deriva»— pero no presenta una tesis o postura fundamental relacionada con la obra. No es sino un resumen de los hechos más significativos del cuento.

Este capítulo se enfoca no en el ensayo literario informativo, sino en el argumentativo. Como se ha visto en el **Capítulo 5,** la argumentación o persuasión pretende convencer al lector de la validez de una postura fundamental (= la tesis). Para lograr esto, reconoce la existencia de otras opiniones acerca del tema, para luego presentar información que las invalida y apoya la postura del escritor. De la misma manera, un texto argumentativo acerca de un tema literario va más allá de los hechos ocurridos en el texto para ofrecer la lectura o respuesta individual del escritor,

Rincón del escritor
Consulte el **Rincón del escritor** para obtener más información acerca de la evidencia.
www.mhhe.com/composicion5

más <u>la evidencia</u> textual que apoya esta perspectiva. En el ensayo argumentativo se exploran preguntas como: «¿Qué significa este cuento/drama/poema? ¿Por qué es importante esta obra? ¿Qué hay de interés o de original en la construcción de este texto?» La tesis de un ensayo literario argumentativo no representa la opinión personal del escritor sobre el texto (como decir «Me gustó»), sino su juicio acerca del significado e impacto de un aspecto del texto o del texto entero. El ensayo argumentativo propone una tesis y ofrece evidencia extraída del texto para defenderla.

Piénsalo...   Como ya se ha observado en el **Capítulo 5,** el tono del ensayo argumentativo, a pesar de su nombre, que a veces puede interpretarse como indicio de algo beligerante, no es agresivo ni antagónico. De hecho, es probable que el ensayo que reúna tales características será poco efectivo en persuadir al lector. Otro nombre que se aplica al ensayo argumentativo es *ensayo persuasivo*.

«A LA DERIVA»: EL HOMBRE FRENTE A LA NATURALEZA

El cuento «A la deriva» de Horacio Quiroga trata el tema del hombre frente a la naturaleza. Al principio de este cuento, Paulino, el protagonista, pisa una serpiente venenosa que lo muerde en el pie. A causa de este incidente, Paulino inicia una serie de acciones que terminan con un viaje por el río Paraná hacia un pueblo vecino, donde espera que le salven la vida. Sin embargo, todos los esfuerzos del protagonista resultan inútiles y Paulino muere en su canoa flotando río abajo. La frase «a la deriva» se aplica a una embarcación que va sin dirección, a merced de las corrientes y las olas, tal como la canoa de Paulino al final del cuento. El título señala la impotencia del ser humano frente al poder inconsciente de la naturaleza. Para comprobar la validez de esta tesis, veamos cómo el texto presenta los remedios que Paulino probó para contrarrestar los efectos mortales de este encuentro con la naturaleza.

Inmediatamente después de la mordedura, Paulino toma dos medidas perfectamente comprensibles.

> El hombre echó una veloz ojeada a su pie, donde dos gotitas de sangre engrosaban dificultosamente, y sacó el machete de la cintura. La víbora vio la amenaza y hundió más la cabeza en el centro mismo de su espiral; pero el machete cayó de lomo, dislocándole las vértebras. (*Cuentos,*92)

> El hombre se bajó hasta la mordedura, quitó las gotitas de sangre, y durante un instante contempló... Apresuradamente ligó el tobillo con su pañuelo, y siguió por la picada hacia su rancho. (92)

Matar la víbora es la reacción normal de un hombre en estas circunstancias; sin embargo, también es una acción inútil. La serpiente ya lo ha mordido y matarla ahora no puede cambiar nada. También es normal y lógico vendar una herida y tratar de impedir que el veneno invada todo el cuerpo. No obstante, este esfuerzo es igualmente vano ya que poco después, sobre «la honda ligadura del pañuelo, la carne desbordaba como una monstruosa morcilla». (94) Paulino ha hecho lo que cualquiera hubiera hecho en tales circunstancias, pero sus esfuerzos no le sirven de nada.

Al llegar a casa Paulino intenta llamar a su mujer, pero apenas puede porque, a causa del veneno, tiene la «garganta reseca» y una sed que «lo devora[ba]». (93) Por fin consigue pedirle caña y traga «uno tras otro dos vasos» sin resultado, porque no siente «nada en la garganta». (93) Bajo los efectos iniciales del veneno, el hombre es incapaz de saborear la caña y de apagar la sed que lo tortura.

Es entonces que Paulino decide que el mejor remedio es echar su canoa al río y emprender el largo viaje al pueblo vecino. Poco después de llegar al medio del río, las manos le fallan y él se da cuenta de que necesita ayuda para llegar al pueblo. Consigue atracar la canoa cerca de la casa de su compadre Alves y empieza a llamarlo. Cuando Alves no responde, el lector se queda con la duda de por qué será. Sin embargo, podemos recordar que Paulino dijo que «hacía mucho tiempo que estaban disgustados» (95) y podemos concluir que esta capacidad esencialmente humana de enemistarse con los demás explica el fracaso de su esfuerzo.

Ya casi vencido, Paulino vuelve al río. El paisaje que rodea la canoa y a su pasajero deja la impresión de una belleza poderosa y eterna, como vemos en el siguiente pasaje.

> El Paraná corre allí en el fondo de una inmensa hoya, cuyas paredes, altas de cien metros, encajonan fúnebremente el río. Desde las orillas bordeadas de negros bloques de basalto asciende el bosque, negro también. Adelante, a los costados, detrás, siempre la eterna muralla lúgubre, en cuyo fondo el río arremolinado se precipita en incesantes borbollones de agua fangosa. (95)

Pero el texto nos recuerda en seguida la amenaza escondida detrás de esta belleza: «El paisaje es agresivo, y reina en él un silencio de muerte». (95) La tarde y las fuerzas del hombre se acaban simultáneamente. El hombre moribundo se pone cada vez más débil: su «sombría energía» gradualmente se transforma en «manos dormidas» y el hombre, ya «exhausto», se reduce a un bulto sin fuerzas «tendido de pecho» en la canoa. (94–95) En contraste, la naturaleza empieza a lucir colores dorados, triunfantes: «El cielo, al Poniente, se abría ahora en pantalla de oro y el río se había coloreado también». (96)

En el contexto de esta «majestad única» y poder sempiterno, las alucinaciones que ahora tiene Paulino sirven para destacar, otra vez, la impotencia de la condición humana. El hombre ha empezado a sentirse mejor y con este bienestar viene «una somnolencia llena de recuerdos». (96) Piensa en su ex patrón Dougald y en el tiempo exacto que hace que no lo ve.

> ¿Tres años? Tal vez no, no tanto. ¿Dos años y nueve meses? ¿Ocho meses y medio? Eso sí, seguramente. (C, 97)

www *Rincón del escritor*

Para referirse a un trabajo crítico publicado acerca de alguna obra, o para dar antecedentes históricos o sociales relevantes, tendrá que citar sus fuentes de información siguiendo un estilo apropiado de documentación bibliográfica. Hay algunas sugerencias en el *Apéndice D* del **Rincón del escritor.**
www.mhhe.com/composicion5

Al igual que la propensión a enemistarnos con otros a veces por años, es típico de los seres humanos el tratar de pensar y actuar lógica y precisamente y de imponer orden en las cosas, en este caso el intento obsesivo de asignarle una fecha exacta a un suceso. Otra vez, el texto nos muestra que en el eterno conflicto entre el hombre y la naturaleza, estas tendencias humanas no nos sirven de nada. El recuerdo de otro antiguo conocido surge en la memoria de Paulino y, mientras intenta precisar el día en que lo conoció («¿Viernes? Sí, o jueves… »),

El hombre estiró lentamente los dedos de la mano.
—Un jueves…
Y cesó de respirar. (97)

«A la deriva» es un cuento breve, de aproximadamente tres páginas, por lo que no llegamos a conocer bien a Paulino. A pesar de esta brevedad, observamos en él la capacidad humana de guardar sentimientos como la venganza y el resentimiento, de pensar con lógica, la obsesión con la precisión y, también, el instinto de autoconservación. Estos rasgos definen gran parte del carácter del ser humano, pero son inconsecuentes contra el inmenso poder de la naturaleza, representado aquí por una víbora y el río Paraná.

—*Margy*

¿Cuál es la tesis del ensayo anterior? ¿Qué evidencia reúne el escritor para apoyar su postura? ¿Qué otras diferencias observa Ud. entre este texto y el resumen anterior del mismo cuento?

De entre las varias estrategias o técnicas de organización que se han examinado en este libro, el análisis y la comparación / el contraste figuran como las más comunes en los ensayos literarios argumentativos. El análisis enfoca un elemento específico del texto, por ejemplo: la caracterización, el escenario, el narrador o algunos aspectos del lenguaje que utiliza el autor. La estrategia de comparación/contraste podría examinar varios textos de un mismo autor o bien varios textos de diferentes autores. Note que en ambos casos el escritor tiene que ir más allá de lo puramente descriptivo para explicar la relación que tiene un aspecto del texto con el texto entero. ¿Cómo contribuye este análisis a nuestra comprensión y aprecio de la obra en su totalidad?

El propósito fundamental del ensayo informativo o expositorio es comunicar información, reportar, resumir (la trama de un cuento, por ejemplo, o lo que han dicho otros acerca del texto) o explicar (detalles acerca del autor o del período durante el cual se escribió el texto o del género en sí). Por otro lado, el escritor del ensayo argumentativo o persuasivo propone establecer una postura fundamental y convencer al lector de la validez de esta. Se resumen estos puntos en la siguiente tabla.

	PREGUNTA DE ENFOQUE	PROPÓSITO	ORGANIZACIÓN	CARACTERÍSTICAS TÍPICAS
La exposición	• ¿De qué trata el texto?	Informar	Cronología	• Resumen de la trama • Comprensión detallada del texto • En el caso de un poema, descripción y explicación de su sentido, verso por verso (o palabra por palabra si es necesario)
La argumentación	• ¿Cuál es la importancia / el impacto / la contribución / la relación de un elemento *X* (ambiente, voz narrativa, uso del idioma, etcétera) dentro del contexto de la obra en su totalidad? • ¿Por qué selecciona el autor un modo particular para desarrollar la trama (los personajes, el ambiente, etcétera)?	Persuadir	Análisis	• Ahondamiento en algún aspecto de la obra
La argumentación	• ¿En qué se parecen o en qué se diferencian dos de los personajes de la obra? • ¿Qué nos permite entender acerca de otros personajes y obras el conocimiento de los que estamos estudiando? • ¿Qué nos revela acerca de la existencia de temas y problemas subyacentes, el conocimiento de similitudes y diferencias?	Persuadir	Comparación	• Compara personajes dentro de una obra • Compara dos o más obras del mismo autor • Compara dos o más obras de distintos autores

Las partes principales del ensayo argumentativo

La introducción

Las necesidades del lector. El ensayo literario, al igual que el ensayo sobre cualquier tema, tiene que tomar en cuenta las necesidades del lector. ¿Qué sabe este acerca del texto, del escritor o de las cuestiones que se comentarán en el ensayo? Es probable que la mayoría de los ensayos que Ud. escriba examine obras que Ud. habrá leído como requisito de una clase; por lo tanto, en este caso su lector será su profesor(a) o sus compañeros de clase. Aunque lo normal es que ellos también conozcan la obra, por lo general es bueno recordarles los elementos más significativos del texto. Hay dos técnicas para hacer esto. Una de ellas es comenzar su ensayo con un breve resumen de la obra (de un párrafo solamente). De esta manera Ud. le recuerda al lector los sucesos importantes de la obra; al mismo tiempo, el limitarse a un solo párrafo ayuda a controlar la tendencia de ponerse a contar los detalles detenidamente. Un párrafo de resumen de este tipo podría empezar de la siguiente manera: «El cuento/drama/poema _____ se trata de... » Después se podría identificar al protagonista de la obra y repasar brevemente los sucesos significativos. Después del resumen viene la presentación de la tesis. El ensayo de las páginas 218–220 sobre «A la deriva» ejemplifica esta técnica. La otra técnica para traer a la memoria del lector la trama de la obra es comenzar el ensayo con la tesis y luego ir entretejiendo los sucesos importantes en la presentación de la evidencia.

La tesis. La tesis presenta la postura fundamental que el ensayo va a desarrollar y defender. La tesis es una afirmación contestable acerca del texto; o sea, que se puede probar o refutar. Típicamente, la tesis incluye dos componentes: la identificación del tema y una afirmación al respecto. Examine los siguientes ejemplos.

> *Si Ud. incluye un resumen breve en la introducción, los puntos de relevancia dependerán de su tesis. El resumen debe enfocarse sobre información que se relaciona directamente con la tesis.*

LA TESIS: EJEMPLOS			
	Débil		*Fuerte*
1a	«A la deriva» trata de la naturaleza.	**1b**	«*A la deriva*» *presenta la naturaleza* **y su victoria sobre la civilización.**
2a	«A la deriva» presenta un punto de vista crítico de la mujer.	**2b**	«*A la deriva*» *pinta al individuo* **como una figura sola, aislada, inmersa en el conflicto entre la naturaleza y la civilización.**
3a	«No oyes ladrar los perros» describe el sufrimiento de un hombre ante la pérdida de su hijo.	**3b**	En «*No oyes ladrar los perros*», *los colores cambiantes de la luna* **reflejan la actitud del padre hacia su hijo agonizante.**

Todas las tesis fuertes de la tabla anterior incluyen los dos elementos ya mencionados —la presentación de un tema (el tema está en *letra   cursiva*) más una afirmación contestable al respecto (en **negritas**).

Las oraciones 1a y 3a son débiles puesto que sólo identifican el tema; no afirman nada, ni presentan postura alguna relacionada con el tema. Cada una de estas oraciones comunica información que en gran medida es totalmente patente; o sea, que la única evidencia que se requiere se puede sacar del resumen de la trama. El defecto de la oración 2a se debe a otra cosa. Esta oración presenta un tema («"A la deriva" presenta... la mujer») más una afirmación («un punto de vista crítico [de la mujer]»). En este caso la tesis es débil porque es muy fácil de refutar: el tema hace referencia a un suceso aislado en el texto (cuando el protagonista llega a su casa, su mujer no puede ayudarlo) que por sí solo no puede considerarse importante. Por eso, resultaría difícil o imposible reunir suficiente evidencia del texto para apoyar esta tesis.

Piénsalo...   ¿Cómo sabes si un suceso es importante o no? No puedes saberlo si lo ves aislado; tienes que verlo dentro del contexto de toda la obra. ¿Hay otros sucesos o aspectos del texto que se relacionen? ¿Cambia el curso del cuento este suceso por sí mismo? ¿Conducen a este suceso otros elementos del texto? En este caso particular, por ejemplo, el hecho de que a Paulino no lo pueda ayudar su mujer es uno entre muchos de los elementos del texto que apuntan a la falibilidad humana, y este es el tipo de evidencia que se puede usar para sostener una tesis. Por otra parte, sólo este elemento apunta específicamente a la crítica de la mujer; no es suficiente para basar una tesis.

Los párrafos de apoyo: La evidencia

Una vez presentada la tesis, cada uno de los párrafos que siguen debe dedicarse a la presentación de la evidencia textual. Una de las características principales del ensayo argumentativo, ya vista en el **Capítulo 5,** es que logra establecer la legitimidad de su tesis al incluir información que la apoya, así como también opiniones contrarias. La argumentación sobre obras literarias también puede incluir opiniones contrarias. Por ejemplo, un ensayo sobre «A la deriva» podría empezar con un resumen de lo que han dicho otros críticos acerca de los textos de Quiroga y el carácter del hombre en la canoa, para luego presentar (y apoyar con evidencia textual) otra interpretación del texto. No obstante, para desarrollar la argumentación cuando se trata de literatura, no es fundamental incluir opiniones contrarias; lo que sí es crítico es comunicar una afirmación específica sobre el tema (= la tesis) y luego reunir cuidadosamente suficiente evidencia textual para apoyarla.

Como se puede ver en el ensayo sobre «A la deriva» (páginas 218–220), la evidencia no siempre tiene la forma de <u>citas</u> directas del texto:

WWW *Rincón del escritor*
Consulte el **Rincón del escritor** para obtener más información sobre el formato de <u>las citas</u>.
www.mhhe.com/composicion5

Como se vio en el **Capítulo 3,** cada párrafo típicamente presenta una idea central que se puede encontrar en la oración temática del párrafo. Esta oración identifica el tema que se va a tratar en el párrafo y permite a la vez que el lector determine el contenido del conjunto.

el escritor advierte las acciones de los diversos personajes, señalando las relaciones entre estos y las repercusiones de sus decisiones. Sin embargo, es muy importante que la evidencia incluya algunas citas para así utilizar el lenguaje del texto mismo (y no el lenguaje de quien lo lee y comenta) para apoyar la tesis. Note que toda la evidencia, sea cita directa o no, se vincula directamente con las ideas afirmadas en la tesis. Toda la evidencia tiene que contribuir directamente a la defensa de la tesis.

Los párrafos de evidencia no deben parecer una simple lista de puntos, citas o comentarios sin ninguna relación entre sí. Es importante que la defensa que apoya la tesis se desarrolle sucesivamente: el argumento de cada párrafo se construye con base en el párrafo anterior y lleva lógicamente al párrafo que sigue. De hecho, al igual que un bastidor o andamio, la tesis es lo que le da solidez y coherencia al ensayo. Una vez presentada en la introducción, la tesis aparece en cada párrafo del ensayo, vinculándose con cada parte de la evidencia textual para repetirse una vez más en la conclusión del ensayo.

La conclusión

La conclusión de un ensayo literario se caracteriza por las dos funciones que realiza cualquier conclusión: recapitula la tesis y comunica algunas perspectivas o comentarios generales del escritor relacionados con la obra que se acaba de analizar. En la conclusión no se debe incluir nuevas ideas importantes —estas deben introducirse en el cuerpo del ensayo— ni tampoco se espera que se proclame que el escrito ha contribuido genialmente a la comprensión de la obra. Pero sí es posible apuntar por qué se pensó que el tema era importante o qué fue lo que intrigó al autor de la obra, o las investigaciones sobre la obra que todavía quedan por hacerse.

Las tres partes principales del ensayo argumentativo demuestran típicamente la estructura que se resume en la siguiente tabla.

ESTRUCTURA TÍPICA DEL ENSAYO ARGUMENTATIVO	
Introducción	• *breve* resumen • la tesis	• ____ es un (cuento/drama/poema) que trata de… • detalles de tipo quién / qué / cuándo / por qué / dónde / cómo, todos relacionados claramente con la tesis • tema + afirmación contestable

(continúa)

ESTRUCTURA TÍPICA DEL ENSAYO ARGUMENTATIVO	
Evidencia <ul><li>idea de apoyo #1</li><li>idea de apoyo #2</li><li>idea de apoyo #3</li><li>…y así sucesivamente hasta completar la defensa</li></ul>	<ul><li>ejemplos específicos del texto; citas</li><li>la defensa se desarrolla lógicamente de un párrafo a otro</li><li>todas las citas y los ejemplos han de vincularse directamente con la tesis</li><li>generalmente se dedica un párrafo a cada idea principal</li></ul>
Conclusión <ul><li>resumen de las ideas centrales</li><li>últimas perspectivas</li></ul>	<ul><li>recapitulación de la tesis</li><li>ideas adicionales sobre el tema</li></ul>

El proceso de escribir un ensayo argumentativo: Del texto a la tesis y de vuelta

Como ya se ha mencionado, la clave de redactar un buen ensayo argumentativo es formular una tesis sólida. Una vez que se ha identificado una postura que se pueda sostener con evidencia sacada del texto, el trabajo ya se puede dar por hecho; lo que queda es básicamente trabajo de organización y estilo. ¿Qué se hace entonces para identificar una postura fundamental? ¿Cómo se formula una tesis fuerte? Los siguientes procesos pueden ser útiles: 1) obtener nada más los hechos, 2) ir más allá de los hechos, 3) enfocar y buscar los patrones, 4) formular su tesis. Los examinaremos uno por uno. Bajo la explicación de cada proceso, verá lo que escribió Margy, la autora del ensayo sobre «A la deriva» (páginas 218–220), para formular su tesis.

1. Obtener nada más los hechos

    -   Lea el texto con mucho cuidado, aplicándole <u>las preguntas periodísticas</u> clásicas: ¿quién? ¿qué? ¿dónde? ¿cuándo? ¿por qué? ¿cómo?

    -   Haga estas preguntas varias veces mientras lee la obra y tome apuntes detenidamente. Busque en un diccionario el significado de las palabras que no conozca. A estas alturas, es necesario que comprenda clara y completamente lo que ocurre en el texto, quién(es) figuran como protagonistas, dónde y cuándo ocurre la acción principal, etcétera. Lea para llegar a una comprensión literal del texto.

Rincón del escritor

Consulte el **Rincón del escritor** para obtener más información acerca de <u>las preguntas periodísticas</u>.

www.mhhe.com/composicion5

Primero, Margy aplicó <u>las preguntas periodísticas</u> al texto «A la deriva».

1. Obtener nada más los hechos

¿Quién? :   Un hombre (¿pobre? campesino); se llama Paulino; vive en un rancho cerca del río Paraná; tiene una mujer (Dorotea); parece tener pocos amigos o por lo menos vive lejos de ellos.

¿Qué? :   El hombre pisa una serpiente venenosa; la serpiente lo pica; el hombre sube a su canoa para ir en busca de ayuda, pero el veneno lo mata antes de que pueda encontrar algo (o a alguien) que lo salve.

¿Dónde? :   Parte de la acción transcurre en la selva del Uruguay (¿o del Paraguay? No se dice explícitamente a menos que uno sepa dónde se encuentra el Paraná) y parte transcurre en el río Paraná; lejos de un pueblo o ciudad.

¿Cuándo? :   La serpiente lo muerde en la tarde, unas horas antes de la puesta del sol; el hombre muere a la puesta del sol.

¿Cómo? :   Los efectos del veneno son terribles en el hombre: el pie transforma en «un bloque deforme» y «monstruoso... con lustre gangrenoso»; siente muchísima sed («una sed quemante»); pero muere pensando en que los efectos del veneno van pasando y que pronto se pondrá bien. No parece darse cuenta de que la sensación de bienestar que experimenta significa que está muriéndose.

¿Por qué? :   ¡Buena pregunta!

Piénsalo...   Toda obra literaria representa un reto para sus lectores. Si tienes dificultades para entender un texto, ¡vas por buen camino! Válete de esa dificultad para ayudarte a hallar la tesis de tu escrito. Lo que no entiendas, lo que parezca no tener sentido, es tu punto de partida. Buscar la manera de desenredar lo que no está claro y resolver el problema que tienes con el texto es el proceso que te permite conferirle sentido. Y cuando hayas logrado esto, habrás identificado tu tesis.

2. Ir más allá de los hechos

- Repase sus apuntes, tomando en cuenta el impacto que el texto ha tenido en Ud. como lector.

- Con frecuencia, el mejor punto de partida es recordar o identificar un problema que Ud. tuvo al tratar de conferirle sentido al texto. Considere las siguientes preguntas y comentarios.

  a. ¿Qué es diferente/interesante/curioso/intrigante acerca de _____? ¿Por qué piensa Ud. eso?

  b. Identifique un problema en el texto: algo que Ud. no pueda explicar. (Es extraño que el personaje haga esto. ¿Por qué se va el relato en aquella dirección en vez de seguir esta? En todas las otras obras del autor —o en las otras obras de la época— sucede esto o lo otro, pero no en este texto. ¿Por qué no, y qué puede significar?)

  c. Es sorprendente/raro/único que este autor se decida a _____ porque....

  d. ¿Qué es peculiar/raro/diferente acerca de la manera en que el texto presenta la materia (trama, tema, personajes)?

  e. ¿Cómo lo afecta a Ud. el autor o el texto? ¿Qué hace que lo lleva a aceptar algo que de otra manera no aceptaría?

  f. ¿Qué tiene de parecido este texto con otro que haya leído Ud. anteriormente? ¿En qué es diferente?

---

2. Ir más allá de los hechos: Identificar un problema con el texto

¿Por qué muere el hombre? No es nada raro que muera —¡en todas las obras que hemos leído este semestre siempre muere alguien!— pero en este caso, ¿ por qué?

¿Muere porque es un hombre malo? ¿porque es un hombre bueno y no hay justicia divina? ¿porque es un ser incapacitado para vivir en la selva? ¿porque está solo? ¿Es importante o necesario que muera? ¿¿Por qué??

Margy identificó lo que le resultó más problemático del texto «A la deriva».

Las siguientes preguntas de muestra son sólo sugerencias. Ud. puede desarrollar preguntas semejantes para otros aspectos de este u otro texto (el ambiente, el lenguaje).

3. Enfocar y buscar los patrones

- Identificado un problema en el texto, Ud. puede recurrir a la técnica de <u>la redacción libre</u> como manera de examinar o explorar el problema desde varias perspectivas.

- <u>Las preguntas periodísticas</u> también pueden servirle como punto de partida para examinar el problema en más detalle. Por ejemplo, imagínese que hay algo en el carácter del protagonista que le parece raro o inquietante. Al considerar las siguientes preguntas, busque patrones en las respuestas: semejanzas o repeticiones que sugieran alguna relación con una idea singular subyacente.

PREGUNTAS DE MUESTRA SOBRE EL CARÁCTER
(Adaptado de Joyce MacAllister, *Writing about Literature: Aims and Processes.* New York: Macmillan, 1987.)
¿Quién? <ul><li>¿Quiénes son los personajes más interesantes? ¿Por qué?</li><li>¿Quién parece ayudar o inquietar a estos personajes? ¿Por qué? ¿Cómo los ayuda/inquieta?</li><li>¿Representa algo el/la protagonista (por ejemplo, un grupo determinado de personas, una característica o valor en particular, un comportamiento especial)?</li></ul>
¿Qué? <ul><li>¿Cuál es el problema principal de este personaje?</li><li>¿Qué dice este personaje sobre sí mismo/a? ¿Qué dicen otros sobre él/ella? ¿Es necesario reevaluar la autoopinión del personaje según la opinión de los demás?</li><li>¿Qué nos revela el comportamiento o apariencia del personaje acerca de su persona?</li><li>¿Qué relaciones existen entre este personaje y otros personajes en el texto?</li></ul>
¿Dónde? <ul><li>¿Dónde se siente cómodo (poderoso/feliz/infeliz/solo) este personaje? ¿Por qué?</li><li>¿Dónde suele encontrar problemas o dificultades? ¿Por qué? ¿Qué nos indica esto acerca del personaje?</li></ul>
¿Cuándo? <ul><li>¿Cuándo empieza a intensificarse el conflicto que sufre el personaje?</li><li>¿Cuándo se da cuenta este personaje (u otros) de la existencia o gravedad del problema que tiene?</li><li>¿Cuándo queda fijo o preciso el destino del personaje?</li></ul>
¿Por qué? <ul><li>¿Por qué se siente feliz (infeliz/inquieto/etcétera) este personaje?</li><li>¿Por qué se comporta este personaje tal y como lo hace (o de manera habitual o en momentos significativos de la obra)?</li></ul>
¿Cómo? <ul><li>¿Cómo podría haber modificado este personaje sus circunstancias?</li><li>¿Cómo podría haberse conseguido que los antagonistas del personaje quedaran frustrados?</li><li>¿Cómo forman al personaje las circunstancias que lo rodean?</li></ul>

¡! **Piénsalo...**   Cuando escribes un ensayo (ya sea explicativo o argumentativo) sobre cualquier tema dado, es muy probable que tengas que hacer varias lecturas preliminares e investigaciones, con el objeto de hallar información adicional y detalles para incluir en tu ensayo. Cuando escribes un ensayo literario argumentativo, ya mencionamos que no es absolutamente necesario investigar lo que los críticos literarios han dicho acerca de la obra. La investigación que *sí* es crucial es que leas el texto detenidamente más de una vez. Son muy pocas las reglas inquebrantables acerca de la lectura y el comentario escrito sobre la literatura, pero estas son dos de ellas: leer el texto detenidamente y leer el texto más de una vez.

---

3. Enfocar y buscar los patrones

¿la muerte = la resignación, pasividad humana? ¡no!

[¿Por qué muere el hombre?]

- El hombre no quiere morir.

- Hace muchas cosas para remediar la situación: se liga el tobillo, busca a su mujer, busca a su compadre, decide viajar al pueblo, corta el pantalón.

- No importa lo que hace, no es suficiente; a veces sus esfuerzos incluso parecen empeorar las cosas (se liga el tobillo → morcilla monstruosa) o no tienen efecto ninguno (no puede satisfacer su sed, no puede obtener ayuda de su compadre, trata de recordar cuándo conoció a su ex patrón).

- Las cosas no están bajo su control (la futilidad): mata la culebra, pero el veneno es incontrolable; aborda su canoa y comienza a remar, pero la corriente lo lleva a la deriva.

¿la muerte = un (in)justo castigo divino?

Es decir, ¿fue un hombre malo? ¿Se lo merecía?

- Ninguna referencia a Dios.

- Sólo una referencia a la religión (¿Viernes Santo? ¿Jueves?).

¿la muerte = la venganza de familiares/amistades?

- Hay muy poca información sobre sus relaciones con otros —tiene mujer, tiene amigos y compadres, pero no se dan muchos detalles.

- Se ha enemistado con un compadre. Lo busca a pesar de eso. El compadre no está (= no puede o no quiere ayudarlo).

- Su mujer trata de ayudarlo.

- Se sabe poco del hombre: no parece ni malo ni bueno.

- Está solo, sale solo, muere solo.

Estos son los apuntes de Margy mientras busca una solución al problema: ¿Por qué muere el hombre? Ud. puede ver dónde a Margy se le ocurren varias posibilidades que rechaza, basándose en la pregunta: ¿sostiene la evidencia del texto cada idea?

También puede ver que su examen conduce a una idea completamente nueva: el conflicto entre el hombre y la naturaleza. Al final, Margy concluye que este concepto tiene un mayor mérito.

Mientras Margy piensa en lo que pueden significar las diversas ideas, apunta sus reflexiones en otro papel y llega, por fin, a lo que le va a llevar a una tesis: la naturaleza es más poderosa que el hombre.

El hombre muere, ¿por qué? ¿Qué significa su muerte? ¿Es posible ⇨ improbable que la muerte = ¿a venganza de un amigo o familiar? En realidad se sabe muy poco del hombre ni de sus amigos y familiares. Se ha enemistado con uno de sus compadres; busca su ayuda, pero el compadre no está en casa cuando Paulino pasa (es decir, no parece que el compadre esté allí y que se niegue a ayudarlo); le habla con irritación a su mujer pero ella le trae lo que le ha pedido y trata de ayudarlo.

Por otro lado, ¿por qué su mujer no lo acompaña a buscar ayuda? ⇨ posibilidad Hace el viaje solo. Hmmm...

=¿un (in)justo castigo divino? Solo hay una cosa en el cuento que ⇨ improbable tiene relación con la religión (su lucha por recordar si conoció a su ex patrón Dougald en un Jueves o Viernes Santo). Y el hombre no parece ser ni bueno ni malo; tendrá que morir porque todos los hombres tienen que morir, pero no hay nada en el cuento que indique que su muerte tenga implicaciones cósmicas...

¿Por qué muere, pues? Bien, la víbora es la culpable directa de su muerte. ¿Un mensaje antivíboras? ⇨ C'mon!

En realidad, no es tanto antivíbora... La serpiente pica en ⇨ posibilidad defensa propia —la pisada del hombre se describe como «un ataque»— así que la serpiente es inocente... y la culpa es del hombre, aunque haya sido un accidente. ¿Muere, pues, porque la vida no tiene significado y la muerte es sólo un accidente?

Por otro lado, aunque el pobre se está muriendo a través de todo el ⇨ posibilidad relato, no creo que el relato sea realmente acerca de la muerte. De lo que más llegamos a saber es... de los cambios de la forma y del color

de su pierna, de sus esfuerzos por salvarse y del paisaje a

su alrededor —tremenda cantidad de descripciones del río y de la selva.

Y él no parece del todo incompetente: hace muchas cosas específicas

para salvarse de los efectos de la mordedura de la serpiente (se liga el tobillo,

vuelve a casa, busca la ayuda de un compadre, decide viajar al pueblo,

corta el pantalón, etcétera). Es sólo que después de la mordedura, no

importa lo que haga, las cosas simplemente están fuera de su control, los

sucesos van más allá de sus fuerzas. Parece muy solo. ¿Hay algo sobre lo

que tenga control? ¿El veneno; la corriente del río (su canoa va «a la

deriva») —la naturaleza? ¡Ajá! El relato trata del hombre frente a la

naturaleza. Y la naturaleza termina ganando.   ⇨ OK!

4. Formular su tesis

- Ud. ha identificado un posible problema en el texto y lo ha examinado desde varias perspectivas. También ha encontrado una respuesta o conjunto de respuestas que parece resolver el problema. Esta respuesta será su tesis. Pero, por el momento, su solución no puede ser sino una hipótesis y su tesis todavía es una postura preliminar.

- Ahora hay que volver a leer el texto para descubrir si la hipótesis resulta válida: busque evidencia textual para apoyar su hipótesis. Busque también información en el texto que refute la hipótesis o que no concuerde con su análisis.

- En este punto algunos escritores recurren a la técnica del mapa semántico para organizar y evaluar la evidencia textual: el mapa guía la composición del ensayo. ¿Apoya la preponderancia de la evidencia su hipótesis, o la refuta? Si la apoya, tiene una tesis fuerte: una afirmación contestable que Ud. puede sustanciar con evidencia textual. Si no, ¿es posible reformular la hipótesis de manera que se llegue a reconciliar con la evidencia contraria?

Otros escritores descubren la validez de su tesis mediante el proceso mismo de escribir el borrador como le ocurrió a Margy para su ensayo sobre «A la deriva». Ambas técnicas destacan la importancia de cuestionar continuamente la validez de la tesis, evaluándola según se identifiquen lagunas o puntos débiles en el argumento donde el texto parece discrepar de su análisis. En este caso, hay que modificar la tesis o examinar el texto de nuevo. A veces resulta necesario hacer ambas cosas.

¡!   Piénsalo...   Cuando descubres tu tesis por primera vez —especialmente si te tomó esfuerzo lograrlo— puede que sientas la tentación de creer que el trabajo está terminado. Pero muchos escritores se encuentran con que la tesis cambia y evoluciona todavía más mientras van trabajando en su ensayo. Tienes que estar seguro, al final, de que la tesis y la evidencia todavía encajan la una con la otra, y tienes que estar dispuesto a cambiar la una o la otra si ya no están de acuerdo.

El trabajo que has hecho en las actividades con grupos de consulta ha sido diseñado para ayudarte a desarrollar tus habilidades como lector cauteloso y crítico. Estas son las mismas habilidades que necesitas para escribir ensayos argumentativos exigentes: tienes que ser un lector crítico y aun escéptico cuando se trata de lo que tú mismo escribes para poder localizar y corregir posibles debilidades en tu argumento.

4: Formular la tesis

El hombre muere porque la naturaleza es más poderosa que él. Todas

sus acciones para contrarrestar los efectos terribles del veneno son inútiles.

No es que la naturaleza mate al hombre (la víbora pica en defensa propia contra la

pisada del hombre, pisada que se describe como «un ataque»), pero el poder de la

naturaleza es más grande que la fuerza del hombre.

<u>Referencias a la naturaleza</u>

- no es que sea mala (evil) —pero tampoco es idílica, pastoral: es fuerte, poderosa, lúgubre, fúnebre, agresiva
- enormous size: inmensa hoya, paredes altas de 100 metros
- speed and power: corriente veloz [used many times], se precipita
- timeless: eterna muralla, incesantes

<u>Referencias al hombre</u>

- acciones resueltas, pero inútiles
- sufrimiento: referencias a fenómenos naturales —relámpagos (el dolor), la sed quemante, puntitos fulgurantes
- efectos del veneno: la pierna se transforma en algo deforme, monstruoso
- acciones inútiles —tratar de recordar la fecha exacta en que conoció a su ex patrón

<u>También:</u> mientras más débil se pone el hombre, más luminosos se hacen los colores y la descripción del río, de la hoya...

- El cielo, al Poniente, se abría ahora en pantalla de oro, y el río se había coloreado ...silvestre.   ⇨
- sombría energía gradually gives way to manos dormidas, exhausto, tendido de pecho (man is getting progressively weaker)

⇩

<u>Tesis:</u> En «A la deriva» se presenta al hombre como un ser impotente frente al terrible poder de la naturaleza.

Por fin Margy repasa el texto una vez más, buscando evidencia para sostener su idea de que la mejor explicación de la muerte del hombre es que la naturaleza es poderosa y el hombre es débil. Ella observa los sucesos del relato y el lenguaje que se usa para describir la lucha, la muerte y el medio ambiente. Concluye que ya tiene bastante para un primer borrador. Ud. verá que ella no utiliza toda la información de este borrador y también incluye ideas que no se le habían ocurrido al principio.

Después de llegar a una formulación de su tesis, Margy utilizó sus notas y apuntes como base para una versión preliminar de su ensayo. Luego le pidió a un compañero de clase que leyera el texto de ella. A continuación se reproduce la versión preliminar del ensayo de Margy sobre «A la deriva», más los comentarios que le hizo al respecto su compañero de clase. Lea el texto y los comentarios con cuidado.

A la deriva

El cuento «A la deriva» de Horacio Quiroga trata de los temas del hombre <u>ante la muerte</u> y del hombre ante la naturaleza. Al principio de este cuento, Paulino, el protagonista, pisa una serpiente venenosa que lo muerde en el pie. A causa de este accidente, Paulino inicia una serie de acciones que terminan con un viaje por el río Paraná hacia un pueblo vecino donde espera que le salven la vida. Sin embargo, todos los esfuerzos del protagonista resultan inútiles y Paulino muere en su canoa flotando río abajo. La frase «a la deriva» se aplica a una embarcación que va sin dirección, a merced de las corrientes y las olas, tal como la canoa de Paulino al final del cuento. El título señala la impotencia del <u>intelecto del ser humano</u> ante el <u>poder inconsciente</u> de la naturaleza. Para comprobar la validez de esta tesis, veamos cómo el texto presenta <u>las acciones precipitadas</u> por la mordedura fatal de la víbora.

    Inmediatamente después de la mordedura, Paulino toma dos medidas perfectamente comprensibles.

• *Este es el título del cuento; ¿cuál es el de tu ensayo?*

• *No hablas para nada sobre cómo el hombre se enfrenta con la muerte. ¿En qué sentido demuestras que el cuento trata de este tema?*

• *Este contraste es interesante, pero muchos de tus ejemplos van más allá de lo intelectual. Mira las palabras que utilizas para recapitular la tesis en tu conclusión...*

• *En el ensayo incluyes información que no se limita a las acciones de Paulino y esto parece bueno; quizás debas pensar esto un poco más.*

El hombre echó una veloz ojeada a su pie, donde dos

gotitas de sangre engrosaban dificultosamente, y

sacó el machete de la cintura. La víbora vio la amenaza y

hundió más la cabeza en el centro mismo de su espiral;

pero el machete cayó de lomo, dislocándole las vértebras.

El hombre se bajó hasta la mordedura, quitó las gotitas

de sangre, y durante un instante contempló…

Apresuradamente ligó el tobillo con su pañuelo y

siguió por la picada hacia su rancho. (*Cuentos*, 92)

Matar a la víbora es la reacción normal de un hombre

en estas circunstancias; sin embargo, también es una

acción inútil. La serpiente ya lo ha mordido y matarla

ahora no puede cambiar nada. También es normal y lógico

vendar una herida y tratar de impedir que el veneno invada

todo el cuerpo. No obstante, este esfuerzo es

igualmente vano ya que poco después, sobre «la honda

ligadura del pañuelo, la carne desbordaba como una

monstruosa morcilla». (94) Paulino ha hecho lo que

cualquiera hubiera hecho en tales circunstancias, pero

sus esfuerzos no le sirven de nada. <u>Aunque es frecuente</u>

• Me gustan estos ejemplos porque establecen una clara relación con tu tesis.

asociar a la serpiente con el mal, es interesante notar que en este cuento la serpiente muerde sólo en defensa propia contra la pisada del hombre. Otra cosa fuera de lo normal es que la serpiente parece intuir que Paulino va a matarla.

• Esto es interesante, pero no veo la relación con tu tesis.

Al llegar a casa Paulino intenta llamar a su mujer, pero apenas puede porque, a causa del veneno, tiene la «garganta reseca» y una sed que «lo devora[ba]». (93) Por fin consigue pedirle caña y traga «uno tras otro dos vasos» sin resultado, porque no siente «nada en la garganta». (93) Bajo los efectos iniciales del veneno, el hombre es incapaz de saborear la caña y de apagar la sed que lo tortura.

✓✓• Es interesante ver cómo explicas la relación de esto con la tesis.

Es entonces que Paulino decide que el mejor remedio es echar su canoa al río que «lo llevaría antes de cinco horas a Tacurú-Pucú». (94) Poco después de llegar hasta el medio del río, las manos le fallan y él se da cuenta de que necesita ayuda para llegar al pueblo. Consigue atracar la canoa cerca de la casa de su compadre Alves y empieza a llamarlo.

• ¿Por qué escogiste esta cita? ¿Qué tiene que ver con la tesis?

Con el pie doliente —«ya era un bloque deforme»— Paulino casi no puede caminar y se arrastra por el suelo como una serpiente. Cuando Alves no responde, el lector se queda con la duda de por qué será. Sin embargo, podemos recordar que Paulino dijo que «hacía mucho tiempo que estaban disgustados» (95) y podemos concluir que esta capacidad esencialmente humana de enemistarse con los demás explica el fracaso de su esfuerzo. El compadre evidentemente está vengándose de Paulino como Paulino se vengó de la serpiente.

- *¿Relación con la tesis?*

- *Esto se relaciona bien con tu tesis.*

- *¿Qué evidencia tienes para asegurar esto? ¿Y qué tiene que ver con tu tesis?*

Ya casi vencido, Paulino vuelve al río. El paisaje que rodea la canoa y a su pasajero deja la impresión de una belleza poderosa y eterna, como vemos en el siguiente pasaje.

El Paraná corre allí en el fondo de una inmensa hoya, cuyas paredes, altas de cien metros encajonan fúnebremente el río. Desde las orillas bordeadas de negros bloques de basalto asciende el bosque, negro también. Adelante, a los costados, detrás, siempre la

- *¡Esta cita es muy fuerte!*

eterna muralla lúgubre, en cuyo fondo el río
arremolinado se precipita en incesantes borbollones de
agua fangosa. (95)

Pero el texto nos recuerda enseguida de la amenaza
escondida detrás de esta belleza: «El paisaje es agresivo,
y reina en él un silencio de muerte». (95) En el contexto
de este poder sempiterno, las alucinaciones que ahora
tiene Paulino sirven para destacar, otra vez, la
impotencia de imponer orden en las cosas, en este caso
el intento obsesivo de asignarle una fecha exacta a un
suceso. Otra vez, el texto nos muestra que en el eterno
conflicto entre el hombre y la naturaleza, estas
tendencias humanas no nos sirven de nada. El recuerdo
de otro antiguo conocido surge en la memoria de
Paulino y, mientras intenta precisar el día en que lo
conoció («¿Viernes? Sí, o jueves... »),

> El hombre estiró lentamente los
> dedos de la mano.

• ¡Buenos ejemplos del contraste que propone tu tesis!

—Un jueves...

Y cesó de respirar. (C, 97)

«A la deriva» es un cuento breve, de aproximadamente tres páginas, así que no llegamos a conocer bien a Paulino. A pesar de esta brevedad, observamos en él <u>la capacidad humana de guardar sentimientos como la venganza y el resentimiento, de pensar con lógica, la obsesión con la precisión y, también, el instinto de autoconservación.</u> Estos rasgos definen gran parte del carácter del ser humano, pero son inconsecuentes contra el inmenso poder de la naturaleza, representado aquí por una víbora y el río Paraná.

• *Esta formulación de tu tesis es mejor (a la vez más amplia y más precisa) que la formulación que ofreces en la introducción.*

Resumen de comentarios

1. ¿Cuál es la tesis que el escritor intenta justificar?

   Ofreces dos tesis: una en la introducción y otra, algo más amplia, en la conclusión.

2. ¿Se relaciona toda la información directamente con la idea principal?
   De lo contrario, ¿qué parte(s) no viene(n) al caso?

   La mayor parte de tu ensayo tiene muy buenos ejemplos que ayudan a explicar y a defender tu tesis de manera sucesiva y coherente. Sólo en algunas partes (muchas de las cuales son comentarios sobre la víbora) pareces desviarte.

3. ¿Hay partes en las cuales le gustaría a Ud. tener más información (explicación, ejemplos, detalles)?

   Sí. Sólo has hecho una cita para hablar de la manera en que las imágenes visuales del texto (y no la acción) respaldan y hacen resaltar el contraste entre la naturaleza (el poder) y el hombre (la impotencia). ¿Hay otros lugares en que ocurre esto? Por ejemplo, ¿habrá evidencia para tu tesis en la manera en que se describen los efectos del veneno en Paulino?

4. ¿Hay partes del texto en las que de repente se encuentre Ud. «perdido/a»?

   No. Todo me pareció muy claro.

5. Haga rápidamente un bosquejo del texto en su totalidad. ¿Hay lugares donde la organización del texto deba cambiarse?

   No. El desarrollo del argumento y la presentación de los ejemplos son bastante lógicos.

6. La introducción, ¿presentó la tesis y lo/la ayudó a recordar los sucesos importantes de la obra?

   Sí; además, tus comentarios sobre el título son muy aptos.

7. ¿Qué parte(s) del borrador le gusta(n) más?

Cuando leí el cuento, no pude ver la relación entre la visita al compadre ausente y el último resultado de la historia; ¡tu explicación sobre esto me ayudó a entenderlo!

8. ¿Le sirvió la conclusión como buen resumen de la información en el texto? ¿Lo/La ayudó a comprender la importancia del tema para el escritor?

La manera en que resumes la tesis al final parece más amplia que en la presentación; creo que el argumento va mejor con la tesis del final que con la tesis de la introducción. No mencionas nada con respecto a tus impresiones de la importancia del tema o de la obra...

Después de leer la versión preliminar, compárela con la versión final del ensayo sobre «A la deriva» (páginas 218–220). ¿Qué diferencias nota Ud.?

Tarea

En este capítulo, Ud. va a redactar un ensayo argumentativo para elaborar y defender una tesis con base en una de las obras literarias que aparecen en el **Apéndice A** de este texto o en otra que sea de su interés. Esta tarea la va a completar en tres etapas.

PRIMERA ETAPA: *Antes de redactar*

En esta primera parte del capítulo, Ud. tendrá la oportunidad de experimentar con varias técnicas de prerredacción para decidir con respecto a la tesis.

LA GENERACIÓN Y RECOLECCIÓN DE IDEAS

Actividad A   Las preguntas periodísticas y la tabla de ideas

1. Entre todos, identifiquen algunos de los elementos principales de un cuento (por ejemplo, el narrador o el punto de vista, la escena,

los protagonistas, la acción, el lenguaje, etcétera) y los de un poema (por ejemplo, el narrador o el punto de vista, el lenguaje, los símbolos, etcétera). Uds. pueden utilizar uno de los cuentos o poemas del **Apéndice A** de este texto u otra obra literaria que prefieran o que les recomiende su profesor/a. Cuando hayan iden-tificado los elementos principales, divídanse en grupos pequeños. Algunos grupos trabajarán con los elementos de un cuento y otros con los elementos de un poema.

2. En grupo, identifiquen algunas preguntas que se podrían aplicar a cada elemento del género que se les ha asignado (poema o cuento).

3. Compartan sus preguntas con el resto de la clase para ver si faltan algunas preguntas importantes.

4. Recopilen las preguntas en una tabla de ideas como la siguiente; hagan una tabla diferente para cada elemento principal de un cuento y para cada elemento principal de un poema.

TABLA DE IDEAS: _____	
(nombre del texto)	
Problemas/Dilemas/Curiosidades	*Para explorar más: Posibles respuestas o resoluciones*
1.	a.
	b.
	c.
2.	a.
	b.
	c.
3.	a.
	b.
	c.

Actividad B   La redacción libre

Escoja uno de los dilemas que ha apuntado en la tabla de ideas y haga, durante tres o cuatro minutos, una redacción libre acerca de esta idea. ¿Cuál parece ser la idea principal que resulta de esto? Apúntela en la tabla de ideas.

Actividad C   El mapa semántico y cómo llegar al núcleo del mensaje

1. Trabaje con un compañero / una compañera de clase que haya seleccionado el mismo texto que Ud. para la tarea de este capítulo y hagan un mapa semántico de la evidencia relacionada con cada una de sus soluciones propuestas. Pueden seguir el modelo de Margy para enfocar y buscar patrones (páginas 229–231). ¿Surgen patrones o repeticiones de ideas? ¿Cuáles son los más fuertes? ¿Pueden formular una tesis que abarque los patrones de la evidencia?

2. Trabajando con un compañero / una compañera diferente (pero que también haya seleccionado el mismo texto que Ud.), haga una actividad para llegar al núcleo del mensaje, como se hizo en el **Capítulo 4** (páginas 144–145).

Actividad D   La lectura: «La ciencia-ficción anticipa el futuro»

El siguiente texto publicado en la revista *Muy Interesante* examina el valor de la literatura de ciencia-ficción. Léalo con cuidado.

Rincón del escritor

Puede encontrar ejemplos de mapas semánticos, al igual que una explicación de «nutshelling» (cómo llegar al núcleo del mensaje), en el **Rincón del escritor.**

www.mhhe.com/composicion5

LA CIENCIA-FICCIÓN ANTICIPA EL FUTURO: ENTRE EL PARAÍSO Y LA DESOLACIÓN

A finales de los años cincuenta, el editor de *Astennding* —la revista de ciencia-ficción más famosa del mundo— descubrió que en un remoto pueblo de Alabama llamado Huntsville se producía un número de ventas de ejemplares sorprendentemente alto. Intrigado, indagó y descubrió que allí estaba establecida la residencia del equipo de científicos alemanes *Redstone,* cuya cabeza visible era Wernher von Braun, el padre de la bomba volante V-2. Habían sido rescatados por los aliados y acomodados en Huntsville. Curiosamente, todos ellos eran fanáticos de la ciencia-ficción.

Esta anécdota refleja la estrecha conexión que existe entre la ciencia y la literatura de anticipación. El escritor inglés Arthur C. Clarke ha llegado a decir que han sido los autores de ciencia-ficción como él quienes han proporcionado las ideas generales de la tecnología del siglo XX, salvo los microchips. El caso del propio Clarke es aleccionador. En 1948, escribió un artículo de prospectiva científica en el que describía cómo podrían colocarse en órbitas geoestacionarias satélites que pudieran ser utilizados eficazmente como transmisores de comunicaciones, diez años antes de que el primer satélite fuese lanzado. Predicción exacta hasta el punto de que el autor se arrepiente de no tener patentado dicho artilugio espacial.

Todavía tuvo Clarke otro atisbo de videncia cuando en *Preludio al Espacio* (1951) describió con bastante precisión una nave que en 1978

EN SU LIBRETA...

vuelva al problema textual que identificó anteriormente en el texto que eligió para la tarea de este capítulo. Aplíquele las preguntas periodísticas apropiadas. ¿Empiezan a surgir algunas respuestas posibles o algunos nuevos dilemas? Haga una tabla de ideas para su texto.

podría realizar misiones espaciales y tomar tierra como si fuera un avión. En esa misma década, la NASA puso en marcha el programa de transbordadores espaciales, el ambicioso *Space Shuttle*.

El escritor de ciencia-ficción es un pionero, un visionario que abre camino a nuevas ideas. Menospreciada durante décadas, la literatura de ciencia-ficción es hoy aceptada como la que mejor refleja los vertiginosos cambios que sufre la sociedad actual, y la que mejor nos prepara para afrontarlos. «Este género literario no es más que la exploración del futuro utilizando las herramientas de la ciencia. Desafortunadamente, la ciencia-ficción adquirió una pésima reputación debido a una mala ficción y a una ciencia aún peor», dice el físico de la Universidad de Princeton, Freeman Dyson, uno de los científicos más visionarios y apasionado lector de ciencia-ficción.

Sin embargo, cuando la base científica de una novela es sólida, parece inevitable que se produzca la predicción. En este sentido, los ejemplos más famosos los encontramos varios siglos atrás. El propio ingeniero espacial von Braun no tuvo reparos en afirmar que, para el diseño de los cohetes de tres fases utilizados habitualmente en la conquista espacial, se inspiró ni más ni menos que en *Viaje a la Luna,* de Cyrano de Bergerac, escrita en 1633: « ...el cohete está formado por varias etapas, que se queman sucesivamente hasta situar en órbita la cápsula tripulada.» En esta obra, el escritor francés también describe la gravedad cincuenta años antes que Newton, y la radio dos siglos antes que Marconi.

No sorprende menos el caso de Jonathan Swift, autor de *Viajes de Gulliver* (1726), donde describe con increíble precisión los satélites de Marte, Fobos y Deimos, 150 años antes de que los descubriera el astrónomo Asaph Hall. Asimismo, en la aventura que transcurre en el país de los liliputienses, estos hacen un cálculo matemático para alimentar al gigantón Gulliver. Los enanos establecen de forma racional que la cantidad de alimento requerida por un animal es proporcional a tres cuartos del peso de su cuerpo. Como dice el escritor de ciencia-ficción Frederik Pohl, «es una buena ley, ¡sólo que no se descubrió hasta 1932!»

Las predicciones de la literatura *fantacientífica* son mucho más amplias de lo que comúnmente se piensa. Basta tan sólo con aplicar la conocida *ley del reloj roto:* hasta un reloj estropeado marca la hora exacta dos veces al día. Así, los aciertos en los pronósticos deben de ser muchos, aunque consecuentemente, los errores tienen que multiplicarse, al menos, por diez. Dyson afirma que hay dos formas de predecir el progreso tecnológico, «una es por medio de las previsiones económicas; la otra, mediante la ciencia-ficción. Para el futuro más allá de los diez años, la ciencia-ficción es una guía más útil que las previsiones de los economistas.»

Por desgracia es poco el caso que se presta a la ciencia-ficción, incluso sus enemigos la tachan de literatura de evasión. Si se la hubiera tenido en cuenta, Einstein, pongamos por caso, no habría afirmado en 1933 que la energía atómica carecía de valor práctico «porque siempre habrá que aportar a la reacción más energía de la que pueda producir esta». En esa misma época, escritores como Campbell, Heinlein o Lester del Rey, apoyándose en breves artículos de divulgación, hablaban en sus relatos de reacciones nucleares para matar, para extraer energía, e incluso sopesaban los posibles riesgos y las fuentes energéticas alternativas. Es más, en 1944, Cleve Cartmill escribió una historia que describía algunos detalles técnicos de la bomba atómica con tal precisión, que el gobierno pensó que se habían filtrado secretos del *Proyecto Manhattan*. Pero Cartmill tan sólo se había documentado en ciertos artículos científicos anteriores a la guerra.

¿Es realmente escapista esta literatura? En los años cuarenta, la ciencia-ficción hablaba de superpoblación cuando los tecnócratas tan sólo pensaban en el crecimiento indiscriminado. ¿Es esto escapismo? Robert A. Heinlein, en *Solución insatisfactoria* (1941), proponía un proyecto para fabricar la bomba atómica, sus efectos devastadores, el final de la guerra y más sorprendente aún, la situación de equilibrio de terror nuclear entre potencias que seguiría al holocausto.

En la novela de Philip K. Dick *¿Sueñan los androides con ovejas eléctricas?*, en la que Hampton Facher y David Peoples se inspiraron para hacer el guión de la película *Blade Runner*, el protagonista sueña con aniquilar muchos androides replicantes para conseguir el dinero suficiente con el que adquirir un animal de verdad en un planeta superpoblado y en el que se han exterminado casi todas las especies. Él mismo tan sólo posee una oveja eléctrica. ¿Escapismo? Cuando el *ciberpunk* William Gibson publicó *Neuromante* no podía imaginar que su terminología serviría para definir la incipiente tecnología del ciberespacio o realidad virtual. El mundo que Gibson describe es una gran ciudad donde, al estilo de la *Ecumenópolis* imaginada por Marchetti, la violencia, las drogas y el crimen son moneda de curso legal. Cualquier parecido con la realidad es pura evasión.

Desde Julio Verne, el arte predictivo de la ciencia-ficción está íntimamente relacionado con la ciencia. El propio Verne era un consumado lector de las revistas de divulgación de su época. Cuenta el escritor Frederik Pohl la leyenda en torno a la descripción de Julio Verne de un vehículo para surcar las profundidades marinas que, cuando se presentaron las primeras patentes de algunos componentes de los submarinos, estas fueron denegadas porque el escritor ya las había hecho de dominio público.

Los descubrimientos y nuevas teorías son captadas de inmediato por los escritores, que imaginan desde todos los ángulos posibles sus aplicaciones. Incluso dan nombres y proponen acciones que algún día pueden convertirse en realidad. A veces las coincidencias son asombrosas. En 1954, el escritor Lester del Rey comenzó una novela corta con la frase: «La primera nave espacial aterrizó en la Luna y el comandante Armstrong salió de ella... » Quince años más tarde esa inconsciente predicción se hizo realidad hasta en el detalle del apellido del primer hombre que pisó la Luna.

Un caso semejante es el de *Marooned,* una novela de Martín Caidin, que posteriormente fue llevada al cine. En ella, dos naves espaciales, una rusa y otra estadounidense, que orbitan alrededor de la Tierra, tienen que apoyarse mutuamente al encontrarse en problemas. De esta obra surgió la idea de una colaboración conjunta por parte de las dos superpotencias que se concretó en julio de 1975: la conexión en el espacio del Apollo y el Soyuz.

A veces, son los propios escritores los científicos: Asimov, E.E. Smith, Fred Hoyle, Stapledon, Tsiolkovsky... Este último, padre de la astronáutica rusa, en su novela *Más allá del planeta Tierra* (1920), hablaba de hombres viviendo en el espacio y especificaba muchos de los problemas que más tarde encontrarían los cosmonautas soviéticos.

Pero no toda la ciencia-ficción está relacionada con la ciencia. Buena parte de ella es fantasía disfrazada o historias de aventuras al estilo fronterizo que se desarrollan en escenarios nuevos y exóticos, como señala el editor Peter Nicholls.

Es cierto que siguen floreciendo las novelas baratas con ambientes espaciales y cibernéticos pero, afortunadamente, la ciencia-ficción actual se ha hecho más seria, más adulta. Por ejemplo, el autor británico Ian Watson en su libro *Empotrados* analiza la importancia del lenguaje en el orden y creación de la realidad. En *Cronopaisaje,* Gregory Benford logra ejecutar un virtuoso ensayo sobre sociología de la ciencia, con la fantástica idea de enviar mensajes taquiónicos al pasado. Otra muestra es el último éxito editorial de Orson Scott Card, *El otro juego de Ender,* y su posterior saga. En su obra Scott analiza cómo debe ser el perfil psicológico de un líder de nuestra época. Por último, la magnífica antiutopía del australiano George Turner, *Las torres del olvido,* examina las relaciones económicas y sus efectos en la organización social del siglo XXI.

La buena ciencia-ficción no dice qué ocurrirá mañana, sino que despliega todas las posibilidades sobre lo que puede acontecer y cómo ese futuro puede afectar a una persona normal. Esa es la gran fuerza de esta literatura, que hace futurología aplicada o, como dicen otros críticos, prospectiva social. El recientemente fallecido Asimov decía: «el hábito de mirar cuidadosamente hacia el futuro, la costumbre de aceptar el cambio e intentar ir más allá del simple hecho del cambio para ver sus efectos y los nuevos problemas que planteará, la costumbre de aceptar el cambio como algo más importante para el ser humano que las estériles verdades eternas, sólo se encuentran en la ciencia-ficción, o en los serios análisis no literarios que hacen del futuro personas que, casi siempre, están o han estado interesadas en la ciencia-ficción.»

—*María Estalayo*

1. ¿Cuál es la pregunta central que este texto busca contestar? ¿Es un texto informativo o un texto argumentativo? Si dice que es argumentativo, ¿cuál es la tesis?

2. ¿Qué evidencia se incluye para apoyar la tesis? ¿Se incluyen también algunos argumentos que presentan el punto de vista contrario? ¿Por qué cree Ud. que se han incluido? ¿A qué necesidades del lector responde esta técnica?

3. ¿Cómo se organiza la evidencia: comparación/contraste, análisis/clasificación, causa/efecto o una combinación de estas técnicas?

4. ¿Cuál es el tono del escrito? ¿Es muy personal o más bien impersonal y objetivo?

5. ¿Conoce Ud. algunas de las obras mencionadas en el texto? ¿Le gusta la literatura de ciencia-ficción? ¿Por qué sí o por qué no? ¿Está Ud. de acuerdo con el juicio de la autora de que la literatura de ciencia-ficción «refleja los vertiginosos cambios que sufre la sociedad actual y… nos prepara para afrontarlos»? Comente. ¿Hacen lo mismo las películas o los programas televisivos de ciencia-ficción? ¿Conoce Ud. alguna obra literaria que haya servido de base para una película o programa de televisión? ¿Cuál de las dos versiones le gustó más? ¿Por qué?

6. ¿Cree Ud. que la literatura que no es de ciencia-ficción nos prepara para algo? Explique.

Enfoque

- Repase la tabla de ideas en su libreta y los apuntes de las actividades que Ud. ha hecho hasta este punto.

- Identifique la idea que mejor parezca encajar la evidencia que Ud. resumió en el mapa semántico para la tarea de este capítulo.

- Elabore una tesis que

  1. incluya el tema y una afirmación contestable. (Vuelva a mirar la tabla en la página 222 y la explicación que la sigue.)

  2. sea específica y precisa.

TÉCNICAS DE ORGANIZACIÓN Y EXPRESIÓN

Pensando en el lector: Guías y señales retóricas

La titulación

Lo primero que ve el lector en un trabajo escrito es su título. El título es un elemento de tal importancia, que en muchos casos, este solo es suficiente para despertar el interés del lector o provocar su apatía hacia algo escrito. El escritor que se proponga causar una buena primera impresión en sus lectores necesita aprender a elaborar títulos que transmitan desde el principio la impresión total que desea comunicar.

Específicamente, un título tiene las siguientes funciones:

1. Informar al lector sobre el tema que se presenta, sugiriendo el enfoque u objetivo del escrito

2. Captar la atención del lector

3. Reflejar el tono de la presentación y ser apropiado para el lector y para la exposición

No siempre es posible que un solo título abarque todas estas especificaciones pero, en todo caso, es importante que el escritor esté consciente de las funciones que desempeña en particular. Las siguientes indicaciones pueden utilizarse como guía.

- *El título debe informar al lector sobre el tema que se presenta, sugiriendo el enfoque u objetivo del escrito.* Un título bien escrito informa; es decir, refleja claramente el contenido del trabajo. Por lo tanto, los títulos demasiado generales deben evitarse. Si se aplica el título «El teatro» a una exposición en la cual se analiza la comedia del Siglo de Oro, tal título no le permite al lector adivinar que se trata de la discusión de una época específica del teatro español. Es demasiado general para dar una idea cabal del tema que realmente se presenta.

  De ser posible, el título de un trabajo debe sugerir el enfoque particular de lo que va a comentarse. Por ejemplo, el título «Los sueños», aplicado a una exposición sobre las causas de las pesadillas, sería demasiado global. El lector no lograría darse cuenta de que aquí no se habla de los sueños en su totalidad. Un título mejor enfocado, dado el propósito de la exposición, sería: «De los sueños a las pesadillas: Causas y posibles soluciones», o quizás: «¿Por qué tenemos pesadillas?»

  De la misma manera, el título de un ensayo sobre literatura comúnmente resume o hace hincapié en las ideas que componen la tesis. En los ejemplos a continuación, note que también es común que se mencione el autor o que se mencione el nombre de la obra analizada, a veces ambos en el mismo título.

Tesis: La visión del teatro de Rafael Dieste revela una concepción integradora que conjuga, en equilibrio armónico, literatura dramática y representación escénica.

Título: Literatura y espectáculo: La concepción teatral de Rafael Dieste

Tesis: En *La nave de los locos* de Cristina Peri Rossi, los personajes, los espacios e incluso la obra misma sufren constantes
metamorfosis, que hacen que el lector se sienta como un
exiliado en el mundo hostil de la novela y deba enfrentarse
de forma creativa al proceso de lectura.

Título: Un desafío para el lector: Metamorfosis e identidad en *La
nave de los locos* de Cristina Peri Rossi

Tesis: La novela policíaca española posfranquista y la novela
social de los años cincuenta comparten ciertas actitudes
que se reúnen en la primera novela de Mario Lacruz,
El inocente: La crítica social y la convicción de que
la sociedad de su momento es fundamentalmente
corrupta.

Título: *El inocente* de Mario Lacruz: Novela precursora socio-
policíaca

- *El título debe captar la atención del lector.* El título que se propone
lograr esto generalmente utiliza el humor, la sorpresa o la interro-
gación. Por ejemplo, una exposición sobre la contaminación del
ambiente podría llevar por título «La región menos transparente».
Este título plagia con cierto tono humorístico el de la famosa
novela de Carlos Fuentes, *La región más transparente*. Tal adaptación reflejaría el contenido de la exposición mientras que al mismo
tiempo haría pensar al lector informado sobre su significado.

- *El título debe reflejar el tono de la presentación y ser apropiado para
el lector y para la exposición.* Si acaso se decide utilizar un título
que capte la atención del lector, importa recordar que el título
siempre debe ser apropiado para el lector y para la exposición.
Teóricamente, una exposición seria lleva un título serio. Una exposición menos formal puede reflejar esta característica a través de
su título. En el caso de una exposición sobre la contaminación
ambiental, es claro que si esta va dirigida a un grupo de expertos
en la materia, el título «La región menos transparente» no es muy
apropiado. Sería más conveniente un título técnico que sugiriera
las dimensiones del tema. Es obvio también que la presentación
misma del tema, si va dirigida a ese grupo de expertos, sería diferente de una presentación orientada a concientizar a un grupo de
jóvenes acerca de las consecuencias de la contaminación ambiental.

> **EN SU LIBRETA...**
>
> *examine el tema (o
> el borrador, si ya ha
> empezado a escribir)
> que Ud. ha escogido
> para la tarea de este
> capítulo. De acuerdo
> con su tesis, ¿cuál
> podría ser un título
> apropiado? Apunte
> algunas ideas al
> respecto.*

El título de una exposición puede contribuir marcadamente a
crear la impresión específica que el escritor quiera dejar en el lector.
Quien escribe necesita estar consciente del efecto que puede tener
un título y aprender a utilizarlo con confianza.

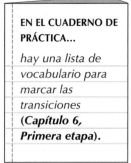

EN EL CUADERNO DE
PRÁCTICA...

hay una lista de
vocabulario para
marcar las
transiciones
(Capítulo 6,
Primera etapa).

 Rincón del
escritor

Consulte el **Rincón
del escritor** para obtener más información acerca de las transiciones y otras guías y señales retóricas.

www.mhhe.com/composicion5

Las transiciones

Aunque en una exposición bien estructurada cada uno de los párrafos se relaciona con los demás, ya que todos desarrollan o apoyan la idea principal expresada en la tesis, es necesario facilitarle al lector el paso de un párrafo a otro. Una **transición** es sencillamente una señal que indica al lector que se cambia de tema o que se pasa a otro asunto.

En la mayoría de los casos, las transiciones que se usan para ligar el contenido de un párrafo con lo que le precede son palabras o frases de transición. Por ejemplo, si habláramos de las causas de la delincuencia, podrían ser útiles las frases de transición que empiezan con las siguientes palabras:

- **La primera** causa...

- **Otra** causa importante...

- **También** actúa como factor decisivo...

El propósito es simplemente dejar saber al lector que se pasa a hablar de la siguiente causa y, luego, de la que la sigue.

En algunos casos, una frase u oración de transición no es suficiente y es necesario incluir un párrafo de transición. Aquí, el propósito también es formar un puente entre los conceptos ya tratados y el concepto que los sigue. A veces, un párrafo de este tipo puede explicar por qué se pasará a examinar otro aspecto.

Actividad   Análisis de texto

1. Vuelva a examinar el texto sobre la literatura de ciencia-ficción (páginas 243–246). Examine el título. ¿Le parece bueno? ¿Por qué sí o por qué no?

 2. Los siguientes títulos fueron sugeridos para el mismo texto. Trabajando con un compañero / una compañera, comenten los aspectos positivos y los negativos de cada título. Después, compartan su análisis con el resto de la clase. ¿Hay mucha diferencia de opiniones?

   a. «La literatura de ciencia-ficción: Agujeros negros, agujeros de gusano e hiperespacio»

   b. «Lo que no es ficción en la literatura de ciencia-ficción»

   c. «La literatura de ciencia-ficción: Una reevaluación»

   d. «'¡Beam me up, Scotty!': La literatura de ciencia-ficción, la ciencia y la cultura popular»

   e. «Un análisis crítico de lo científico en las obras de ciencia-ficción desde Cyrano de Bergerac hasta Isaac Asimov»

3. Examine el texto sobre la ciencia-ficción e identifique las palabras o frases de transición que se utilizan. ¿Cuál es el propósito de cada una? ¿Cómo ayudan a establecer las relaciones entre las diversas ideas del texto?

4. Examine el resumen y el ensayo argumentativo sobre «A la deriva» (página 217 y páginas 218–220, respectivamente). Identifique las palabras o frases de transición que se utilizan en estos dos textos. ¿Cuál es el propósito de cada una? ¿Cómo ayudan a establecer las relaciones entre las diversas ideas presentadas del texto?

Estrategias del escritor: El lenguaje personal

Durante una conversación, la persona que escucha puede interrumpir y hacer preguntas cada vez que la persona que habla exprese sus ideas en un lenguaje o terminología que no son fáciles de entender. En cambio, todo escritor debe anticipar las necesidades del lector y reconocer cualquier expresión o palabra que sea parte de un «lenguaje personal». En la redacción, el lenguaje personal incluye expresiones o frases que aunque sean significativas para el escritor dadas sus experiencias previas o su conocimiento del tema, puede que resulten ambiguas y hasta confusas para el lector.

WWW *Rincón del escritor*
Consulte el **Rincón del escritor** para obtener más información y ejemplos sobre el lenguaje personal.
www.mhhe.com/composicion5

¡! Piénsalo...   Cuando los lectores encuentran dificultades en entender un ensayo, el problema se debe, con frecuencia, al uso de un lenguaje personal en la tesis. Los síntomas más comunes son: el empleo de términos muy generales y la carencia de un contexto específico; por ejemplo, declaraciones tan generales que se puedan aplicar a *cualquier* obra. Puedes evitar algunos de estos problemas teniendo cuidado de eliminar de tu ensayo el uso de un lenguaje personal y, particularmente, eliminándolo de la tesis.

El proceso de identificar el «lenguaje personal» en lo que se escribe puede ocurrir en el momento mismo en que se empieza a generar ideas o después de que se haya empezado a escribir el borrador. Es útil aclarar cada ejemplo que se encuentre de este lenguaje personal, amplificándolo por medio de una explicación detallada de lo que se desea comunicar, de una lista de ejemplos específicos o de una definición.

La ampliación de la prosa lo ayuda a veces al escritor a identificar los aspectos débiles de su argumento: es posible que las implicaciones de algún vocablo determinado vayan más allá de lo que realmente se puede sostener con la información que se tiene. Generalmente, la clarificación del «lenguaje personal» le es útil al escritor, ya que le permite reunir más datos sobre su tema: datos que puede incorporar en versiones revisadas del escrito.

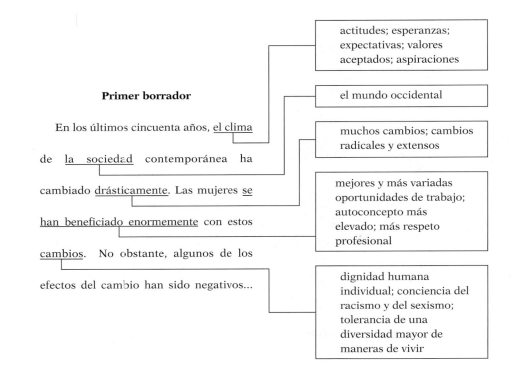

En el **primer borrador** están subrayados los ejemplos de «lenguaje personal», con las aclaraciones del escritor anotadas al margen. Debe notarse que estas aclaraciones luego fueron incorporadas en el **segundo borrador.**

Segundo borrador

En los últimos cincuenta años, los cambios en las actitudes y valores característicos de la sociedad occidental contemporánea han alterado drásticamente las formas en que los individuos se valoran mutuamente y las formas en que interaccionan en el mundo. Como resultado, las mujeres han empezado a disfrutar de una gama más amplia de alternativas tanto en su vida profesional como personal, opciones que conllevan el desarrollo de un autoconcepto positivo que a su vez las capacita para desarrollarse con mayor confianza. No obstante, algunos de los efectos de estos cambios en ciertas actitudes y valores han sido negativos...

Note que desde la perspectiva del lector, el segundo borrador es más explícito. No es tan fácil para el lector sacar conclusiones precipitadas al leer entre líneas lo que no intentaba decir el escritor.

Actividad A   Análisis de texto

1. Analice los siguientes fragmentos e identifique ejemplos de lenguaje personal. Luego sugiera una manera de ampliar o clarificar el lenguaje.

   a. La perra va ganando más y más terreno en la casa. Este animal intruso poco a poco se transforma en una cosa normal en la familia del niño. [Texto comentado: «Paseo» de José Donoso]

   b. El padre se esfuerza por salvarle la vida a su hijo en memoria de su esposa muerta. Aunque su mujer ya murió, el hombre hará cualquier cosa por ella. Muchos seres humanos se empujan hasta lo máximo para hacer cualquier cosa para los que quieren. [Texto comentado: «No oyes ladrar los perros» de Juan Rulfo]

   c. El padre del cuento sólo hizo lo que cualquier padre verdadero hubiera hecho. Cada hombre en este mundo en algún momento ha hecho algo que lo empujó hasta sus límites por una simple razón. Esta razón podría ser cualquier cosa, pero en este caso, el pobre padre lo hizo por su dignidad y alma. [Texto comentado: «No oyes... » de Juan Rulfo]

   d. Según el niño, su familia es amarga y hay una falta absoluta de sentimientos entre sus miembros. [Texto comentado: «Paseo» de José Donoso]

   e. El cuento sugiere que lo humano significa poco. El hombre, Paulino, vive y muere sin afectar en lo más mínimo sus alrededores. Nadie nota cuando estira los dedos de la mano y deja de respirar. [Texto comentado: «A la deriva» de Horacio Quiroga]

2. Busque ejemplos de lenguaje personal en los borradores para la tarea de este capítulo de los compañeros de clase. ¿Qué se puede hacer para clarificar la idea en cada caso?

SEGUNDA ETAPA: *La redacción y la revisión de las versiones preliminares*

Después de terminar las actividades de prerredacción, Ud. escribirá un borrador de su ensayo argumentativo.

Las actividades que se han llevado a cabo en la primera etapa de este capítulo le han dado a Ud. la oportunidad de desarrollar la materia prima necesaria para elaborar un texto argumentativo sobre una obra literaria. En esta segunda parte del capítulo, Ud. tendrá la oportunidad de

- crear un plan de redacción para guiar la composición de su escrito
- desarrollar un borrador de su escrito
- experimentar con la técnica de revisión con grupos de consulta
- experimentar con la técnica de una lista de control
- desarrollar un plan de revisión

Tarea

Como recordará, la tarea de este capítulo es redactar un ensayo argumentativo para elaborar y defender una tesis con base en una obra literaria.

Ahora que ha completado la primera etapa de esta tarea, escriba (o siga escribiendo) el borrador de un ensayo argumentativo que tenga como mínimo unas 800 palabras. Su escrito debe adoptar el formato de un ensayo formal. Como en sus ensayos anteriores, es importante reconocer y apreciar las necesidades específicas del lector anticipado. Su ensayo también debe incluir un título, una introducción y una conclusión apropiados.

Para empezar, tendrá que planear cómo redactar el ensayo argumentativo. A continuación encontrará sugerencias que lo/la ayudarán a completar el **plan de redacción.**

EL PLAN DE REDACCIÓN: CÓMO SE ESCRIBE UN ENSAYO ARGUMENTATIVO SOBRE LA LITERATURA

EN EL CUADERNO DE PRÁCTICA...

Ud. puede completar su **plan de redacción (Capítulo 6, Segunda etapa).**

PLAN DE REDACCIÓN: LA ARGUMENTACIÓN
1. El tema
2. La tesis que quiero defender

3. Mi propósito como escritor
   El lector y su propósito al leer
   Cinco preguntas cuyas respuestas el lector busca en el escrito

4. Los detalles (la evidencia)
5. La organización lógica
6. La introducción y la conclusión

1. El tema

- Ud. escogió, anteriormente en este capítulo, una obra literaria para leer como base de su ensayo. Identifique la obra que seleccionó y explique brevemente el tema de la obra.

2. La tesis

- Examine los datos que ha reunido acerca de la obra a través de las diversas actividades de la **Primera etapa** (en especial, <u>las preguntas periodísticas</u>, <u>la redacción libre</u> y <u>el mapa semántico</u>) e identifique la tesis que apoyan.

3. El propósito y el lector

- Su propósito es convencer al lector de la validez de su tesis. ¿Por qué le parece a Ud. válida su postura? ¿Cuál es la reacción que quiere provocar en el lector? ¿Cuáles son los aspectos del tema que mejor pueden dar a conocer esta actitud al lector?

- Identifique al lector y su propósito. ¿Por qué va a leer lo que Ud. escribe? ¿Qué sabe ya acerca del tema? ¿Cuál puede ser su actitud al respecto? ¿Qué información busca? ¿Qué preguntas se va a hacer al respecto?

4. La organización y los detalles (<u>la evidencia</u>)

- Examine sus notas y escoja los detalles que mejor se presten para apoyar la tesis que Ud. ha identificado. Elimine aquellos que no se relacionen directamente con la tesis ni contribuyan a producir el impacto que Ud. desea.

- Decida cómo organizar el ensayo; elabore un esquema en el cual se presente la tesis y los detalles que se utilizarán para apoyarla, todo organizado de manera lógica. Busque citas directas del texto para cada punto importante.

5. La organización lógica

- ¿Qué recursos (por ejemplo, frases de transición, oración temática en cada párrafo) se pueden utilizar para hacer que la presentación de la información sea más lógica y clara a los ojos del lector?

6. La introducción y la conclusión

- ¿Qué propósito(s) tiene la introducción: entretener, llamar la atención del lector, presentar la tesis y/o los puntos principales del texto o resumir los sucesos importantes de la obra?

- ¿Qué propósito(s) tiene la conclusión: repetir los puntos principales del texto u ofrecer nuevas perspectivas?

Refiriéndose a su plan con frecuencia, escriba el borrador de su ensayo. No olvide que puede ser más fácil escribir la introducción al final.

Recuerde que para esta versión de su ensayo no hay que preocuparse demasiado por cuestiones de la forma, es decir, por el vocabulario

Rincón del escritor

Hay más información sobre las varias técnicas subrayadas en el **Rincón del escritor.**

www.mhhe.com/composicion5

EN SU LIBRETA...

escriba el borrador para la tarea de este capítulo.

En este capítulo se ofrece un solo texto modelo para las actividades en grupos de consulta. Para practicar más, se puede aplicar esta misma técnica al borrador de un compañero / una compañera de clase.

Rincón del escritor

En el **Apéndice E** del **Rincón del escritor** ofrecemos reglas de etiqueta para trabajar en el texto de un compañero.

www.mhhe.com/composicion5

o la gramática. Si no sabe o no recuerda una palabra o expresión en español, introduzca un <u>comodín</u> o escríbala en inglés, y siga escribiendo.

EL PLAN DE REVISIÓN: ACTIVIDADES CON GRUPOS DE CONSULTA

Práctica con grupos de consulta

Leer y analizar.   Lea el siguiente texto y apunte todas sus notas y respuestas a las preguntas. Lea el párrafo de introducción a continuación y complete el primer ejercicio («Identifique tres o cuatro preguntas...») antes de leer el texto.

Texto: «¡Por la familia!»

Se les ha pedido a los estudiantes de una clase de composición que escriban un ensayo argumentativo sobre un cuento hispano. Este texto examina el cuento «No oyes ladrar los perros» del escritor mexicano Juan Rulfo. Identifique tres o cuatro preguntas acerca del tema cuyas respuestas le gustaría a Ud. encontrar en el texto. Después, siga con el análisis.

Texto: ¡Por la familia!	*Análisis*
«*M*e derrengaré, pero llegaré con usted a Tonaya, para que le alivien esas heridas que le han hecho.» Estas son las palabras de un padre que pondría su vida en peligro para salvar a su familia. En el cuento de Juan Rulfo «No oyes ladrar los perros», el pobre padre trata de salvarle la vida a su hijo, quien fue herido por algunos hombres. Mientras van para el pueblo, el padre le habla a su hijo sobre cosas importantes de la vida. Trata de aconsejarle que ya no debe seguir por mal camino. El hijo oye al padre, pero no le responde porque tiene sed y sueño. El	1. ¿Acierta el escritor en contestar sus preguntas? ¿Las contesta todas? 2. ¿Cuál es la tesis que el escritor intenta justificar? ¿Incluye un tema más una afirmación contestable? 3. ¿Se relaciona toda la información directamente con la idea principal? De lo contrario, ¿qué parte(s) no viene(n) al caso? 4. ¿Hay partes en las cuales le gustaría a Ud. tener más información (explicación, ejemplos, detalles)? 5. ¿Se relacionan todas las citas con la tesis?

(continúa)

Texto: ¡Por la familia!	*Análisis*
padre hasta le dice que ya no le importa lo que haga con su vida, con tal de que la viva lejos de su presencia. Durante todo el cuento, el padre lleva cargado a su hijo sobre los hombros y le pregunta si oye ladrar los perros. ¿Por qué hace el padre todo lo posible por salvarle la vida a su hijo? La respuesta es que una persona se esforzaría hasta lo último por salvar lo único que él considera noble y puro y la razón de seguir viviendo en este mundo.	6. ¿Hay partes del texto en las que de repente Ud. se encuentre «perdido/a»? ¿Hay ejemplos de lenguaje personal que se necesiten aclarar?
La primera razón por la cual el padre se esfuerza por salvarle la vida a su hijo es por la noble memoria de su esposa. Parece que el padre amaba mucho a su esposa porque aunque ella ya murió, él todavía hace todo lo posible por cumplir con su deber de padre y madre al mismo tiempo. No le importa que ella ya esté muerta, él todavía sigue con la responsabilidad de mantener su casa y su familia. Cuando un hombre ama a una persona y esa persona muere, la memoria de esa persona se quedará con él, pura y noble, por el resto de su vida. Esa noble memoria es lo que motiva al hombre del cuento a continuar con el esfuerzo de salvarle la vida a su hijo. El hecho de aconsejarle a llevar una buena vida por su madre también sugiere que el padre lo hace por la memoria de su esposa. En muchas situaciones cuando un padre tiene un hijo que lleva una vida de violencia, el padre trata de hacerlo cambiar por el bien del hijo mismo. El padre de este cuento simplemente se comporta como cualquier ser humano que quiere ser bueno por su querida familia.	7. Haga rápidamente un bosquejo del texto en su totalidad. ¿Le indica su bosquejo lugares en que la organización del texto deba cambiarse?
	8. ¿Está la tesis presente en la introducción? ¿Lo/La ayuda a recordar los sucesos importantes de la historia?
	9. ¿Qué parte(s) del borrador le gusta(n) más?
	10. ¿Le sirvió la conclusión como buen resumen de la información en el texto? ¿Lo/La ayudó a comprender la importancia del tema para el escritor?
Otra razón por la cual el padre se esfuerza por salvar a su hijo es que el hijo es lo único que lo motiva a seguir viviendo. El hijo parece ser el último familiar que	

(*continúa*)

Texto: ¡Por la familia!	*Análisis*
le queda al padre, y por eso se esfuerza hasta lo último por salvarlo. Todo ser humano tiene una idea de por qué tiene que vivir en este mundo cruel. En este caso, el padre mexicano vive sólo por su familia y, como ya se le murió su esposa, sólo le queda el hijo. El hecho de cargar a su hijo sobre los hombros y caminar muchos kilómetros en el monte significa que el hijo es su única razón de existir en este mundo. Siendo ya viejo, un padre que sacrifica su cuerpo de esa manera por tratar de salvar a su hijo lo hace porque el hijo es en gran parte su motivo de vivir. Muchos seres humanos hacen cualquier cosa por los que quieren. Por eso hoy día existe el concepto de «hacer cualquier cosa por la familia». En conclusión, el padre del cuento sólo hizo lo que cualquier padre verdadero hubiera hecho. Todo hombre en este mundo en algún momento ha hecho algo que lo ha empujado hasta los límites de su resistencia por una simple razón. Esta razón podría ser cualquier cosa, pero en este caso, el pobre padre lo hizo por su dignidad y su alma. Quizás el hijo del cuento no lo haya comprendido; pero no importa, porque lo importante es que el padre ama a su familia y hace cualquier cosa por ella.	

 Consultar y recomendar. La clase debe dividirse en grupos de tres o cuatro estudiantes. Los miembros de cada grupo deben compartir su análisis de «¡Por la familia!» u otro texto asignado. ¿Hay mucha diferencia de opiniones? Después de llegar a un acuerdo colectivo, cada grupo debe formular un plan de revisión para su texto basándose en sus comentarios. Presenten su plan al resto de la clase; prepárense para justificar sus sugerencias.

PLAN DE REVISIÓN: LA ARGUMENTACIÓN _____
(nombre del texto)

1. Comentarios positivos sobre el texto —ya sea en su totalidad o relacionados con alguna parte en particular (es decir, los datos reunidos, un ejemplo específico, la organización, la expresión de la tesis, la manera de presentar o de concluir el texto). Sea lo más específico posible.

2. Identifique la idea principal del texto. ¿Es un texto argumentativo o un resumen? Si es un texto argumentativo, ¿cuál es la tesis que quiere defender? ¿Sirven los datos incluidos para defender la tesis y para establecer que se sabe algo de otras posibles interpretaciones? ¿Hay algunos datos que no vengan al caso? ¿Resulta una defensa convincente? ¿Es creíble la voz del autor?

3. Identifique brevemente la organización de los datos. ¿Le parece clara? ¿Le parece una manera efectiva de presentar la información?

4. ¿Está la tesis presente en la introducción? ¿Lo/La ayudó a recordar los sucesos importantes de la obra? ¿Sirvió la conclusión como un buen resumen de la información del texto? ¿Lo/La ayudó a comprender la importancia del tema para el escritor?

5. Los lectores quieren saber lo siguiente con respecto a esta tesis (marque el cajón con este símbolo ✓ si el texto contesta la pregunta):

   ☐ _____
   ☐ _____
   ☐ _____
   ☐ _____

6. Comentarios constructivos sobre el texto:

   • detalles o datos que necesitan agregarse, reorganizarse o cambiarse

   • cambios que podrían hacer más vivo y efectivo el lenguaje

   • cambios que podrían hacer más interesante y/o efectiva la introducción

   • cambios que podrían hacer más interesante y/o efectiva la conclusión

7. Otros cambios que se recomiendan

TÉCNICA DE UNA LISTA DE CONTROL

El siguiente proceso de revisión puede aplicarse tanto a su propia composición como al escrito de un compañero / una compañera. Para utilizarlo, debe examinar el borrador que escribió Ud., o el que escribió

EN EL CUADERNO DE PRÁCTICA...

*Ud. puede recopilar su propia lista de control, con preguntas diferentes, según los elementos que le parezcan importantes y apropiados. (**Capítulo 6, Segunda etapa**).*

Lea el ***Apéndice C*** de este texto si quiere aprender cómo utilizar en los exámenes que requieren respuestas en forma de ensayo, ciertos aspectos de las técnicas de redacción que estás estudiando.

Lea también el ***Apéndice B*** para aprender sobre el trabajo de investigación (*term paper* o *research paper*).

su compañero/a, para la tarea de este capítulo. Conteste cada una de las preguntas.

Cuando acabe, basándose en las respuestas, formule un plan de revisión para su texto.

LISTA DE CONTROL PARA LA ARGUMENTACIÓN

☐ ¿Es la meta o el propósito de mi ensayo el de justificar una postura fundamental?

☐ ¿Cuál es el tema del ensayo? ¿Cuál es la tesis?

☐ ¿Logro comunicar y mostrar al lector la esencia de mis ideas?

☐ ¿A quién le escribo? ¿Quién es mi lector y qué quiere saber este sobre mi tema? ¿Qué puede saber ya al respecto?

☐ ¿Qué preguntas puede hacerse el lector con respecto a mi tema? ¿Las he contestado todas?

☐ ¿Qué impresión quiero dejar en el lector? ¿Logro establecer mi autoridad con respecto al tema? ¿Es creíble mi voz?

☐ ¿Qué tono he adoptado en el ensayo? ¿Es apropiado para mi propósito?

☐ ¿Organizo progresivamente (es decir, de menos importante a más importante o viceversa) los datos en el ensayo?

☐ ¿Qué detalles he incluido en el texto? ¿Cómo contribuye cada detalle a lograr lo que me propongo? ¿Son lógicas y válidas las relaciones (por ejemplo, causa/efecto o comparación/contraste) que quiero establecer? ¿Hay otros datos que deba tomar en cuenta?

☐ ¿En mi composición hay algún detalle que no contribuya lo suficiente a crear la impresión que quiero dejar?

☐ ¿Para qué sirve la introducción? ¿Capta el interés del lector? ¿Presenta, en breve, los puntos que se van a tratar en detalle en el ensayo?

☐ ¿Para qué sirve la conclusión? ¿Resume los puntos clave del ensayo? ¿Ayuda a establecer la importancia del tema?

☐ ¿He utilizado un vocabulario claro y preciso, o términos generales y abstractos que no captan la esencia de lo que quiero compartir?

TERCERA ETAPA: *La revisión de la forma y la preparación de la versión final*

Al llegar a esta etapa se supone que el contenido y la organización de un escrito han pasado por una revisión rigurosa y que el escritor está satisfecho con ellos. Ha llegado el momento de poner atención a las cuestiones de la forma. En esta última etapa, Ud. tendrá la oportunidad de

- repasar las formas no personales del verbo
- pulir la forma de su escrito, repasando sistemáticamente la gramática, el vocabulario y la ortografía
- redactar una versión final de la tarea para entregar

Esta revisión le será más fácil si la emprende por pasos; en cada paso se enfoca un solo aspecto de la forma.

REVISIÓN DE LOS ASPECTOS GRAMATICALES: LAS FORMAS NO PERSONALES DEL VERBO

Las formas no personales de los verbos en español —llamadas así porque su terminación no indica la persona o agente que ejecuta la acción— incluyen **el infinitivo (hablar, comer, vivir), el participio (hablado, comido, vivido)** y **el gerundio (hablando, comiendo, viviendo).** Estas tres formas son un importante recurso para el escritor, pues le ofrecen alternativas para variar el estilo de su prosa.

El infinitivo: El «sustantivo verbal»

Dos de los usos frecuentes del infinitivo son funciones sustantivales: el sujeto de una oración o cláusula y el complemento del verbo o de una preposición. Note que dos de estas funciones no se expresan en inglés con el infinitivo sino con la forma *-ing* del verbo.

> **EN EL CUADERNO DE PRÁCTICA...**
>
> *hay actividades para practicar las formas no personales del verbo.*
>
> *También hay una sección adicional,* **Repaso de aspectos básicos,** *donde Ud. puede repasar «Los artículos definidos e indefinidos»* **(Capítulo 6, Tercera etapa).**

Sujeto:	**Cantar** y **bailar** son destrezas que uno debe aprender desde joven. ***Singing*** and ***dancing*** are skills that one should learn very young.
Complemento verbal:	Resulta cada vez más importante **saber utilizar** una computadora. *It is becoming more and more important **to know how to use** a computer.*
Complemento de preposición:	Saldrán después de **regar** las plantas. *They'll go out after **watering** the plants.*

Como complemento de preposición, una de las construcciones más frecuentes y útiles es **al** + *infinitivo*. Esta construcción se utiliza para referirse a

1. una acción que se completa inmediatamente antes de la acción del verbo principal.

Al abrir la puerta, se encontró cara a cara con su ex esposo.	***Upon opening*** *the door, she found herself face to face with her ex-husband.*

2. una acción en progreso que coincide con la acción del verbo principal.

José Luis siempre canta **al ducharse.**	*José Luis always sings **while he showers.***
Sufro horrores **al hablar** en público.	*I suffer horribly **when I speak** in public.*

El participio: El «adjetivo verbal»

El participio se refiere a una acción que se completa antes de la acción del verbo principal. En su función adjetival, concuerda en número y género con el sustantivo que modifica. Observe que en las siguientes construcciones el participio precede al sustantivo.

Completadas las tareas, los estudiantes volvieron a su casa.	*With the assignments **finished,** the students returned to their homes.*
Resuelto el problema, decidieron continuar el viaje.	*With the problem **solved,** they decided to continue the trip.*

El gerundio: El «adverbio verbal»

El gerundio puede funcionar como un adverbio: indica el cómo, el por qué y el cuándo de una acción. Se coloca antes del verbo principal en la oración.

Cómo: **Trabajando** toda la noche, podremos terminar a tiempo.
By working all night, we will be able to finish on time.

Por qué: **Siendo** una persona inteligente, Ud. va a entender nuestro apuro.
Since you are an intelligent person, you will appreciate our predicament.

Cuándo: **Apeando** a la mujer del carruaje, pudo notar el diseño sospechoso de su zapato.
As he helped the woman down from the carriage, he noted the suspicious design of her shoe.

El uso verbal del gerundio

El gerundio se usa con **estar** y con otros verbos para formar los tiempos progresivos. Estos se forman más comúnmente con **estar.**

Estoy leyendo una novela.

Miguel **estaba durmiendo** cuando llegué.

Ya para las ocho **estaremos comiendo.**

He estado estudiando toda la tarde.

Espera que su hija **esté practicando** el piano ahora.

Los tiempos progresivos también se pueden formar con **seguir/continuar, ir, andar** y **venir.**

1. El progresivo con **seguir/continuar** describe la duración o la repetición de una acción.

   Siguió corriendo cuando vio el perro.

   Continuaba trabajando aun después de las cinco.

2. El progresivo con **ir, venir** y **andar** también describe la duración o repetición de una acción, y a la vez da una idea de progreso o movimiento.

   Cada vez que practicaba, **iba mejorando** un poco.

   Vienen pidiendo limosnas.

   Anda buscando el anillo que le regaló su novio.

Hay ciertos límites en el uso de las construcciones progresivas.

1. Los verbos que no se refieren a acciones o a procesos no se usan en los tiempos progresivos. Algunos de estos verbos son **tener, haber, poder** y **ser.**

2. El progresivo con **estar** generalmente no se usa para referirse a un tiempo o a una acción futura como se hace en inglés. Para este propósito se usa un tiempo simple.

Llega (**Llegará**) mañana.	*She is arriving tomorrow.*
Dijo que nos **escribiría** pronto.	*He said **he would be writing** to us soon.*

3. La construcción progresiva no se usa en español con los verbos **parar, sentar, acostar** y **reclinar** para indicar una postura física. Se usa **estar** + *participio perfecto.*

El joven **está sentado** cerca del escenario.	*The young man **is sitting** near the stage.*
El policía **estaba parado** en la bocacalle.	*The police officer **was standing** in the intersection.*
Ese perro **ha estado acostado** todo el día.	*That dog **has been lying down** all day.*

Usos inapropiados del gerundio

El uso del gerundio en español es mucho más limitado que el de su equivalente en inglés. En las secciones anteriores se han explicado los usos verbales y adverbiales del gerundio que son idénticos en las dos lenguas. En inglés las palabras que terminan en *-ing* también pueden funcionar como sustantivo o adjetivo, pero estos usos son incorrectos en español. Para expresar las mismas ideas en español se usan otras construcciones. Se expresa el *-ing* sustantivado con un infinitivo.

(El) **Nadar** es bueno para el corazón.	***Swimming** is good for the heart.*
Detesta **lavar** los platos.	*She hates **washing** the dishes.*
Hay gran mérito en **trabajar.**	*There is great value in **working**.*

Se expresa el *-ing* que funciona como adjetivo con una frase o con un adjetivo.

Se ha perdido la guía **que contiene** los nombres y las direcciones que necesito.	*The directory **containing** the names and addresses I need has been lost.*
Esa máquina **de coser** no es muy moderna.	*That **sewing** machine is not very modern.*
Es un joven **divertido.**	*He is an **amusing** young man.*

REVISIÓN DE LOS ASPECTOS GRAMATICALES YA ESTUDIADOS

Después de revisar en su escrito para la tarea de este capítulo los usos de las formas no personales del verbo, revise también:

1. El uso de **ser** y **estar**

2. El uso del pretérito y el imperfecto

3. El uso de la voz pasiva con **ser,** la voz pasiva refleja y la construcción pasiva impersonal

4. El uso del subjuntivo

5. El uso de los pronombres relativos

REVISIÓN DEL VOCABULARIO Y DE LA EXPRESIÓN

Después de revisar la gramática, lea su escrito de nuevo con ojo crítico, particularmente en el vocabulario.

REVISIÓN DE LA ORTOGRAFÍA

Después de revisar los aspectos gramaticales estudiados y las notas sobre el vocabulario y la expresión, repase su escrito buscando los posibles errores de acentuación y ortografía.

> **EN EL CUADERNO DE PRÁCTICA...**
>
> *hay listas de vocabulario que pueden ser útiles para hacer la argumentación sobre una obra literaria. Consúltelas y haga las actividades correspondientes antes de revisar su escrito (**Capítulo 6, Tercera etapa**).*

Piénsalo... Si puedes, pídele a un compañero / una compañera que lea tu texto, buscando los posibles errores de gramática o expresión. Le puedes facilitar la lectura si le preparas una lista de control (sobre los aspectos de la forma) como la de la **Tercera etapa** del **Capítulo 2,** indicándole claramente los puntos de mayor interés.

PREPARACIÓN DE LA VERSIÓN FINAL

Escriba una nueva versión de su trabajo ya con las correcciones y los cambios necesarios.

> **EN SU LIBRETA...**
>
> *¡Es la hora de escribir la versión final de la tarea de este capítulo!*

APÉNDICE
A

Fuente de textos

En este apéndice encontrará dos cuentos y dos poemas de autores conocidos.

Los cuentos se pueden utilizar para la tarea del **Capítulo 6: La argumentación (Parte 2).** También son la base de las composiciones incluidas en el mismo capítulo.

Si quiere, Ud. puede utilizar cualquiera de las obras literarias en este apéndice para completar la actividad en la página 221.

CUENTO: A LA DERIVA
Horacio Quiroga

El hombre pisó algo blanduzco, y en seguida sintió la mordedura en el pie. Saltó adelante, y al volverse con un juramento, vio a una yararacusú que, arrollada sobre sí misma, esperaba otro ataque.

El hombre echó una veloz ojeada a su pie, donde dos gotitas de sangre engrosaban dificultosamente, y sacó el machete de la cintura. La víbora vio la amenaza y hundió más la cabeza en el centro mismo de su espiral; pero el machete cayó de plano, dislocándole las vértebras.

El hombre se bajó hasta la mordedura, quitó las gotitas de sangre y durante un instante contempló. Un dolor agudo nacía de los dos puntitos violeta y comenzaba a invadir todo el pie. Apresuradamente se ligó el tobillo con su pañuelo y siguió por la picada hacia su rancho.

El dolor en el pie aumentaba, con sensación de tirante abultamiento, y de pronto el hombre sintió dos o tres fulgurantes puntadas que, como relámpagos, habían irradiado desde la herida hasta la mitad de la pantorrilla. Movía la pierna con dificultad; una metálica sequedad de garganta, seguida de sed quemante, le arrancó un nuevo juramento.

Llegó por fin al rancho y se echó de brazos sobre la rueda de un trapiche. Los dos puntitos violeta desaparecían ahora en una monstruosa hinchazón del pie entero. La piel parecía adelgazada y a punto de ceder, de tersa. Quiso llamar a su mujer, y la voz se quebró en un ronco arrastre de garganta reseca. La sed lo devoraba.

—¡Dorotea! —alcanzó a lanzar en un estertor—. ¡Dame caña!

Su mujer corrió con un vaso lleno, que el hombre sorbió en tres tragos. Pero no había sentido gusto alguno.

—¡Te pedí caña, no agua! —rugió de nuevo—. ¡Dame caña!

—¡Pero es caña, Paulino! —protestó la mujer, espantada.

—¡No, me diste agua! ¡Quiero caña, te digo!

La mujer corrió otra vez, volviendo con la damajuana. El hombre tragó uno tras otro dos vasos, pero no sintió nada en la garganta.

—Bueno, esto se pone feo —murmuró entonces, mirando su pie, lívido y con lustre gangrenoso.

Sobre la honda ligadura del pañuelo la carne desbordaba como una monstruosa morcilla.

Los dolores fulgurantes se sucedían en continuos relampagueos y llegaban ahora hasta la ingle. La atroz sequedad de garganta, que el aliento parecía caldear más, aumentaba a la par. Cuando pretendió incorporarse un fulminante vómito lo mantuvo medio minuto con la frente apoyada en la rueda de palo.

Pero el hombre no quería morir, y descendiendo hasta la costa subió a su canoa. Sentóse en la popa y comenzó a palear hasta el centro del Paraná. Allí la corriente del río, que en las inmediaciones del Iguazú corre seis millas, lo llevaría antes de cinco horas a Tacurú-Pacú.

El hombre, con sombría energía, pudo efectivamente llegar hasta el medio del río; pero allí sus manos dormidas dejaron caer la pala en la canoa y tras un nuevo vómito —de sangre esta vez— dirigió una mirada al sol, que ya trasponía el monte.

La pierna entera, hasta medio muslo, era ya un bloque deforme y durísimo que reventaba la ropa. El hombre cortó la ligadura y abrió el pantalón con su cuchillo: el bajo vientre desbordó hinchado, con grandes manchas lívidas y terriblemente doloroso. El hombre pensó que no podría jamás llegar él solo a Tacurú-Pacú y se decidió a pedir ayuda a su compadre Alves, aunque hacía mucho tiempo que estaban disgustados.

La corriente del río se precipitaba ahora hacia la costa brasileña, y el hombre pudo fácilmente atracar. Se arrastró por la picada en cuesta arriba; pero a los veinte metros, exhausto, quedó tendido de pecho.

—¡Alves! —gritó con cuanta fuerza pudo; y prestó oído en vano.

—¡Compadre Alves! ¡No me niegue este favor! —clamó de nuevo, alzando la cabeza del suelo.

En el silencio de la selva no se oyó un solo rumor. El hombre tuvo aún valor para llegar hasta su canoa, y la corriente, cogiéndola de nuevo, la llevó velozmente a la deriva.

El Paraná corre allí en el fondo de una inmensa hoya, cuyas paredes, altas, de cien metros, encajonan fúnebremente el río. Desde las orillas, bordeadas de negros bloques de basalto, asciende el bosque, negro también. Adelante, a los costados, detrás, la eterna muralla lúgubre, en cuyo fondo el río arremolinado se precipita en incesantes borbollones de agua fangosa. El paisaje es agresivo y reina en él un silencio de muerte. Al atardecer, sin embargo, su belleza sombría y calma cobra una majestad única.

El sol había caído ya, cuando el hombre, semitendido en el fondo de la canoa, tuvo un violento escalofrío. Y de pronto, con asombro, enderezó pesadamente la cabeza: se sentía mejor. La pierna le dolía apenas, la sed disminuía, y su pecho, libre ya, se abría en lenta inspiración.

El veneno comenzaba a irse, no había duda. Se hallaba casi bien, y aunque no tenía fuerzas para mover la mano, contaba con la caída del rocío para reponerse del todo. Calculó que antes de tres horas estaría en Tacurú-Pacú.

El bienestar avanzaba, y con él una somnolencia llena de recuerdos. No sentía ya nada ni en la pierna ni en el vientre. ¿Viviría aún su compadre Gaona en Tacurú-Pacú? Acaso viera también a su ex patrón míster Dougald y al recibidor del obraje.

¿Llegaría pronto? El cielo, al Poniente, se abría ahora en pantalla de oro, y el río se había coloreado también. Desde la costa paraguaya, ya entenebrecida, el monte dejaba caer sobre el río su frescura crepuscular en penetrantes efluvios de azahar y miel silvestre. Una pareja de guacamayos cruzó muy alto y en silencio hacia el Paraguay.

Allá abajo, sobre el río de oro, la canoa derivaba velozmente, girando a ratos sobre sí misma, ante el borbollón de un remolino. El hombre que iba en ella se sentía cada vez mejor, y pensaba entretanto en el tiempo justo que había pasado sin ver a su ex patrón Dougald. ¿Tres años? Tal vez no, no tanto. ¿Dos años y nueve meses? Acaso. ¿Ocho meses y medio? Eso sí, seguramente.

De pronto sintió que estaba helado hasta el pecho. ¿Qué sería? Y la respiración también…

Al recibidor de maderas de míster Dougald, Lorenzo Cubilla, lo había conocido en Puerto Esperanza un Viernes Santo… ¿Viernes? Sí, o jueves…

El hombre estiró lentamente los dedos de la mano.

—Un jueves…

Y cesó de respirar.

CUENTO: NO OYES LADRAR LOS PERROS   *Juan Rulfo*

Tú que vas allá arriba, Ignacio, dime si no oyes alguna señal de algo o si ves alguna luz en alguna parte.

—No se ve nada.

—Ya debemos estar cerca.

—Sí, pero no se oye nada.

—Mira bien.

—No se ve nada.

—Pobre de ti, Ignacio.

La sombra larga y negra de los hombres siguió moviéndose de arriba abajo, trepándose a las piedras, disminuyendo y creciendo según avanzaba por la orilla del arroyo. Era una sola sombra, tambaleante.

La luna venía saliendo de la tierra, como una llamarada redonda.

—Ya debemos estar llegando a ese pueblo, Ignacio. Tú que llevas las orejas de fuera, fíjate a ver si no oyes ladrar los perros. Acuérdate que nos dijeron que Tonaya estaba detrasito del monte. Y desde qué horas que hemos dejado el monte. Acuérdate, Ignacio.

—Sí, pero no veo rastro de nada.

—Me estoy cansando.

—Bájame.

El viejo se fue reculando hasta encontrarse con el paredón y se recargó allí, sin soltar la carga de sus hombros. Aunque se le doblaban las piernas, no quería sentarse, porque después no hubiera podido levantar el cuerpo de su hijo, al que allá atrás, horas antes, le habían ayudado a echárselo a la espalda. Y así lo había traído desde entonces.

—¿Cómo te sientes?

—Mal.

Hablaba poco. Cada vez menos. En ratos parecía dormir. En ratos parecía tener frío. Temblaba. Sabía cuándo le agarraba a su hijo el temblor por las sacudidas que le daba, y porque los pies se le encajaban en los ijares como espuelas. Luego las manos del hijo, que traía trabadas en su pescuezo, le zarandeaban la cabeza como si fuera una sonaja.

Él apretaba los dientes para no morderse la lengua y cuando acababa aquello le preguntaba:

—¿Te duele mucho?

—Algo —contestaba él.

Primero le había dicho: «Apéame aquí… Déjame aquí… Vete tú solo. Yo te alcanzaré mañana o en cuanto me reponga un poco.» Se lo había dicho como cincuenta veces. Ahora ni siquiera eso decía.

Allí estaba la luna. Enfrente de ellos. Una luna grande y colorada que les llenaba de luz los ojos y que estiraba y oscurecía más su sombra sobre la tierra.

—No veo ya por dónde voy —decía él.

Pero nadie le contestaba.

El otro iba allá arriba, todo iluminado por la luna, con su cara descolorida, sin sangre, reflejando una luz opaca. Y él acá abajo.

—¿Me oíste, Ignacio? Te digo que no veo bien.

Y el otro se quedaba callado.

Siguió caminando, a tropezones. Encogía el cuerpo y luego se enderezaba para volver a tropezar de nuevo.

—Este no es ningún camino. Nos dijeron que detrás del cerro estaba Tonaya. Ya hemos pasado el cerro. Y Tonaya no se ve, ni se oye ningún ruido que nos diga que está cerca. ¿Por qué no quieres decirme qué ves, tú que vas allá arriba, Ignacio?

—Bájame, padre.

—¿Te sientes mal?

—Sí.

—Te llevaré a Tonaya a como dé lugar. Allí encontraré quien te cuide. Dicen que allí hay un doctor. Yo te llevaré con él. Te he traído cargando desde hace horas y no te dejaré tirado aquí para que acaben contigo quienes sean.

Se tambaleó un poco. Dio dos o tres pasos de lado y volvió a enderezarse.

—Te llevaré a Tonaya.

—Bájame.

Su voz se hizo quedita, apenas murmurada:

—Quiero acostarme un rato.

—Duérmete allí arriba. Al cabo te llevo bien agarrado.

La luna iba subiendo, casi azul, sobre un cielo claro. La cara del viejo, mojada en sudor, se llenó de luz. Escondió los ojos para no mirar de frente, ya que no podía agachar la cabeza agarrotada entre las manos de su hijo.

—Todo esto que hago, no lo hago por usted. Lo hago por su difunta madre. Porque usted fue su hijo. Por eso lo hago. Ella me reconvendría si yo lo hubiera dejado tirado allí, donde lo encontré, y no lo hubiera recogido para llevarlo a que lo curen, como estoy haciéndolo. Es ella la que me da ánimos, no usted. Comenzando porque a usted no le debo más que puras dificultades, puras mortificaciones, puras vergüenzas.

Sudaba al hablar. Pero el viento de la noche le secaba el sudor. Y sobre el sudor seco, volvía a sudar.

—Me derrengaré, pero llegaré con usted a Tonaya, para que le alivien esas heridas que le han hecho. Y estoy seguro de que, en cuanto se sienta usted bien, volverá a sus malos pasos. Eso ya no me importa. Con tal que se vaya lejos, donde yo no vuelva a saber de usted. Con tal de eso… Porque para mí usted ya no es mi hijo. Ha maldecido la sangre que usted tiene de mí. La parte que a mí me tocaba la he maldecido. He dicho: «¡Que se le pudra en los riñones la sangre que yo le di!» Lo dije desde que supe que usted andaba trajinando por los caminos, viviendo del robo y matando gente… Y gente buena. Y si no, allí está mi compadre Tranquilino. Él que lo bautizó a usted. Él que le dio su nombre. A él también le tocó la mala suerte de encontrarse con usted. Desde entonces dije: «Ese no puede ser mi hijo.»

—Mira a ver si ya ves algo. O si oyes algo. Tú que puedes hacerlo desde allá arriba, porque yo me siento sordo.

—No veo nada.

—Peor para ti, Ignacio.

—Tengo sed.

—¡Aguántate! Ya debemos estar cerca. Lo que pasa es que ya es muy noche y han de haber apagado la luz del pueblo. Pero al menos debías de oír si ladran los perros. Haz por oír.

—Dame agua.

—Aquí no hay agua. No hay más que piedras. Aguántate. Y aunque la hubiera, no te bajaría a tomar agua. Nadie me ayudaría a subirte otra vez y yo solo no puedo.

—Tengo mucha sed y mucho sueño.

—Me acuerdo cuando naciste. Así eras entonces. Despertabas con hambre y comías para volver a dormirte. Y tu madre te daba agua, porque ya te habías acabado la leche de ella. No tenías llenadero. Y eras muy rabioso. Nunca pensé que con el tiempo se te fuera a subir aquella rabia a la cabeza… Pero así fue. Tu madre, que descanse en paz, quería que te criaras fuerte. Creía que cuando tú crecieras irías a ser su sostén. No te tuvo más que a ti. El otro hijo que iba a tener la mató. Y tú la hubieras matado otra vez si ella estuviera viva a estas alturas.

Sintió que el hombre aquel que llevaba sobre sus hombros dejó de apretar las rodillas y comenzó a soltar los pies, balanceándolos de un lado para otro. Y le pareció que la cabeza, allá arriba se sacudía como si sollozara.

Sobre su cabello sintió que caían gruesas gotas, como de lágrimas.

—¿Lloras, Ignacio? Lo hace llorar a usted el recuerdo de su madre, ¿verdad? Pero nunca hizo usted nada por ella. Nos pagó siempre mal. Parece que, en lugar de cariño, le hubiéramos retacado el cuerpo de maldad. ¿Y ya ve? Ahora lo han herido. ¿Qué pasó con sus amigos? Los mataron a todos. Pero ellos no tenían a nadie. Ellos bien hubieran podido decir: «No tenemos a quién darle nuestra lástima.» ¿Pero usted, Ignacio?

Allí estaba ya el pueblo. Vio brillar los tejados bajo la luz de la luna. Tuvo la impresión de que lo aplastaba el peso de su hijo al sentir que las corvas se le doblaban en el último esfuerzo. Al llegar al primer tejabán, se recostó sobre el pretil de la acera y soltó el cuerpo, flojo, como si lo hubieran descoyuntado.

Destrabó difícilmente los dedos con que su hijo había venido sosteniéndose de su cuello y, al quedar libre, oyó cómo por todas partes ladraban los perros.

—¿Y tú no los oías, Ignacio? —dijo—. No me ayudaste ni siquiera con esta esperanza.

POEMA: RIMAS, VII   *Gustavo Adolfo Bécquer*

Del salón en el ángulo oscuro,
de su dueña tal vez olvidada,
silenciosa y cubierta de polvo,
veíase el arpa.

5   ¡Cuánta nota dormía en sus cuerdas,
    como el pájaro duerme en las ramas,
    esperando la mano de nieve
    que sabe arrancarlas!

    ¡Ay!, pensé: ¡cuántas veces el genio
10 así duerme en el fondo del alma
    y una voz como Lázaro espera
    que le diga: «Levántate y anda»!

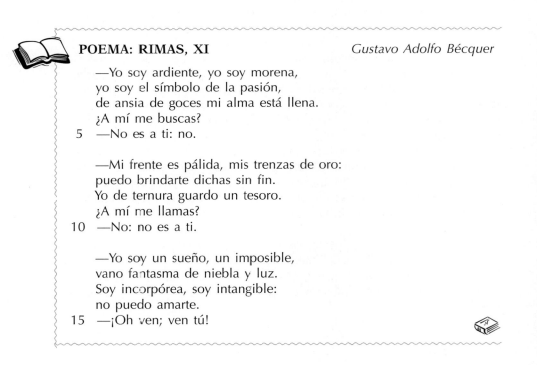

POEMA: RIMAS, XI   *Gustavo Adolfo Bécquer*

    —Yo soy ardiente, yo soy morena,
    yo soy el símbolo de la pasión,
    de ansia de goces mi alma está llena.
    ¿A mí me buscas?
5   —No es a ti: no.

    —Mi frente es pálida, mis trenzas de oro:
    puedo brindarte dichas sin fin.
    Yo de ternura guardo un tesoro.
    ¿A mí me llamas?
10 —No: no es a ti.

    —Yo soy un sueño, un imposible,
    vano fantasma de niebla y luz.
    Soy incorpórea, soy intangible:
    no puedo amarte.
15 —¡Oh ven; ven tú!

El trabajo de investigación

El trabajo de investigación se conoce por varios nombres. En inglés se le da el nombre de *term paper* o *research paper;* en español se le conoce por los nombres de **trabajo formal, trabajo de investigación, informe e informe técnico.**

El trabajo de investigación tiene tres características que lo diferencian de los demás tipos de escrito. En primer lugar, es un escrito de una extensión determinada: Generalmente se trata de un trabajo escrito a máquina de más de cinco hojas. En segundo lugar, el trabajo contiene el resultado de la investigación de un estudiante sobre un tema determinado. Es decir, se supone que el estudiante no escribe sobre algo que puede comentar basado en su propia experiencia, sino sobre algún tema que le interesa y que ha decidido investigar sistemáticamente. Para esto, utiliza la biblioteca y consulta varias fuentes de información. Finalmente, el trabajo de investigación es un escrito que documenta las ideas y citas que se han tomado de las diferentes obras consultadas. Contiene notas que dan a conocer al lector de dónde fueron tomados los datos incluidos e incluye una bibliografía completa del material consultado.

Los dos tipos de trabajo de investigación

En general, el trabajo de investigación puede escribirse desde dos diferentes perspectivas: puede escribirse un trabajo informativo o un trabajo crítico. Como lo indica su nombre, el trabajo informativo sencillamente informa. El autor presenta el fruto de su investigación: lo que se sabe acerca del tema y la postura actual de los peritos en la materia. Si descubre que hay controversias entre estos, las presenta objetivamente. El trabajo informativo no contiene el juicio del escritor sobre el tema. El profesor lo evalúa tomando en cuenta la profundidad de la investigación, el número y clase de obras consultadas y la claridad con que se haya presentado lo que hasta el momento se sabe sobre la materia.

El trabajo crítico, tanto como el trabajo informativo, contiene datos que se han encontrado como producto de una investigación. Pero el propósito del trabajo crítico no es informar, sino persuadir. Por lo tanto,

273

el escritor del trabajo crítico no solamente presenta el resultado de su investigación sino también su *interpretación* de los datos. Cuando se encuentra frente a un tema que es objeto de una controversia entre expertos en la materia, el escritor del trabajo crítico adopta una de las posturas y comparte con el lector las razones que justifican su elección. Tanto el trabajo crítico como el informativo se evalúan por la profundidad de la investigación y la claridad de la presentación. En este caso, sin embargo, también se mide la calidad y solidez de los juicios que ofrece el escritor.

El proceso de escribir el trabajo de investigación

El proceso de escribir un trabajo de investigación es similar al proceso de escribir una exposición elaborada según las diversas estrategias de desarrollo (comparación y contraste, análisis y clasificación) que se han presentado en este texto. Lo que es distinto es la extensión del trabajo y las etapas que se completan *antes de escribir*. El siguiente cuadro presenta un resumen del orden en que tales etapas se efectúan.

EL PROCESO DE ESCRIBIR UN TRABAJO DE INVESTIGACIÓN		
Paso	*Etapa*	*Método*
1	Seleccionar un tema	1. Leer las sugerencias del profesor 2. Repasar las ideas principales del curso 3. Recordar los intereses fundamentales
2	Hacer una lectura preliminar	4. Buscar las fuentes principales de información 5. Leer sobre el tema en general
3	Limitar el tema	6. Usar los procesos que se aprendieron en el **Capítulo 3**
4	Elaborar una tesis preliminar	7. Hacer preguntas de enfoque
5	Enfocar la lectura	8. Leer acerca del aspecto del tema original que se haya decidido enfocar

(continúa)

EL PROCESO DE ESCRIBIR UN TRABAJO DE INVESTIGACIÓN		
Paso	*Etapa*	*Método*
6	Apuntar ideas	9. Apuntar ideas que apoyen la tesis 10. Incluir los datos bibliográficos de cada nota
7	Organizar la información	11. Clasificar los datos que se encontraron
8	Revisar la tesis	12. Elaborar una tesis definitiva
9	Escribir la primera versión	13. Utilizar los principios de organización que se estudiaron
10	Revisar el trabajo y escribir una segunda versión	14. Utilizar las técnicas de revisión que se estudiaron
11	Incluir la documentación	15. Preparar notas 16. Preparar la bibliografía
12	Corregir el trabajo	17. Poner atención al contenido, a los aspectos gramaticales y a los aspectos estilísticos

WWW *Rincón del escritor*
Vea el *Apéndice D* del **Rincón del escritor** para informarse sobre la documentación bibliográfica.
www.mhhe.com/composicion5

La selección de un tema

En el **Capítulo 3** se habló del proceso que se debe seguir para enfocar un tema. Al escribir un trabajo de investigación también se necesita limitar y luego enfocar el tema. El problema que tienen muchos estudiantes, sin embargo, es el de decidir qué tema global van a escoger como punto de partida.

Lógicamente, un tema que se va a tratar en un trabajo de investigación necesita prestarse para tal investigación. Es decir, no puede escogerse un tema que haya sido comentado solamente en *un* libro. Al mismo tiempo, tampoco puede escribirse sobre un tema tan amplio que requiera la lectura de cientos de libros. Como guía general, entonces, puede decirse que los temas que se prestan para el trabajo de investigación son aquellos que

1. se relacionan con la materia que se estudia en clase

2. le interesan al estudiante a nivel personal

3. ya han sido tratados en varios libros y/o artículos

4. se pueden enfocar con facilidad concentrándose en un solo aspecto

5. se pueden investigar objetivamente

La elaboración de la tesis definitiva

Al escribir un trabajo de investigación, se empieza con un tema y después de limitarlo, se elabora una tesis preliminar. Esta tesis sirve para enfocar la lectura sobre un aspecto específico. Generalmente, a medida que se lee y se apuntan las ideas más relevantes, se aprende mucho más sobre el tema. Después de terminar la lectura y organizar la información, conviene repasar la tesis preliminar para decidir si todavía es de utilidad. Con gran frecuencia se descubre que es posible enfocar el tema con más precisión.

El trabajo de investigación sobre temas literarios

El trabajo de investigación sobre temas literarios presenta problemas muy especiales tanto en la investigación como en la selección de temas enfocados. El primer problema se relaciona con la bibliografía: existen muchísimas obras sobre casi todos los temas literarios que se estudian a nivel universitario. Puede ser difícil seleccionar obras de consulta de entre una lista de cientos de tratados, aun en la primera etapa de la lectura. Un segundo problema hace la situación más compleja: generalmente el estudiante tiene conocimientos limitados acerca del tema que desea investigar. Esto lo lleva con frecuencia a empezar la lectura preliminar sin una idea concreta de lo que quiere buscar o encontrar.

Como regla general, puede ser útil hacerse las siguientes preguntas antes de empezar el proceso de investigación:

1. ¿Quiero escribir sobre alguna época literaria? (el Siglo de Oro, el siglo XIX, etcétera)

2. ¿Quiero escribir sobre algún género literario en general? (la novela, la poesía, el teatro, el cuento)

3. ¿Quiero escribir sobre algún movimiento literario? (el romanticismo, el modernismo, el realismo)

4. ¿Quiero escribir sobre algún escritor? (su vida, su obra en general)

5. ¿Quiero escribir sobre alguna obra en particular? (*El burlador de Sevilla, Doña Bárbara*)

Después de haber decidido qué dirección tomará la investigación, se empieza a leer ya sea sobre un escritor, sobre una época o sobre una obra. Cuando se termina la lectura general y se sabe más acerca del tema, este ya puede limitarse y enfocarse. Por ejemplo, si se decide escribir sobre una obra literaria, hay tres tipos diferentes de enfoque que uno puede seguir.

1. *Uno puede enfocarse en la trayectoria u origen de una obra.* ¿Qué circunstancias históricas o sociales fueron la fuente de origen de la obra? ¿Qué circunstancias en la vida del escritor influyeron en su perspectiva? ¿Qué movimientos literarios se reflejan en la obra?

2. *Uno puede enfocarse en la obra en sí misma.* ¿Cuál es el significado de la obra? ¿Cuál es su punto de vista? ¿Cuál es su tono? ¿Cuál es la tesis general de la obra? ¿Cómo es su estructura? ¿Cuál es la función del lenguaje? ¿Qúe símbolos se utilizan?

   Desde esta perspectiva, también puede uno enfocarse en varias obras al mismo tiempo. Puede hacerse una comparación y/o contraste entre dos obras escritas por escritores diferentes; o puede señalarse los cambios ocurridos en un mismo escritor, comparando sus obras tempranas con las obras escritas en su madurez.

3. *Uno puede enfocarse en la influencia de una obra.* ¿Qué influencia tuvo, por ejemplo, el teatro clásico francés en el teatro español? ¿Qué influencia ha tenido la novela *Rayuela* en la novelística hispanoamericana?

La estructura del trabajo de investigación

Hay dos tipos de formato que pueden utilizarse en la organización del trabajo de investigación. Al primer tipo se le da el nombre de *formato separado;* al segundo se le llama *formato integrado.* La organización del *formato separado* puede verse en el siguiente esquema.

FORMATO SEPARADO	
Trabajo informativo	*Trabajo crítico*
I. Presentación del tema en general e identificación de la tesis	I. Presentación del tema en general e identificación de la tesis
II. Presentación de todos los aspectos del tema y de los datos obtenidos	II. Presentación de todos los aspectos del tema y de los datos obtenidos
III. Presentación de los juicios de los expertos acerca de los datos obtenidos	III. Presentación de los juicios de los expertos acerca de los datos obtenidos
IV. Conclusión	IV. Presentación de los juicios personales
	V. Conclusión

Como se notará, este formato consta de tres o cuatro partes principales. Cada una de estas partes se puede identificar dentro del trabajo utilizando títulos para cada sección o por medio de párrafos de transición que le indiquen al lector el contenido de lo que leerá a continuación. La primera parte siempre contiene una presentación general o una introducción. La segunda contiene los datos que se encontraron a través de la investigación. La tercera incluye los juicios que se han emitido sobre los datos obtenidos y, finalmente, si se trata de un trabajo crítico, la cuarta parte contiene la evaluación del escritor sobre la materia de su investigación.

El *formato integrado*, así como su nombre lo sugiere, *integra* en una misma sección datos, juicios de los expertos y juicios personales. Este formato es mucho más flexible que el formato separado ya que el escritor puede presentar en forma diferente los distintos datos y aspectos del tema. También le permite al escritor poner de relieve las semejanzas y diferencias existentes entre un dato, el juicio de un experto y un juicio personal a la vez. La estructura de este tipo de trabajo se presenta en el esquema que aparece a continuación.

FORMATO INTEGRADO

   I. Presentación del tema en general e identificación de la tesis

  II. Presentación de un aspecto del tema
- A. datos
- B. juicios de los expertos
- C. juicios personales

III. Presentación de otro aspecto del tema
- A. datos
- B. juicios de los expertos
- C. juicios personales

IV. Presentación de otro aspecto
- A. datos
- B. juicios de los expertos
- C. juicios personales

  V. Conclusión

Antes de escribir el trabajo de investigación, es necesario decidir cómo organizar el trabajo. Es buena idea elaborar dos esquemas; esto ayuda a conceptualizar el escrito en su totalidad y a ver las ventajas y desventajas de cada formato. Por ejemplo, si se hubieran recogido datos sobre las obras de Cervantes, se podría hacer una comparación como la de la próxima página, vista de dos maneras.

FORMATO SEPARADO	FORMATO INTEGRADO
I. Introducción	I. Introducción

II. Las novelas ejemplares	II. Las novelas ejemplares
	   A. juicios de los expertos
	   B. juicios personales

III. *La Galatea*	III. *La Galatea*
	   A. juicios de los expertos
	   B. juicios personales

IV. La poesía de Cervantes	IV. La poesía de Cervantes
	   A. juicios de los expertos
	   B. juicios personales

V. El teatro de Cervantes	V. El teatro de Cervantes
	   A. juicios de los expertos
	   B. juicios personales

VI. *Don Quijote*	VI. *Don Quijote*
	   A. juicios de los expertos
	   B. juicios personales

VII. Juicios de los expertos sobre todas las obras	VII. Conclusión
VIII. Juicios personales sobre todas las obras	
IX. Conclusión	

El uso de uno u otro de los formatos en este caso dependería del propósito del escritor. El formato separado podría utilizarse si el propósito del escritor fuera hablar de las obras de Cervantes *en general*, dando información sobre los diferentes géneros literarios que cultivó este autor, los juicios de los expertos sobre la producción de Cervantes *en conjunto* y del juicio del escritor mismo. El formato integrado se prestaría más para una exposición cuyo fin fuera comparar entre sí las diferentes obras del autor, lo cual exigiría un trabajo más detallado.

APÉNDICE C

La respuesta en forma de ensayo

Un tipo de ensayo que muchos estudiantes conocen es la respuesta más o menos extensa que tienen que escribir en un examen. Un examen que requiere respuestas en forma de ensayo consiste en una serie de preguntas generales sobre algún tema. El estudiante contesta escribiendo un breve ensayo como respuesta a cada pregunta. Esta clase de examen no pide que el estudiante escriba una obra literaria, sino que demuestre de manera organizada y coherente su comprensión de cierta materia.

Al contestar un examen de ensayo, el estudiante revela al profesor

1. los conceptos que comprendió y los conocimientos que asimiló durante el curso.

2. la forma en que puede aplicar estos conceptos a nuevas situaciones o experiencias.

3. la forma en que puede organizar la información (los conceptos que aprendió) y apoyar generalizaciones sobre el tema.

4. la originalidad con la cual presenta soluciones o respuestas.

5. su habilidad para utilizar las ideas y el vocabulario del curso.

Al responder a una pregunta con una respuesta de ensayo

1. se debe asumir que se escribe para un lector que, aunque es inteligente y educado, *no* conoce a fondo la materia tratada. Esto impedirá que se dejen fuera algunos elementos fundamentales que sirven de base a la respuesta. El objetivo principal debe ser lucir o demostrar los conocimientos que se tengan sobre el tema en la forma más completa posible.

2. se escribe la respuesta utilizando cualquier técnica de desarrollo que parezca apropiada.

3. se expresa y se defiende un juicio personal.

4. se utiliza un tono relativamente formal. Preferiblemente, deben evitarse el humor y el sarcasmo.

5. se tiene cuidado de que la tesis de la respuesta responda directamente a la pregunta que se contesta.

Dada la situación particular en que se escribe (límite de tema, límite de tiempo, etcétera), el desarrollo de respuestas en forma de ensayo puede ser difícil para muchos estudiantes, ya que es necesario elaborarlas rápidamente sin tener la oportunidad de planear cuidadosamente ni de revisar lo escrito con detenimiento. Sin embargo, el estudiante que siente confianza en su habilidad de presentar información en forma escrita encontrará que el hacerlo en un tiempo limitado no cambia los aspectos fundamentales del proceso. Cuando se contesta una pregunta por medio de un ensayo, el orden que se sigue al escribir es el mismo que se sigue al escribir una exposición cualquiera. Primero se decide con qué propósito se escribe: reportar, evaluar, analizar, establecer un contraste o definir. Entonces se elabora una tesis que conteste la pregunta directamente; se recuerdan detalles y ejemplos que apoyen la tesis; y finalmente se organiza la respuesta en un orden lógico y coherente.

El siguiente modelo se escribe como respuesta a la pregunta: «¿Cuáles son las características estructurales de la novela picaresca española?»

LAS CARACTERÍSTICAS ESTRUCTURALES DE LA NOVELA PICARESCA ESPAÑOLA

*L*a novela picaresca española es un tipo de novela que se escribió durante los siglos XVI y XVII. Su estructura se caracteriza por cuatro rasgos distintivos importantes.

En primer lugar, la novela picaresca española es autobiográfica. El protagonista cuenta en primera persona sus aventuras. Los demás personajes son vistos a través de sus ojos.

La segunda característica importante se relaciona con la vida del pícaro. La novela picaresca cuenta las aventuras de este en su interacción con los diferentes amos a quienes sirve. La sucesión de amos incluye una galería de tipos humanos que reflejan la realidad social de la España de esa época.

Todas las obras picarescas se caracterizan por su estructura episódica. Cada una de las aventuras del pícaro forma un episodio distinto en la novela. La única relación entre los episodios es la presencia del pícaro. La novela picaresca no parece seguir un plan de desarrollo fijo. Generalmente pueden añadirse o quitarse capítulos o episodios sin alterar seriamente la novela.

Finalmente, la novela picaresca se caracteriza por su perspectiva de la realidad. Lo picaresco es, ante todo, una forma de ver la vida. El pícaro, amargado por sus experiencias, sólo logra ver los aspectos más infames de la sociedad. No le es posible enfocar su visión en lo noble, lo bueno y lo heroico.

Esta respuesta en forma de ensayo se ha limitado rígidamente al **tema** de la pregunta. La pregunta pide una descripción de las características y, por lo tanto, la respuesta se limita a hacer una lista de cuatro elementos dando suficiente información sobre cada uno para demostrar que se tiene conocimiento de la materia. Dada la forma en que se ha presentado la pregunta, no vendría al caso que quien escribe la respuesta diera su propia opinión sobre la novela picaresca en general, y por lo tanto una evaluación del género resultaría innecesaria.

El **propósito** de la respuesta es **informar.** Ya que la pregunta se encuentra en un examen, la respuesta también busca demostrar al lector (en este caso, el profesor) que se ha entendido claramente alguna información proveniente de los estudios. El ensayo está escrito en **tercera persona.** El **tono** es absolutamente neutral y no hay asomo de la actitud del escritor hacia el tema.

Esta respuesta consta de cinco párrafos. El primer párrafo sirve de introducción. Aquí se presenta una definición a grandes rasgos del género, situándolo dentro de un marco histórico. Este párrafo también contiene la tesis, la cual contesta directamente la pregunta que se hizo. Establece que hay cuatro características importantes de la novela picaresca.

Siguiendo la técnica de análisis, los cuatro párrafos que siguen se dedican a comentar cada una de las cuatro características. En cada párrafo se menciona un elemento clave y se incluye lo esencial para explicar lo que se propone.

ESTRATEGIAS DEL ESCRITOR: CÓMO ENFOCAR LA RESPUESTA

El enfoque específico de la respuesta de ensayo

Al escribir una respuesta en forma de ensayo, lo más importante es estructurarla para que responda directamente a lo que pide la pregunta. En otras palabras, lo crucial es *contestar la pregunta*. Esto quiere decir que se tendrá cuidado al interpretarla, en ceñirse a lo que pide y en no incluir ninguna información innecesaria.

Las preguntas que requieren un ensayo como respuesta piden por lo general que el estudiante se aproxime al tema de manera específica.

El verbo imperativo que se utiliza en la pregunta casi siempre indica exactamente qué perspectiva debe tomarse. Es importante, entonces, que el estudiante ponga especial atención a esta dimensión de las preguntas.

A continuación se presentan varios ejemplos de preguntas que piden una respuesta en forma de ensayo y en las cuales se examinarán los verbos imperativos.

1. ANALICE la estructura del Poema del Cid

Un análisis examina las diferentes partes o elementos de un conjunto o entidad. Aquí la respuesta tendría que incluir comentarios sobre las divisiones principales de la obra, de la acción dentro de cada una de esas divisiones, de la versificación y su función, etcétera.

2. DESCRIBA al personaje principal del Poema del Cid

La respuesta a esta pregunta incluiría una descripción física del personaje (su gran fuerza, por ejemplo) y una descripción de su carácter (su valentía, lealtad, etcétera) según sus acciones en la obra.

3. EXPLIQUE el verso «Dios qué buen vassallo, si oviesse buen señore!»

Esta pregunta pide que el estudiante interprete el verso citado. Una interpretación pudiera incluir una identificación de la obra de la cual se tomó la cita, del personaje de quien se habla o quizás de su significado dada la acción de la obra.

4. COMPARE el Poema del Cid con la épica francesa La Chanson de Roland

En este caso el estudiante ha de contestar la pregunta mostrando las semejanzas y diferencias entre los dos poemas épicos. La comparación y/o el contraste puede hacerse desde diferentes perspectivas. Pueden compararse las estructuras, los personajes principales, los argumentos, el uso de la versificación y del lenguaje en ambas obras, la realidad histórica, etcétera. Para contestar esta pregunta, es necesario hablar de *ambas* obras.

5. DEFINA la poesía épica

La respuesta a esta pregunta, como lo hace la definición en general, colocaría lo que se define dentro de una clase en general y luego seleccionaría los detalles que hicieran sobresalir las características particulares del género.

6. *COMENTE lo siguiente: el* **Poema del Cid** *idealiza la venganza*

En este caso, el estudiante tendrá que determinar si hay aspectos de la obra que puedan interpretarse como una idealización de la venganza. Según su conocimiento o comprensión de la obra, el estudiante estará de acuerdo o rechazará tal afirmación, presentando su interpretación lógicamente y apoyándola con ejemplos tomados de la obra.

El enfoque específico de la respuesta en forma de ensayo, entonces, depende de la pregunta. Antes de empezar a escribir es necesario leer con cuidado cada pregunta y, si es posible, subrayar el verbo imperativo. Además de los verbos que se han incluido anteriormente, con frecuencia aparecen los siguientes.

Aclare: Explicar según el contexto específico de una obra

Resuma: Dar los puntos principales de un ensayo u obra literaria

Enumere: Nombrar los elementos

Cite: Dar ejemplos

Algunos imperativos utilizados en esta clase de preguntas, por ejemplo *analice* o *compare,* automáticamente imponen una técnica de desarrollo. Otros, sin embargo, como *explique* o *comente,* permiten que el estudiante decida desde qué punto de vista quiere aproximarse a la pregunta.

La elaboración de la tesis de una respuesta en forma de ensayo

La respuesta en forma de ensayo tiene que escribirse de manera que conteste la pregunta directamente. Para lograr esto, se puede convertir la pregunta misma en una oración que sirva como tesis del ensayo que se va a desarrollar. Obsérvense los siguientes ejemplos.

Pregunta: Compare la poesía lírica con la poesía épica.

Tesis: Hay tres diferencias principales entre la poesía lírica y la poesía épica.

Pregunta: Analice el impacto de la Alianza para el Progreso en los países latinoamericanos.

Tesis: Es posible ver los efectos de la Alianza para el Progreso en la economía, la sociedad y la política de varios países latinoamericanos.

Pregunta: Comente el conflicto entre Ignacio y Carlos en *En la ardiente oscuridad.*

Tesis: <u>El conflicto entre Ignacio y Carlos forma uno de los ejes alrededor del cual gira la obra.</u> Por un lado fue motivado por ciertas diferencias filosóficas entre los dos jóvenes y, por otro, por rivalidades en asuntos amorosos.

CÓMO SE ESCRIBE UNA RESPUESTA EN FORMA DE ENSAYO

Para escribir una buena respuesta en forma de ensayo, conviene seguir el siguiente proceso.

1. Es necesario prepararse para el examen. Repase los apuntes tomados en clase y estudie el libro de texto. También es útil formular y contestar preguntas de ensayo sobre aspectos de importancia.

2. A la hora del examen, examine las preguntas detenidamente y

   - determine qué pide el examen (cuántas preguntas tienen que contestarse)
   - decida cómo dividir el tiempo

3. Antes de contestar cada una de las preguntas,

   - estudie la pregunta para estar seguro/a de que la comprende
   - determine cuál es el propósito de la pregunta
   - elabore una tesis que responda directamente a la pregunta
   - haga un esquema breve y apunte los detalles de apoyo

4. Escriba sin perder tiempo, teniendo cuidado de no apartarse del tema.

5. Evite el uso de toda información innecesaria.

6. Después de contestar todas las preguntas, revíselas rápidamente.

APÉNDICE D

Tabla de lecturas

Rincón del escritor

El *Rincón del escritor* incluye **Mas lecturas,** las cuales han sido enumeradas anteriormente en esta **Table de lecturas.**

Ud. también puede leer sobre los siguientes temas en el *Rincón del escritor* **(www.mhhe.com/composicion5):**

La libre asociación (*free association***)**
Las preguntas periodísticas (*journalist's questions***)**
La lluvia de ideas (*brainstorming***)**
La redacción libre (*freewriting***)**
    Mi cuarto
El mapa semántico (*semantic map***)**
    Mi perra Nutmeg
El tono (*tone***)**
La redacción bilingüe (*bilingual drafting***)**
El bosquejo (*outline***)**
La preocupación por la perfección (*Get it right the first time***)**
El comodín (*placeholder***)**
La redacción de las ideas en el orden en que se te ocurren (*Put your thoughts down as they occur to you***)**
La coherencia (*coherence***)**
La organización del párrafo y la oración temática (*paragraph organization and the topic sentence***)**
La cita (*citation, quote***)**
Las clases de evidencia (*What counts as evidence?***)**
Las guías y señales retóricas (*guides and signposts***)**
Llegar al núcleo del mensaje (*nutshelling***)**
El lenguaje personal (*personal language***)**
    Instant Messaging
Apéndice A: La correspondencia
Apéndice B: Las convenciones de la escritura
Apéndice C: La documentación bibliográfica
Apéndice D: Notas para reviser el trabajo de un compañero
Apéndice E: Textos y otras fuentes de contenido en español en el Internet

Vocabulario español-inglés

This vocabulary does not include exact or reasonably close cognates with English, also omitted are common words well within the mastery of third-year students.

The gender of all nouns is indicated, but feminine variants are not listed. Adjectives are given only in the masculine singular form. Irregular verbs are noted, and both stem changes and spelling changes are indicated for verbs.

The following abbreviations are used in this vocabulary:

adj.	adjective	*irreg.*	irregular
adv.	adverb	*lit.*	literary
anat.	anatomy	*m.*	masculine noun
conj.	conjunction	*p.p.*	past participle
f.	feminine noun	*pl.*	plural
ger.	gerund	*prep.*	preposition
gram.	grammar	*rel. pro.*	relative pronoun
inf.	infinitive	*s.*	singular
int.	interjection	*v.*	verb
inv.	invariable		

A

abajo: de arriba abajo from top to bottom; **hacia abajo** down, downward; **río abajo** downstream
abandonar to leave; to abandon; to give up
abarcar (qu) to embrace, cover
abarrotado crowded
abierto/a (*p.p. of* **abrir**) open, opened
abnegación self-denial, abnegation
abocado: verse (*irreg.*) **abocado a** to be heading for; **verse abocado al fracaso** to be doomed to failure
abogar (gu) to advocate
abono manure, fertilizer
abordar to board (*train, boat*); to undertake
aborto abortion

abrazo hug
abreviatura abbreviation
abrir (*p.p.* **abierto**) to open; **abrir camino** to clear the way
absoluto: en absoluto not at all, by no means
abuelo/a grandfather, grandmother; *pl.* grandparents
aburrido boring
a.C. before Christ, B.C.
acá here, over here
acabar to finish, complete; **acabar + *ger.*, acabar por + *inf.*** to end up (*doing something*); **acabar con** to put an end to; **acabar de + *inf.*** to have just (*done something*); **acabarse** to finish, end
acaso perhaps, maybe
acceder to agree to, consent to

acentuar (acentúo) to stress, emphasize
aceptación acceptance, popularity
acerca de about
acercarse (qu) to approach
acertado correct, proper
acertar (ie) to guess; to be correct
acierto correct guess
aclaración clarification
aclarar to clarify
acomodar to lodge, accommodate; **acomodarse** to make oneself comfortable
acompañar to accompany
acondicionamiento conditioning
aconsejar to give advice; to advise
acontecer (zc) to happen
acontecimiento event
acordarse (ue) to remember
acorrer to help

acoso sexual sexual harassment

acostar (ue) to lay down; to put to bed; **acostarse** to go to bed

acostumbrar to be in the habit of

actitud *f.* attitude; position

actriz *f.* (*pl.* **actrices**) actress

actual present, current

actualidad: en la actualidad at present, now

actualizar (c) to update

actuar (actúo) to act, perform

acudir to go

acuerdo agreement; **de acuerdo con** in accordance with; **estar** (*irreg.*) **de acuerdo** to agree; **llegar (gu) a un acuerdo** to come to an agreement

adecuado appropriate, suitable

adelantar to advance

adelante forward; **más adelante** later; **salir** (*irreg.*) **adelante** to get ahead; **seguir (i, i) (g) adelante** to keep going

adelanto *n.* advance

adelgazar (c) to slim, lose weight

además moreover; **además de** besides

adentro within, inside

adivinar to guess

adquirir (ie) to acquire

adquisitivo: poder (*n. m.*) **adquisitivo** purchasing power

adulación flattery, adulation

advertencia warning

advertir (ie, i) to notice; to warn

afecto affection

afectuoso affectionate

afeite *m.* make-up

afición liking, penchant

afincar (qu) to settle down

afirmación statement

afirmar to state, declare

afortunadamente fortunately

afrontar to confront, face

afuera outside

agarrar to grab

agente *n., f.* agent; **agente de viajes** travel agent

agonizante dying

agonizar (c) to be dying

agotado exhausted

agotarse to be used up

agradable pleasant

agradecido grateful

agradecimiento gratefulness, gratitude

agrario *adj.* land

agregar (gu) to add

agricultor(a) farmer

agrupación group, collection

agrupar to group, put into groups

agua *f.* (*but* **el agua**) **corriente** running water

aguardiente *m.* liquor

agudeza sharpness, wit

agudo sharp; acute

águila *f.* (*but* **el águila**) eagle

agujero hole

ahí there

ahondamiento deepening, going more deeply into

ahora now; **ahora mismo** right now; **hasta ahora** so far

aire *m.* air

aislamiento isolation

aislar (aíslo) to isolate

ajeno belonging to another

ajustar to adjust

alargar (gu) to lengthen

alarido shout, cry

alcance *m.* reach; **al alcance de** within reach of; **fuera del alcance** out of reach

alcanzar (c) to reach; to attain, achieve

alcoba bedroom

aleccionador instructive, enlightening

alegrarse to be glad, happy

alegre glad, happy

alegría happiness

alemán, alemana *n., adj.* German

algo *pron.* something; *adv.* somewhat

alguien someone

algún, alguno one; some; certain; any; *pl.* some; **algún día** eventually; **alguna vez** ever; **de alguna manera** somehow

aliado *n.* ally

aliento breath; **sin aliento** breathless

alimentación food, nourishment

alimentar to feed

alimentario *adj.* food

alimenticio nutritional; food

alimento food

aliviar to soothe, relive

allá: más allá de beyond

allí there

alma *f.* (*but* **el alma**) soul, spirit

almacén store

almacenar to store

almohada pillow

almuerzo lunch

alojamiento lodging

alquilar to rent

alquiler: de alquiler rental

alrededor de around; **a su alrededor** around one; **alrededores** surroundings

alto *n.*: **poner** (*irreg.*) **alto a** to put a stop to

alto *adj.* high; tall; **en voz alta** aloud

altura height

alucinación hallucination

alumno/a student

ama *f.* (*but* **el ama**) **de casa** homemaker

amable nice, kind

amar to love

amargo bitter

ambiental environmental

ambiente *m.* environment; atmosphere; **medio ambiente** environment

ámbito sphere, scale

ambos both

amenaza threat

amenazar (c) to threaten

ametralladora machine gun

amistad *f.* friendship; *pl.* friends

amo/a master

amor *m.* love

ampliación expansion

ampliar (amplío) to expand

amplio wide, broad; extensive

analfabetismo illiteracy

ancho wide, broad

anciano/a *n.* old person

andamio scaffold

andante: caballero andante knight errant

andar (*irreg.*) to walk; to work; **andar + *ger.*** to go around (*doing something*); **andar en bicicleta** to ride a bicycle

andén *m.* railway platform

anglohablante *adj.* English-speaking

angosto narrow

ángulo angle

anillo ring

ánimo: estado de ánimo mood

aniquilar to annihilate, destroy

anotar to write down

ansiedad *f.* anxiety

ansioso anxious

antagónico antagonistic

ante in front of

antes before; **antes que nada** first of all

antemano: de antemano beforehand

antepasado *n.* ancestor; *adj.* previous

anterior previous; **el día anterior** the day before

antes before; **cuanto antes** as soon as possible

antigüedad *f.* antiquity, ancient times
antiguo ancient; old
antivíbora *adj.* anti-snake
anunciar to announce; to advertise
anuncio announcement; advertisement; **anuncio publicitario** advertisement
añadir to add
año year; **cumplir... años** to turn . . . years old; **desde hace unos años** for the past several years; **tener** (*irreg.*)... **años** to be . . . years old
apagar (gu) to turn off; **apagar la sed** to quench one's thirst
aparato device, gadget
aparecer (zc) to appear
apariencia appearance
apartado remote
apartarse to move away
aparte *adj.* separate; **aparte de** *prep.* apart from
apasionado passionate
apear to help get down
apellido last name
apenas barely, hardly
apertura opening; liberalization
apetitoso appetizing
apodo nickname
aportar to contribute, bring
apoyar to support
apoyo support
aprecio regard, esteem
aprender to learn
aprendizaje *m.* learning
apresuradamente hurriedly
apresurarse to hurry
aprisa quickly
aprovechar to take advantage of, benefit from; **aprovecharse de** to make the most of
aproximación approach (*lit.*)
aproximarse to get close
apto suitable
apuntar to point out; to write down
apunte *m.* note; **tomar apuntes** to take notes
apuro haste
aquel: en aquel entonces back then
araña spider
árbol *m.* tree
archivo file, record
arder to burn
área *f.* (*but* **el área**) **de carga** loading zone
argüir (y) to argue, contend
argumentación argument; reasoning

argumento plot; argument (*lit.*)
arma *f.* (*but* **el arma**) weapon
armar to set up
arquitectónico architectural
arrancar to tear away
arrasar to destroy
arrastrar to drag, pull
arreglar to arrange; to mend, fix
arremetida *n.* attack
arremolinado swirling
arrepentirse (ie, i) to repent
arriba on the top; **de arriba abajo** from top to bottom
arribar to reach, arrive
arrodillarse to kneel down
arroz *m.* rice
artesanía *s.* handicrafts
artilugio contraption
asado *n.* barbecue
ascender (ie) to rise, go up
ascensor *m.* elevator
asegurar to assure; to insure; **asegurarse** to make sure
asemejarse to resemble
asesinar to murder, kill
asesinato murder
asesor(a) counselor
así thus; like this; this way; so
asiento seat
asimismo likewise, also
asistencia pública welfare
asistente *adj.* attending
asistir a to attend
asomarse to appear, be apparent
asombrado surprised, amazed
asombrarse to be astonished
asombro surprise, astonishment
asombroso surprising, astonishing
aspecto aspect; appearance
aspirante *n. m., f.* candidate, applicant
astucia cleverness
asunto matter; subject, topic
asustarse to become frightened
atar to tie
atenazado tormented
atención: llamar la atención to attract attention; to draw attention to; **poner** (*irreg.*)/**prestar atención** to pay attention
atender (ie) to take care of; to pay attention to
atentamente carefully
atentar contra to commit a crime against
aterrizar (c) to land
atisbo inkling, first indication
atracar (qu) to assault; to tie up
atractivo *n.* charm, appeal
atraer (*irreg.*) to attract; to win

atrás back; ago
atrevido daring
atribuir (y) to attribute
audacia audacity, boldness
audaz (*pl.* **audaces**) daring, bold
auge *m.* boom
aula *f.* (*but* **el aula**) classroom
aumentar to increase; to enlarge
aumento increase; growth
aun even
aún yet, still
aunque although; even though
auriculares headphones
ausencia absence
ausente absent
auto car; **auto utilitario** utility vehicle
autobán *m.* (*German*) freeway
autoconcepto self-image
autoconservación self-preservation
autoestima self-esteem
autografía biography
autorretrato self-portrait
avance *m.* advance
avanzar (c) to advance, move forward
ave *f.* (*but* **el ave**) bird
averiguar (gü) to find out
avezado experienced
ávido avid; abounding
avión *m.* airplane
ayer yesterday
ayuda help
ayudar to help
azafata flight attendant
azúcar *m.* sugar
azucena white lily
azul blue

B

bailar to dance
baile *m.* dance
bajar to come down; to lower
bajo *adj.* low; poor; **golpe bajo** punch below the belt; *prep.* under
baladí trivial
baloncesto basketball
bancarrota bankruptcy
bañar to bathe
baño bathroom
barato cheap, inexpensive
barba beard; **barba de candado** goatee
barra railing
barrer to sweep
barrio neighborhood
bastante *adj.* enough, sufficient; *adv.* enough; quite
bastar to be enough, suffice

bastidor *m.* framework
batata sweet potato
batido milk shake
baúl *m.* trunk
bebé *m.* baby
bebedor(a) drinker
beber to drink
bebida drink
beca scholarship
belleza beauty
bello beautiful; **Bella durmiente** Sleeping Beauty
beneficiarse de to profit from
beréber *m.* Berber (*ethnic group indigenous to North Africa*)
beso kiss
biblioteca library
bibliotecario/a librarian
bicicleta: andar (*irreg.*) **en bicicleta** to ride a bicycle
bien *n. m.* good; *adj.* good; *adv.* well; **el bien y el mal** good and evil; right and wrong; **ponerse bien** to get better
bienes *m. pl.* goods
bienestar *m.* well-being
bienvenido *adj.* welcome
billete *m.* ticket
bisturí *m.* scalpel
bitácora blog
Blancanieves *f.* Snow White
blanco white
blando soft, gentle
bobo silly
boca mouth
bocacalle *f.* intersection
bocado: tomar un bocado to have a bite to eat
bolsa bag; purse
bondad *f.* goodness
bonito pretty
borbollón *m.* bubbling
bordeado bordered
borrachera drunkenness
borrador *m.* rough draft
bosque *m.* forest, woods
bosquejo outline
bota: el Gato con botas Puss in Boots
botella bottle
bóveda vault (*architecture*)
brazo: coger (j) del brazo to take by the arm
breve short, brief
brevedad *f.* shortness, brevity
brillante brilliant; sparkling
brillar to shine
brinco: de un brinco with a jump
brindar give, provide
bruja witch

brujilla tumbler (*stand up doll*)
buen, bueno good, kind; *int.* well; **buena parte** large part; **buenas noches** good night; **de buen carácter** good-natured; **en buena medida** in large part; **ir** (*irreg.*) **por buen/mal camino** to be on the right/wrong track
bullicio noise, racket
bulto shape, form
bumerán *m.* boomerang
busca: ir (*irreg.*) **en busca de** to go looking for
buscador seeker; search engine
buscar (qu) to look for, search; to attempt
búsqueda search, hunt

C

cabal exact; complete
caballeresco chivalric, chivalrous
caballero gentleman; knight; **caballero andante** knight errant
caballo horse
cabellera (long) hair
cabello hair
cabelludo: cuero cabelludo scalp
caber (*irreg.*) to fit
cabeza head
cabo: al fin y al cabo after all; in the end; **llevar a cabo** to carry out, complete
cabra goat
caca feces
cacharro gadget
cada each; every; **cada vez más** more and more; **cada vez menos** less and less
cadena chain
caer (*irreg.*) to fall; to set (*sun*); **caerle bien** to get along well; **dejar caer** to drop; to let fall; **dejarse caer** to flop; to let oneself fall
café *m.* coffee; **color café** brown
cafetera coffee pot
caja box
cajón *m.* box; drawer
cálculo calculation, computation
caldo broth
calidad *f.* quality
caliente hot
calificación grade
calimocho *drink made with wine and Coca-Cola*
calle *f.* street
callejero *adj.* street
calma calmness, tranquility
calmar to calm down; **calmarse** to abate, ease off

calor: hacer (*irreg.*) **calor** to be hot (*weather*)
calvo bald
cama bed
cambiante changing
cambiar to change
cambio change; **en cambio** on the other hand
caminar to walk
camino road, path; way; **abrir camino** to clear the way; **ir** (*irreg.*) **por buen/mal camino** to be on the right/wrong track; **a mitad de camino** halfway there
camioneta pickup truck
campaña campaign; **campaña de desprestigio** smear campaign
camisa: camisa de fuerza straightjacket
camisón *m.* nightshirt
campamento camp
campaña campaign
campeón, campeona champion
campesino/a peasant
campo field; countryside
canal *m.* channel
canasto large basket
canción song
candado: barba de candado goatee
cansado tired
cansino weary, slow
cantante *m., f.* singer
cantar to sing
cantidad *f.* quantity
canturrear to hum, sing softly
caña (sugar) cane; whiskey
capacidad *f.* ability
capacitar to enable
capaz (*pl.* **capaces**) able, capable
Caperucita roja Little Red Riding Hood
capilar *adj.* hair; **loción capilar** hair lotion
capital *adj.* main, capital, chief
capítulo chapter
captar to capture; to attract; to perceive; to draw, depict
cara face
carabela caravel (*small, light ship*)
carácter *m.* character, personality; nature; **de buen carácter** good-natured
caramelo candy
carecer (zc) de to lack
carencia lack
carga burden; **el área de carga** loading zone
cargado (*p.p.* **cargar**) carried; loaded; **llevar cargado** to carry

cargar (gu) to load; to carry
cargo position; accusation; **de cargo vitalicio** tenure; **ocupar el cargo** to hold an office
caricia caress
cariño affection
carne *f.* meat; flesh
caro expensive
carretera highway
carruaje *m.* carriage
cartera wallet; schoolbag
casa house
casarse to get married
casi almost
casilla box
caso: en todo caso in any case, at any rate; **hacer** (*irreg.*) **caso** to pay attention; **no venir** (*irreg.*) **al caso** to be beside the point; **pongamos por caso** let's say; for example; **venir** (*irreg.*) **al caso** to be relevant
caspa dandruff
castaño brown
castigar (gu) to punish
castigo punishment
castillo castle
caudaloso rushing (*water*)
causa: a causa de because of
cautela caution
cauteloso cautious
cavernícola *n. m., f.* cave dweller
cazar (c) to hunt
célebre famous
celoso jealous
célula cell
cena dinner, supper
cenar to have dinner, supper
Cenicienta Cinderella
censura censorship
censurar to censor
centenar hundred
centenario centenary; hundredth anniversary
central main, central
centro center; downtown
cerca *n.* fence
cerca *adv.* close, nearby; **cerca de** close to, near
cercano close, near
cerdo pig; pork; **manteca de cerdo** lard
cereza cherry
cerrar (ie) to close
certidumbre *f.* certainty
cerveza beer
cesar to stop, cease
cetro scepter
charco puddle
charla chat, talk

charlar to chat, talk
chatear to chat (*online*)
chaval *m.* boy
chico/a *n.* boy, girl
chillar to scream, shriek, screech
chiquitín *adj.* small, tiny
chiste *m.* joke
chistoso funny
choque *m.* shock
chuleta chop, cutlet; cheat sheet
ciberespacio cyberspace
ciego blind
cielo sky
ciento: por ciento per cent
cierre *m.* closing
cierto *adj.* sure, definite; right, true; certain; **ciertas personas** some people
cifra figure, number
cigarrillo cigarette
cine *m.* movie theater, *s.* movies
cineasta *m., f.* film director, film maker
cinta tape; **grabadora de cintas** tape recorder
cintura waist
cirugía surgery; **circugía estética** plastic surgery
cita quotation
citar to quote, cite
ciudad *f.* city
ciudadano/a citizen
claro *adj.* clear; light (*color*); *adv.* clearly
clase *f.* class; type, kind; **compañero de clase** classmate; **salón** (*m.*) **de clase** classroom
clave *n. f.* key; *adj.* key
clima *m.* climate
cobija blanket
cobrar to charge; to earn
coche *m.* car
cocina kitchen
cocinar to cook
codiciado much desired, coveted
código code
cofia bonnet
coger (j): coger del brazo to take by the arm
cohete *m.* rocket
cola tail; line
colectivo group
colegio high school
colgar (ue) (gu) to hang
colina hill
colocar (qu) to place
color café brown
colorearse to turn a certain color
comandante *m., f.* commander
combatir to fight

comedia de enredos farce
comedor *m.* dining room
comenzar (ie) (c) to begin
comer to eat
comerciante *m., f.* merchant; business person
comercio business, trade
comestibles *m. pl.* food, provisions
cometer to commit; to make
cómico: tira cómica comic strip
comida food; meal
comillas quotation marks
comodidad *f.* comfort
comodín *m.* placeholder
cómodo comfortable
compadre *m.* friend, pal, buddy
compañero/a friend; **compañero/a de clase** classmate; **compañero/a de cuarto** roommate
compartir to share
compás *m.* compass; phase
competir (i, i) to compete
complejo *n.* complex; *adj.* complex
cómplice *m., f.* accomplice
componer (*irreg.*) (*p.p.* **compuesto**) to compose, make up
comportamiento behavior
comportarse to behave
compra purchase
comprador(a) buyer
comprar to buy
comprender to understand
comprobar (ue) to check, verify
comprometerse to commit oneself
compromiso obligation
común common; **común y corriente** common, ordinary, everyday; **poco común** unusual; **tener** (*irreg.*) **en común** to have in common
comunicación communication; **el medio de comunicación de masas** mass media; **medios de comunicación** (mass) media
comunitario of or relating to the community
concebir (i, i) to conceive
conceder to grant, concede
concientización becoming aware of something
concluir (y) to conclude; to finish
conclusión conclusion; **sacar (qu) conclusiones** to draw conclusions
concordancia agreement
concordar (ue) to agree
conducir (zc) to drive; to lead; **licencia de conducir** driver's license

conejillo de Indias guinea pig
confeccionar to create, concoct
conferir (ie, i) to bestow, award
confiable trustworthy, reliable
confianza trust; confidence; **tener** (*irreg.*) **confianza (en)** to be confident (in)
confundir to confuse
congénere *m., f.* fellow; like-minded person
conjunto *n.* group, collection; *adj.* joint, joined
conllevar to aid
conocedor(a) expert
conocer (zc) to know; **dar** (*irreg.*) **a conocer** to make known
conocido/a acquaintance
conocimiento knowledge
consecución achievement
conseguir (i, i) (g) to get, obtain; to attain, achieve; **conseguir +** *inf.* to manage to (*do something*)
consejo advice
conserje *m., f.* doorkeeper
conservar to preserve, maintain
consigna slogan
consigo with him or her; with them
consistir en to consist of
constancia proof
constar de to consist of
constituir (y) to constitute; to form, make up
constitutivo constituent, component
construir (y) to construct, build; to form
consultorio office
consumado consummate
consumo consumption
contaminación pollution
contar (ue) to tell; to count; **contar con** to count on
contener (*irreg.*) to contain
contenido content
contestable debatable
contestar to answer
continuación: a continuación following
contorno shape
contradecir (*irreg.*) to contradict
contraproducente counterproductive
contrario: de lo contrario on the other hand; **por el contrario** on the contrary
contrarrestar to resist
contrincante *m., f.* opponent
control: lista de control checklist
controvertido controversial

convenir (*irreg.*) + *inf.* to be a good idea to (*do something*)
convertirse (ie, i) en to turn into, become
convivir to live together, to co-exist
copa *n.* drink; **tomar una copa** to have a drink
coraje *m.* courage, spirit
corazón *m.* heart
corona crown
corporal *adj.* body
corrección de pruebas proofreading
corredor corridor, passage, hall
correo mail; **correo electrónico** email
correr to run
corresponder to correspond; to match; to be one's duty
corriente *n. f.* stream, current; *adj.* **agua** *f.* (*but* **el agua**) **corriente** running water; **común y corriente** common, ordinary, everyday; **mantenerse** (*irreg.*) **al corriente** to keep up to date
cortar to cut
corte *f.* court
corto *n.* short film; *adj.* short (*length*); **a corto plazo** in the short term; **novela corta** short story
cosa thing; matter
cosecha harvest
cosechar to gather
coser to sew; **máquina de coser** sewing machine
cosquillas *f. pl.* tickling
costado side
costear to pay for
costumbre *f.* habit; custom; **como de costumbre** as usual
crecer (zc) to grow
creciente *adj.* growing
crecimiento growth
creencia belief
creer to believe
creyente *m., f.* believer
crianza upbringing
crío young, babyish
crisol *m.* melting pot
crítica criticism
crudo coarse
cruzar (c) to cross, intersect
cuaderno notebook
cuadro painting; chart
cuadruplicar (qu) to quadruple
cualidad *f.* quality, attribute, trait
cualquier *adj.* any
cualquiera *pron.* anyone
cuando when; **de vez en cuando** sometimes

cuantificación measure
cuanto *adv.:* **cuanto antes** as soon as possible; **cuanto más... más** the more . . . the more; **en cuanto a** in regard to
cuanto/a *pron.:* **unos cuantos** a few
cuánto/a *adj.* how much; how many
cuarto *n.* room; quarter; **compañero/a de cuarto** roommate; **cuarto de servicio** utility room; *adj.* fourth
cubierto/a (*p.p. of* **cubrir**) covered
cubrir (*p.p.* **cubierto**) to cover
cuenta account; **darse** (*irreg.*) **cuenta** to realize; **en resumidas cuentas** in short; in a word; **por cuenta propia** on one's own account; **tener** (*irreg.*) **en cuenta** to keep in mind; **tomar en cuenta** to consider; to take into account
cuento story; **cuento de hadas** fairy tale
cuerda rope, string
cuero leather; **cuero cabelludo** scalp
cuerpo body
cuestión question; matter, problem
cuidado care; **con cuidado** carefully; **tener** (*irreg.*) **cuidado** to be careful
cuidadoso careful
cuidar to care for, look after; **cuidarse** to take care of oneself
culebra snake
culpa fault, blame
culpable guilty
cultivo cultivation, farming; crop
cumplimiento fulfillment
cumplir to fulfill, carry out; to keep (*a promise*); **cumplir... años** to turn . . . years old
cursivo: letra cursiva italics
curso course; **moneda de curso** currency
cuyo whose

D

dado: de una manera dada in a certain way
danza dance
dañar to damage; **dañarse** to get hurt
dañino harmful
daño damage
dar (*irreg.*) to give; **dar a conocer** to make known; **dar a entender**

to hint at; **dar a luz** to give birth; **dar con** to come upon; **dar el primer paso** to take the first step; **dar énfasis** to emphasize; **dar fin a** to end; **dar forma a** to form; **dar igual** to be all the same; **dar lugar** to cause, give rise to; **dar muestras de** to show signs of; to generate; **dar origen** to bring about; **dar por** to assume, consider; **dar por hecho** to consider done; **dar por sentado** to take for granted; **dar risa** to make laugh; **dar un golpe** to hit; **dar una mordedura** to bite; **darse cuenta** to realize

dato fact, piece of information; **datos personales** personal data

debajo de under, underneath, below

deber *n. m.* duty; *v.* to owe; **deber** + *inf.* should (*do something*); **deberse a** to be due to

debido a due to

débil weak

debilidad *f.* weakness

debilitar to weaken

década decade

decenio decade

decir (*irreg.*) (*p.p.* **dicho**) to say; to tell; **es decir** that is to say; **querer** (*irreg.*) **decir** to mean

decisión decision; **tomar (una) decisión** to make a decision

dedicar (qu) to dedicate; to devote; to spend (*time*); **dedicarse a** to spend one's time (*doing something*)

dedo finger

defensor(a) defender

dejar to let, allow; to leave; **dejar caer** to drop; to let fall; **dejar de** + *inf.* to stop (*doing something*); **dejarse** + *inf.* to let, allow oneself to be + *p.p.*; **dejarse caer** to flop; to let oneself fall

delante de in front of, before

delantero *adj.* front

deleitarse to delight, take pleasure in

delgadez *f.* thinness

delgado thin

delito crime

demanda demand; **oferta y demanda** supply and demand

demás: los demás the remaining, the rest

demasiado *adj.* too much; *pl.* too many; *adv.* too; too much

demostrar (ue) to demonstrate

denegado refused; denied

denominar to name

dentro *adv.* inside, within; **dentro de** *prep.* inside, within

denuncia accusation

denunciar to denounce

deporte *m.* sport; **hacer** (*irreg.*) **deporte** to practice sports

deportista *adj.* athletic

deportivo *adj.* sports

deprimido depressed

derecha *adj.* right; **a la derecha** to the right

derecho *n.* right (*legal*)

deriva: a la deriva adrift

derrengarse (gu) to loathe oneself, hate oneself

desafío challenge

desafortunadamente unfortunately

desagradable unpleasant

desagradecido/a *n.* ungrateful person

desalentado discouraged

desanimar to discourage

desánimo dejection

desaparecer (zc) to disappear

desarrollar to develop

desarrollo development

desayunar to have breakfast

desayuno breakfast

desbordar to overflow

descansar to rest

descanso rest; break

descargar (gu) to download

descarnado harsh

desconfianza distrust

desconocer (zc) to not know; to ignore

desconocido *n.* stranger; *adj.* unknown

describir (*p.p.* **descrito**) to describe

descrito/a (*p.p. of* **describir**) described

descubierto/a (*p.p. of* **descubrir**): **poner** (*irreg.*) **al descubierto** to expose, reveal

descubrimiento discovery

descubrir (*p.p.* **descubierto**) to discover; to find

descuidado careless, negligent

desde from; since; **desde entonces** since then; **desde hace unos años** for many years; **desde luego** of course, naturally

deseable desirable

deseado desired

desear to desire; to want

desecho waste, debris

desempeñar to carry out, fulfill; **desempeñar un papel** to play a role

desenfadado casual

desenlace *m.* conclusion, outcome

desenmascarar to unmask, expose

desenredar to untangle, unravel

deseo desire

desesperado desperate, hopeless

desgastado overused, clichéd

desgracia disgrace; misfortune; **por desgracia** unfortunately

desgraciadamente unfortunately

desgraciado unfortunate

deshacer (*irreg.*) (*p.p.* **deshecho**) to unmake; to undo

desierto desert

desintegrarse to disintegrate

desmedrado tiny

desnutrición malnutrition

desorbitante exaggerated

despacio slow

despedir (i, i) to see off, say good-bye

desperdicio waste, squandering

despertador *m.* alarm clock

despertar (ie) to wake; to awaken; **despertarse** to wake up

despiadado merciless, heartless

despistar to mislead, fool

desplegar (ie) (gu) to unfold, open up

desprestigio: campaña de desprestigio smear campaign

desprovisto de without

después *adv.* afterward; later; then; **después de** *prep.* after; **poco después** soon after

destacar (qu) to emphasize; **destacarse** to stand out

destapado uncovered, revealed

destinado destined; intended

destinatario/a addressee

destornillador *m.* screwdriver

destreza skill

destrozar (c) to destroy, ruin

destructurado destroyed

destruir (y) to destroy

desventaja disadvantage

desvestirse (i, i) to get undressed

desviarse (me desvío) to stray

detalladamente in (great) detail

detallado detailed

detallar to detail

detalle *m.* detail

detenerse (*irreg.*) to stop, linger

detenidamente carefully

detenimiento care, thoroughness

determinado specific; certain; determined

detrás behind; **detrás de** behind

devastador devastating

devenir (*irreg.*) **en** to develop into

devolver (ue) (*p.p.* **devuelto**) to return (*something*)

día *m.* day; **algún día** eventually; **el día anterior** the day before; **día a día** day by day; **hoy en día** nowadays

diapositiva slide; **proyector** (*m.*) **de diapositivas** slide projector

diario *n.* (daily) newspaper; *adj.* daily

dibujar to draw

dibujo drawing

dicha luck, good fortune

dicho (*p.p. of* **decir**) said; **dicha información** this piece of information

diente *m.* tooth

diferencia: a diferencia de unlike

difícil difficult

dificultad *f.* difficulty

diferir (ie, i) de to be different from

difusión broadcasting

digno worthy

diligencia stagecoach

diminuto tiny

dimisión resignation

dimitir to resign

dinero money

dios, Dios *m.* god, God

directivo manager

directorio management

dirigir (j) to direct, lead; **dirigirse a** to head to; to address (*person*)

discrepar to disagree

discurso lecture, speech; discourse

discutir to discuss

diseñar to design

diseño *n.* design

disfrazar (c) to disguise

disfrutar de to enjoy; to benefit from

disgustado displeased, annoyed

disminución decrease

disminuir (y) to decrease, reduce, lessen

disparar to shoot

disponer (*irreg.*) (*p.p.* **dispuesto**) **de** to do as one wants with

disponibilidad *f.* availability

disponible available

dispuesto/a (*p.p. of* **disponer**): **estar** (*irreg.*) **dispuesto (a)** to be ready (to); to be prepared (to)

distinguir (g) to distinguish

distintivo distinctive, distinguishing

distinto different

divertido *adj.* fun

divertir (ie, i) to amuse, entertain; **divertirse** to have fun

divulgación popularization

doblar to turn

doliente afflicted

dolor *m.* pain

dominio control; domain

don, doña *title of respect used with a man's or woman's first name*

dorado golden

dormido asleep; **quedarse dormido** to fall asleep

dormir (ue, u) to sleep; **dormirse** to fall asleep

dormitorio bedroom

dubitativo doubtful

ducha shower

ducharse to take a shower

duda doubt; **sin lugar a dudas** without a doubt; undoubtedly

dudar to doubt

dudoso doubtful

dulce *n. m.* candy, sweet; *adj.* sweet

duplicar (qu) to double

duque *m.* duke

duradero lasting

durante during; for

durar to last

durmiente: Bella durmiente Sleeping Beauty

duro hard

E

ebrio intoxicated, inebriated

echar to throw, toss; **echar una ojeada** to glance

eco: hacer (*irreg.*) **eco** to have an effect

edad *f.* age; **menor de edad** *n.* minor; **tener** (*irreg.*) **edad** to be old enough

edecán *m.* aide-de-camp

edición editing; edition

edificar (qu) to build

edificio building

editorial *n. f.* publishing house; *n. m.* editorial; *adj.* publishing; editorial

edulcorado sugar-coated

efectividad: con efectividad effectively

eficacia efficiency; effectiveness

eficaz (*pl.* **eficaces**) efficient; effective

ejecutar to execute, carry out; to perform

ejemplar *n. m.* copy (*of a book*); *adj.* exemplary

ejemplificar (qu) to illustrate, exemplify

ejemplo example; **por ejemplo** for example

ejercer (z) to exercise; to exert

ejercicio exercise

elaborar to make; to develop

electrónico: correo electrónico email

elegir (i, i) (j) to elect

elevar to raise

eludir to avoid

embarazado pregnant

embarcación boat

embargo: sin embargo however, nevertheless

embate *m.* outburst

emisor(a) *n.* transmitter

emocionante exciting

emotivo causing emotion; emotional

emparejar to match

empedernido inveterate, hardened

empeñarse en to be determined to

empeorar to worsen

empequeñecimiento reduction, diminution

empezar (ie) (c) to begin, start

empleado/a employee

emplear to employ; to use

empleo job

empobrecer (zc) to impoverish

empollón, empollona nerd

empotrado embedded

emprender to undertake

empresa business, company

empresarial *adj.* business

empujar to push

enamorado: estar (*irreg.*) **enamorado de** to be in love with

enamorarse de to fall in love with

encajar to fit, match

encajonar to confine

encantar to enchant, delight

encanto enchantment

encargarse (gu) de to take charge of

encarnar to embody

encendedor *m.* lighter

encender (ie) to turn on

encerrar (ie) to contain; to confine

encima: por encima de above, over

encontrar (ue) to find; **encontrarse** to be; **encontrarse con** to meet

encrucijada crossroads; intersection

encubrir (*p.p.* **encubierto**) to cover up

encuentro encounter

encuesta survey, poll

enemigo/a enemy

enemistarse to become enemies

enfado anger, irritation
énfasis *m.* emphasis; **dar** (*irreg.*)/ **poner** (*irreg.*) **énfasis** to emphasize
enfatizar (c) to emphasize
enfermedad *f.* sickness, illness
enfermo sick, ill
enfocar (qu) to focus
enfoque *m.* focus; **hacer** (*irreg.*) **enfoque** to focus
enfrentarse to confront; to face
enfrente de in front of; **de enfrente** in front
engaño *n.* lie
engendrar to cause
engrosar to enlarge, increase
enlace *m.* connection; link
enlatado canned
enlazado connected
enlazar (c) to link, connect
enmienda amendment
enojado angry
enojo anger
enredo: comedia de enredos farce
ensalada salad
ensanchar to enlarge
ensayo essay
enseguida at once; immediately
enseñanza teaching, education
enseñar to teach
ensordecedor deafening
ente *m.* being
entender (ie) to understand; **dar** (*irreg.*) **a entender** to hint at
enterarse de to find out about
entero entire, whole
entonar to sing in tune
entonces then; **desde entonces** since then; **en aquel entonces** back then
entrada entrance
entrañar to hide
entrar to enter
entre between; among
entrega: fecha de entrega deadline
entregar (gu) to bring
entrelazado entwined, interlaced
entrenador(a) coach; trainer
entrenar to train
entretejer to interweave
entretener (*irreg.*) to entertain
entrevistar to interview
enumerar to list
enunciar to state
envenenar to poison
enviar (envío) to send
envuelto/a (*p.p. of* **envolver**) wrapped
época time, age; season
equilibrio balance

equilibrista *m., f.* trapeze artist
equipo team
equivaler (*irreg.*) to equal, be equivalent to
equivocarse (qu) to make a mistake
erosionar to erode
erróneo wrong
esbelto svelte, slender
escalada *n.* climb
escalera staircase
escasez *f.* shortage, lack
escaso scarce, scant
escenario scene; setting; stage
esclarecer (zc) to clarify
esclavo/a slave
escocés, escocesa *n., adj.* Scottish
escoger (j) to choose
escolar *adj.* school; scholastic
esconder to hide
escondidas: a escondidas secretly
escote *m.* low neckline
escribir (*p.p.* **escrito**) to write; **máquina de escribir** typewriter
escrito/a (*p.p. of* **escribir**) written; **poner por escrito** to write out; **por escrito** in writing; *n.* writing, document, manuscript
escritor(a) writer
escritura writing
escuadra squad
escuchar to hear; to listen
escudero squire
escuela school
esforzarse (ue) (c) to make an effort, struggle
esfuerzo effort
esmeralda emerald
espacial *adj.* space, special
espacio space
espada sword
espalda *n.* back
español(a) *n., adj.* Spanish
especia spice
especializarse (c) en to major in
especie *f., s.* species
espectáculo show, spectacle
espectador(a) member of the audience
esperanza *n.* hope
esperar to hope; to expect; to wait
espeso thick
esposo/a husband, wife
espuma foam; hair mousse
esqueleto skeleton; framework
esquema *m.* outline; diagram
esquimal: perro esquimal Husky
establecer (zc) to establish
establecimiento establishment
estacionar to park

estado state; **estado de ánimo** mood
estadounidense *adj. m., f.* of/from the United States
estallar to burst, explode
estar (*irreg.*) to be; **estar a punto de** + *inf.* to be about to (*do something*); **estar de acuerdo** to agree; **estar dispuesto (a)** to be ready (to), to be prepared (to); **estar enamorado de** to be in love with; **estar pendiente (de)** to be on the lookout (for)
estatal *adj.* state
estatura height
estético: cirugía estética plastic surgery
estilo style
estimado esteemed
estirar to stretch
estómago stomach
estornudar to sneeze
estrecho close; narrow
estrella star
estremecerse (zc) to tremble, shake
estrenar to premiere, open
estrofa stanza
estropeado damaged
estudiantil *adj.* student; **residencia estudiantil** dormitory
estudiar to study
estudio study
etapa step, stage
ético ethical
etílico ethylic
evidencia: poner (*irreg.*) **en evidencia** to demonstrate
evitar to avoid
evolucionar to evolve
exención exemption
exigente demanding
exigir (j) to demand; to require
eximir to exempt, excuse
éxito success; **con éxito** successfully; **tener** (*irreg.*) **éxito** to be successful
exitoso successful
expectativa expectancy
experimentar to experience; to experiment
explicar (qu) to explain
explicativo explanatory
explicitar to state explicitly
explotar to use; to exploit
exponer (*irreg.*) (*p.p.* **expuesto**) to expose, present
exposición exhibition; exposé
expuesto/a (*p.p. of* **exponer**) exposed; explained
extenderse (ie) to extend; to stretch

extendido extensive; widespread
extensión: de gran extensión very extensive
extraer (*irreg.*) to extract
extranjero/a *n.* foreigner; *adj.* foreign
extrañar to surprise
extraño strange
extremadamente extremely

F

fabricante *m., f.* manufacturer
fabricar (qu) to make; to manufacture
fábula fable
fácil easy
facilidad: con facilidad easily
factura bill, invoice
facturar to charge
facultad *f.* ability; power
falda skirt
fallar to fail
fallecido deceased
fallecimiento death
falsedad *f.* falsehood; deceit
falta lack; **hacer** (*irreg.*) **falta** to be necessary; **por falta de** for want of, lack of
faltar to lack; to be missing, lacking; **faltar** + *time* to be (*time*) left
familiar *n. m., f.* relative; *adj.* familiar
fanático/a *n.* fan, fanatic
fangoso muddy
fantacientífico *adj.* science fantasy
fantasma ghost
faraón *m.* Pharaoh
favorecer (zc) to favor
favorecido favored
fecha date; **fecha de entrega** deadline; **fecha tope** deadline
felicidad *f.* happiness
feliz (*pl.* **felices**) happy
feo ugly
feroz (*pl.* **feroces**) ferocious
fidedigno trustworthy, reliable
fiel loyal, faithful
fiesta party
figurar to appear; to figure; to stand out
fijado fixed, set
fijador *m.* hair spray
fijo still, stationary; set, definite
filtrar to leak (*information*)
fin *m.* end; objective, goal; **a fin de** + *inf.* in order to (*do something*); **al/en/por fin** finally; **al fin y al cabo** after all; in the

end; **dar** (*irreg.*) **fin a** to end; **fin de semana** weekend
final *m.* end; **al final** in the end; *adj.* final
financiación financing
financiero *adj.* financial
fino thin
flamante brand new
flor *f.* flower
florecer (zc) to flourish
foco focus
folleto brochure, pamphlet
fomentar to promote, foster
fondo bottom; back; background; *pl.* funds; **a fondo** thoroughly; **en el fondo** deep down, at heart
forma form; way; **dar** (*irreg.*) **forma a** to form
formar parte (de) to be part or member of; to make up
foro forum
fortalecer (zc) to strengthen
fortificar (qu) to strengthen; to fortify
forzado forced
foto: sacar (qu) fotos to take pictures
fracasar to fail
fracaso failure
francés, francesa *n., adj.* French
franja fringe, border
frase *f.* sentence; phrase
frecuencia: con frecuencia frequently
frecuente frequent; common; **poco frecuente** uncommon
frenar to brake
frenillos braces (*teeth*)
freno brake
frente *n. f.* forehead; *prep.* **frente a** in front of, facing
fresco fresh
frío cold; **hacer** (*irreg.*) **frío** to be cold (*weather*)
fronterizo *adj.* frontier
fuente *f.* source
fuera outside, out; **fuera del alcance** out of reach
fuerte strong
fuerza strength; force; **camisa de fuerza** straightjacket; **sin fuerzas** without energy
fulano/a de tal so-and-so
fulgurante bright, shining
fumador/a smoker
fumar to smoke
funcionamiento functioning
funcionar to function; to work
fundador/a founder

fundamento foundation; **no tener** (*irreg.*) **fundamento** to be unfounded
fúnebre mournful, lugubrious
fútbol *m.* soccer

G

galán leading man
galaxia: la guerra de las galaxias Star Wars
galgo greyhound
gallego/a *n., adj.* Galician
galleta cookie
gama range
ganar to earn; to win; to gain
ganas *pl.* desire, wish, inclination
gancho hook
garabato scribble, scrawl
garantizar (c) to guarantee
garganta throat
garra claw
gaseosa carbonated drink
gastar to spend
gastronómico gastronomic (*related to art of good eating*)
gato cat; **el Gato con botas** Puss in Boots
gemelo/a *n.* twin
general: en/por lo general in general
generalizarse (c) to become widespread or common
género genre (*lit.*); gender (*gram.*); cloth, material, fabric
genial brilliant
gente *f.* people
geoestacionario geostationary (*orbit*)
gerencia management
gerente *m., f.* manager
gesticular to gesture, gesticulate
gestión management
gesto gesture; **hacer** (*irreg.*) **gestos** to make faces
gigantón, gigantona *n.* giant
gimnasia: hacer (*irreg.*) **gimnasia** to exercise, work out
gimnasio gym
gobernador/a governor
gobernar (ie) to govern
gobierno government
goce pleasure
goleador(a) goalkeeper
golpe *m.* hit, blow; **dar** (*irreg.*) **un golpe** to hit; **de golpe** all of a sudden; **golpe bajo** punch below the belt
golpecito little hit, little blow, tap; **hacer** (*irreg.*) **un golpecito seco** to click

gordo fat
gota *n.* drop
gozar (c) to enjoy
grabadora de cintas tape recorder
grabar to record
gracia grace; *pl.* thanks
gracioso funny, amusing
grado degree
graduado/a *n.* graduate
grafémico graphemic, pertaining to the letters of the alphabet
gráfica graph, chart
gráfico graph
gran, grande great; big, large; **de gran extensión** very extensive; **en gran medida** to a great extent; **Gran Premio** Grand Prix
grano grain
grasa *n.* fat; oil
gratis free
grave serious
gravedad *f.* graveness, seriousness
gritar to shout, yell
grito shout, yell
grueso thick
guante *m.* glove
guapo handsome, good-looking
guardar to keep, retain; to have, hold
guardería day care center, nursery
guau woof
gubernamental *adj.* government
guerra war; **la guerra de las galaxias** Star Wars
guía guide
guiar (guío) to guide, direct
guineo banana (*Puerto Rico*)
guión *m.* screenplay, script
guiso stew
gusano worm
gustar to please; **gustarle a uno** to like
gusto taste
gustoso pleasant

H

haber (*irreg.*) (*inf. of* **hay**) to have (*auxiliary*); **haber de** + *inf.* to have to, must (*do something*); **hay** there is; there are; **hay que** + *inf.* to be necessary to (*do something*)
habilidad *f.* skill
habitación room
habitante *m., f.* inhabitant
habitar to live in, inhabit
hablante *m., f.* speaker
hablantín, hablantina talkative, chatty
hablar to speak, talk

hacer (*irreg.*) (*p.p.* **hecho**) to do; to make; **desde hace unos años** for the past several years; **hacer** + *period of time* (*period of time*) ago; **hacer a un lado** to put aside; **hacer calor** to be hot (*weather*); **hacer caso** to pay attention; **hacer deporte** to practice sports; **hacer eco** to have an effect; **hacer enfoque** to focus; **hacer falta** to be necessary; **hacer frío** to be cold (*weather*); **hacer gestos** to make faces; **hacer gimnasia** to exercise, work out; **hacer un golpecito seco** to click; **hacer hincapié en** to emphasize; **hacer preguntas** to ask questions; **hacer resaltar** to emphasize; **hacer un viaje** to take a trip; **hacer una lluvia de ideas** to brainstorm; **hacerse** to become
hachar to chop
hacia toward; **hacia abajo** down, downward
hada *f.* (*but* **el hada**) fairy; **cuento de hadas** fairy tale
hallar to find
hallazgo discovery, finding
hambre *f.* (*but* **el hambre**) hunger
hasta *adv.* even; *prep.* until; up to; **hasta ahora** so far; **hasta el punto de** to the point of; **hasta que** *conj.* until
hastiado disgusted
hecho *n.* fact; (*p.p. of* **hacer**) made, done; **dar** (*irreg.*) **por hecho** to consider done; **de hecho** in fact
helado ice cream
heredar to inherit
herida wound
herido wounded, injured
hermano/a brother, sister; *pl.* siblings
hermoso beautiful, lovely
herramienta tool
hervido boiled
hidalgo gentleman
hidratación hydration
hidratante hydrating
hierba grass; **mala hierba** weed
hierro iron
hígado liver
hijo/a son, daughter; child; *pl.* children
hilo thread
hincapié: hacer (*irreg.*) **hincapié en** to emphasize
hinchar to swell

hispanohablante *n. m., f.* Spanish speaker; *adj.* Spanish-speaking
hispanoparlante *adj.* Spanish-speaking
historiador(a) historian
hocico snout, muzzle
hogar *m.* home; hearth
hoja leaf; sheet (*of paper*)
hombre *m.* man; mankind; **hombre de negocios** businessman
hombro shoulder
hondo deep; low
honradez *f.* honesty; integrity
honrado honorable
hora hour; time; **a todas horas** always; **es la hora de** it is time; **para la última hora** for the last minute; **ya es hora** it's time
horario schedule
horizonte *m.* horizon
hormiga ant
horno oven
horror: sufrir horrores to suffer terribly
hospedar to house, give lodging; to host
hostigamiento harassment
hostigante cloying, sickeningly sweet
hoy today; now; **hoy en día** nowadays
hoya pit, hole; basin
hueco hole
hueso bone
humano: ser (*m.*) **humano** human being
humilde humble
humor *m.* mood; humor
hundir to sink; to lower
huso spindle

I

idea: hacer (*irreg.*) **una lluvia de ideas** to brainstorm
idioma *m.* language
iglesia church
igual same, equal; similar, alike; **al igual que** just as, like; **dar** (*irreg.*) **igual** to be all the same; **por igual** equally
igualmente equally
ilusión illusion; **sentir (ie, i) ilusión** to look forward to
ilusionar to fascinate; to offer hopes
imágen *f.* image
impedir (i, i) to hinder, obstruct; to prevent
implicar (qu) to imply

imponer (*irreg.*) (*p.p.* **impuesto**) to impose
importancia importance; **tener** (*irreg.*) **importancia** to be important
importar to matter, be important
imprescindible essential, indispensable
impresionar to impress, make an impression on
impreso/a (*p.p. of* **imprimir**) printed; **medios impresos** print media
impuesto *n.* tax; (*p.p. of* **imponer**) imposed
impulsar to impel, drive forward
impulsor(a) impeller
incapacidad *f.* inability; disability
incapacitado disabled, incapacitated
incapaz (*pl.* **incapaces**) incapable
incendio fire
incertidumbre *f.* uncertainty
incierto uncertain
incluir (y) to include
incluso even; including
incomprensible incomprehensible
inconsciente unconscious
inconsecuente inconsistent
incorporarse to join in, become part of
increíble incredible
incrementar to increase
indagar (gu) to investigate
Indias: conejillo de Indias guinea pig
indicio indication, sign
indígena *adj.* indigenous, native; **indígena** (*m., f.*) **norteamericano/a** Native American
indispuesto/a (*p.p. of* **indisponer**) indisposed, unwell
indistintamente *adv.* the same
índole *f.* nature; type, kind
ineficaz (*pl.* **ineficaces**) inefficient
inesperado unexpected
inevitable unavoidable
infancia childhood, infancy
infantil *adj.* children's, child
infeliz (*pl.* **infelices**) unhappy
ínfimo poorest
influir (y) to influence
influyente influential
infobahn *m.* information highway
información information; **dicha información** said information, this piece of information
informática computer science
informe *m.* report
infrahumano subhuman
ingeniero/a engineer

ingenuo naïve
ingerir (ie, i) to ingest
inglés, inglesa *n., adj.* English
ingresos *pl.* income
inhóspito barren, desolate
iniciar to begin, initiate
inmobiliario *adj.* property, real estate
inmóvil motionless
innovada innovative
inodoro toilet
inolvidable unforgettable
inquebrantable unbreakable
inquietante disturbing, worrying
inquietar to worry
inquieto restless
instante: al instante immediately
instaurar to found, establish
ínsula island
intensificar (qu) to intensify
intentar to attempt, endeavor
intento attempt
interactuar (interactúo) to interact
intercalar to interpolate
intercambio exchange
interlocutor(a) speaker
interminable endless
interrumpir to interrupt
intervenir (*irreg.*) to intervene
intrigante intriguing; interesting
intrigar (gu) to intrigue
intuir (y) to intuit
inútil useless
invento invention
inversión investment
inversionista *m., f.* investor
invertir (ie, i) to invest; to reverse
investigación research; **trabajo de investigación** research paper
investigador(a) researcher
involucrar to involve
ir (*irreg.*) to go; **ir a** + *inf.* to be going to (*do something*); **ir en busca de** to go looking for; **ir por buen/mal camino** to be on the right/wrong track; **irse** to leave, go away
ira anger
irreprimible irrepressible
izquierda *n.* left; **a la izquierda** on the left

J

jabón *m.* soap
jamás never
jamón *m.* ham
jefe *m.* chief; boss
jerárquicamente hierarchically
jornada (working) day

joven (*pl.* **jóvenes**) *n. m., f.* youth, young person; *adj.* young
jubilado retired, pensioned
juego game
jugar (ue) (gu) to play
juguete *m.* toy
juicio judgment, decision
juntarse to join
junto a next to; **junto con** together with, along with
juntos *pl.* together
jurado *n.* jury
justamente precisely, exactly
justicia justice
justificar (qu) to justify
justipreciar to appraise
juventud *f.* youth
juzgar (gu) to judge

L

labio lip
labor *m.* task, job
laboral *adj.* work
lacio straight
lado side; **al lado de** next to; **hacer** (*irreg.*) **a un lado** to put aside; **por otro lado** on the other hand; **por un lado** on the one hand
ladrar to bark
ladrillo brick
lago lake
lana wool, fleece
lanzar (c) to throw; to launch; **lanzarse** to fling oneself
largo long; **a lo largo de** throughout
lástima shame
lavado *n.* washing
lavar to wash
laxante *n. m.* laxative
lealtad *f.* loyalty, faithfulness
lección lesson
leche *f.* milk
lectivo *adj.* school
lector(a) reader
lectura reading
leer (y) to read
legitimidad *f.* legitimacy
lejos far, in the distance; **lejos de** far from
lengua tongue; language; **lengua materna** native or mother tongue
lenguaje *m.* language
lentes glasses
lento slow
leña firewood
leñador(a) woodcutter
león lion

letra letter; **al pie de la letra** to the letter, literally; **letra cursiva** italics
levantar to lift, raise; **levantarse** to get up
léxico vocabulary
ley *f.* law
leyenda legend
libertad *f.* freedom, liberty
librar to rescue; to free
libre free
libreta notebook
libro book
licencia de conducir driver's license
líder *m., f.* leader
liderazgo leadership
lidiar to fight
lienzo linen
ligadura tie, knot
ligar (gu) to tie, join, link
ligeramente slightly
liliputiense *m., f.* Lilliputian
limosna *s.* alms
limpiar to clean
limpio clean
lindo lovely, pretty
línea: patinar en línea to roller blade
lista de control checklist
llamada call
llamado so-called
llamar to call; to name; **llamar la atención** to attract attention; to draw attention to; **llamarse** to be named
llamativo showy, flashy, drawing attention
llanto *n.* weeping
llegar (gu) to arrive; **llegar a** to amount to; **llegar a** + *inf.* to manage to + *inf.;* **llegar a ser** to become; **llegar a un acuerdo** to come to an agreement
lleno full
llevar to wear; to carry; to have; to lead; **llevar** + *period of time* to take, spend (*time*); **llevar a cabo** to carry out, complete; **llevar cargado** to carry
llorar to cry
llover (ue) to rain
lluvia rain; **hacer** (*irreg.*) **una lluvia de ideas** to brainstorm
lobo wolf
localizar (c) to locate
loción lotion; **loción capilar** hair lotion
loco/a fool
locutor/a speaker

lograr to achieve, attain; **lograr** + *inf.* to manage to (*do something*)
logro achievement
lomo *n.* back
Londres London
lucha fight, struggle
luchar to fight, struggle
lucir (zc) to show off; to display; to shine
luego then; next; later; soon; at once; **desde luego** of course, naturally
lugar *m.* place; **dar** (*irreg.*) **lugar** to cause, give rise to; to generate; **en lugar de** instead of; **sin lugar a dudas** without a doubt; undoubtedly; **tener** (*irreg.*) **lugar** to take place
lúgubre mournful, lugubrious
lujo luxury
lujoso luxurious
luminoso bright, brilliant
luna moon
lupa magnifying glass
lustre *m.* shine, luster
luto: de luto in mourning
luz *f.* (*pl.* **luces**) light; **a la luz de** in the light of; **dar** (*irreg.*) **a luz** to give birth

M

madera wood
madrastra stepmother
madre f. mother
madrileño/a *n., adj.* Madrilenian
maduro mature
maestro/a teacher
magia magic
majestad *f.* grandeur, majesty
mal *n. m.* evil; **el bien y el mal** good and evil; right and wrong; *adv.* badly
mal, malo *adj.* bad; ill; **ir** (*irreg.*) **por buen/mal camino** to be on the right/wrong track
mala hierba weed
maldad *f.* evil
maldición curse
maleta suitcase
malhumorado bad-tempered
mamut *m.* mammoth
manchego/a *adj.* of or from La Mancha
mandar to send
mandíbula jaw
manejar to drive; to manage; to operate; to handle
manejo handling, use

manera way, manner; **de alguna manera** somehow; **de una manera dada** in a certain way
manifestar (ie) to show, reveal
manifiesto *adj.* manifest, evident; **poner** (*irreg.*) **de manifiesto** to disclose, reveal
mano *f.* hand; **de la mano** hand in hand
mansedumbre *f.* meekness
manteca *n.* fat; **manteca de cerdo** lard
mantener (*irreg.*) to keep; to maintain, support; **mantenerse al corriente** to keep up to date
mantequilla butter
manutención maintenance, support
manzana apple
máquina machine; **máquina de coser** sewing machine; **máquina de escribir** typewriter
mar *m., f.* sea
maravilla *n.* wonder; **a las mil maravillas** wonderfully
marca brand
marcadamente markedly
marcar (qu) to mark; to strike (*the hour*)
marcha march; **poner** (*irreg.*) **en marcha** to start, get going
marco frame; setting
mareo dizziness, lightheadedness
marfil *m.* ivory
margen *m.* margin; **al margen de** outside of; **quedarse al margen** to be marginalized
marido husband
marino *adj.* sea, pertaining to the sea
marte Mars
martillo hammer
más *adj.* more, plus; most; **en lo más mínimo** in the least; **mientra más... más...** the more . . . the more . . . ; **nada más** just; only; **ni más ni menos** exactly; no more no less
masaje *m.* massage
masas: el medio de comunicación de masas mass media
mascota pet
matar to kill
materia subject; material; **materia prima** raw material; **tabla de materias** table of contents
materno *adj.* maternal; **lengua materna** native or mother tongue
matrícula enrollment, registration
matriculado enrolled, registered
matrimonio marriage

máximo *n.*, *adj.* maximum **al máximo** to the utmost
mayor older; oldest; greater; greatest; larger; largest; major, main; **la mayor parte** most
mayoría majority
mayoritario main
mayúscula capital (*letter*)
mazo wad, bunch
mediados: a mediados de in the middle of
mediano average; medium
mediante by means of; through
medicamento medication, medicine
médico/a *n.* doctor; *adj.* medical
medida measurement, measure; **a medida que** as; **en buena medida** in large part; **en gran medida** to a great extent; **tomar medidas** to take steps
medio *n.* middle; method, way; environment; *pl.* means; *adj.* half; middle, mid; average; **el medio de comunicación de masas** mass media; **en medio de** in the middle of; **medio ambiente** environment; **medios de comunicación** (mass) media; **medios impresos** print media; **medios televisivos** television; **por medio de** by means of
mediodía *m.* noon, midday
medir (i, i) to measure
mejor better; best; **a lo mejor** perhaps
mejorar to improve
melodioso melodic
menor *n. m., f.:* **menor de edad** minor; *adj.* younger; youngest; lesser; least; smaller; smallest
menos less; least; fewer; fewest; **a menos que** unless; **al/por lo menos** at least; **cada vez menos** less and less; **nada menos que** no less than; **ni más ni menos** exactly; no more no less
menospreciar to despise, look down on
mensaje *m.* message
mensual monthly
menta mint
mente *f.* mind; **tener** (*irreg.*) **en mente** to keep in mind
mentir (ie, i) to lie
mentira lie
menudo minute, tiny; **a menudo** often
mercado market
mercancía *s.* goods
merced *f.* mercy

merecer (zc) to deserve
merengue *m.* meringue
mes *m.* month
mesa table
mesero/a waiter, waitress
meta goal
meter to put, place; **meterse** to get into, get mixed up in
mezcla mixture
miedo fear; **tener** (*irreg.*) **miedo** to be afraid
mientras *conj.* while; *adv.* meanwhile, when; **mientras más... más...** the more . . . the more . . .
mijo millet
milagroso miraculous
milla mile
mímica imitation, mimicry
minero/a miner
minifurgoneta minivan
mínimo *n.*, *adj.* minimum; **como mínimo** at least; **en lo más mínimo** in the least
minoritario *adj.* minor
minucioso meticulous, thorough
minuto minute; **al minuto** a moment later
miope short-sighted, myopic
mirar to look; to watch
miseria poverty
mismo *adj.* same; myself; yourself; him/herself; itself; ourselves; yourselves; themselves; **ahora mismo** right now
misoginia misogyny, hatred of women
misógino misogynous
mitad *f.* half; middle; **a mitad de camino** halfway there
mítico mythical
mito myth
moda fashion; **de moda** *adj.* fashionable
modales manners
modalidad *f.* form, kind, variety
modismo idiom
modo manner; way; mood (*gram.*); **de modo que** so that
mofeta skunk
molestar to bother
molesto annoying, upsetting
molino de viento windmill
momento moment; **en ningún moment.** never; **en todo momento** at any time
moneda de curso currency
monoparental *adj.* single-parent
monstruo monster
montaña mountain

montañoso mountainous
montar to ride
monte *m.* mountain
moraleja moral
morbosidad *f.* morbidity
morcilla blood sausage
mordedura bite; **dar** (*irreg.*) **mordedura** to bite
morder (ue) to bite
moreno dark
moribundo dying
morir (ue, u) (*p.p.* **muerto**) to die
mostaza mustard
mostrar (ue) to show
motivo reason
móvil mobile; **teléfono móvil** cell phone
movilidad *f.* mobility
movimiento movement
mucho *adj.* a lot of; *pl.* many; *adv.* a lot, much; very much
muerte *f.* death
muerto/a (*p.p. of* **morir**): **naturaleza muerta** still life
muestra sample; **dar** (*irreg.*) **muestras de** to show signs of
mujer *f.* woman; **mujer de negocios** businesswoman
mundial *adj.* world
mundialmente worldwide
mundo world
muralla wall
murmurar to mutter, grumble
museo museum
músico/a *n.* musician
mutuamente mutually

N

nacer (zc) to be born
nacido *adj.* born; **recién nacido** newborn
nada nothing; **antes que nada** first of all; **nada más** just, only; **nada menos que** no less than; **no servir de nada** to be worthless
nadar to swim
nadie no one; not anyone
nalgas buttocks
nariz *f.* (*pl.* **narices**) nose
narrar to narrate
naturaleza nature; **naturaleza muerta** still life
nave *f.* ship
navegante *m., f.* navigator; Internet user
navegar (gu) to navigate; to surf (*Internet*)
Navidad *f.* Christmas
necesitar to need

negar (ie) (gu) to deny
negociante *m., f.* businessman, businesswoman
negociar to negotiate
negocio business; **hombre** (*m.*)/**mujer** (*f.*) **de negocios** businessman/woman
negrilla bold-face print
negrita bold-face print
negro/a *n., adj.* black
ni... ni neither . . . nor; **ni más ni menos** exactly; no more no less; **ni siquiera** not even
niebla fog
nieto/a grandson, granddaughter; *pl.* grandchildren
Nieves: Blanca Nieves Snow White
ningún, nunguno *pron.* not any; no one; *adj.* no; not any; none, not one, neither
niñero/a baby-sitter
niño/a child; *pl.* children; **de niño** as a child
nivel *m.* level
noble *n. m., f.* nobleman, noblewoman; *adj.* noble
noche *f.* night; **buenas noches** good night
nocivo harmful
nombrar to name, mention
nombre *m.* name
norte *m.* north
Norteamérica North America
norteamericano/a *n., adj.* (North) American; **indígena** (*m., f.*) **norteamericano/a** Native American
nota grade; note
noticia piece of news; *pl.* news
noticiero newscast
novedoso new
novela corta short story
novio/a boyfriend, girlfriend; groom, bride
núcleo nucleous; core
nuevo new; **de nuevo** again
número number
nunca never
nutriólogo/a nutritionist, dietician
nutrir to nourish

O

obedecer (zc) to obey
obra work (*art, literature*); **obra de teatro** play
obrero/a worker
obstante: no obstante nevertheless
obtener (*irreg.*) to obtain
obvio obvious
ocasionar to cause, bring about

occidental western
ocultar to conceal, hide
ocupar el cargo to hold an office; **ocuparse** to keep busy
ocurrir to happen, occur; **ocurrirse** to think of
odiar to hate
oeste *m.* west
oferta offer; sale; **oferta y demanda** supply and demand
ofertar to offer
oficina office
ofrecer (zc) to offer
ofrenda offering
oído (sense of) hearing
oír (*irreg.*) to hear
ojalá I hope so; let's hope so
ojeada glance; **echar una ojeada** to glance
ojo *n.* eye; **¡ojo!** careful!
ola wave
olfativo olfactory
olfato (sense of) smell
oliváceo olive-complexioned
olor *m.* smell
olvidar to forget
olvido oblivion; forgetfulness
ombligo navel
opacar (qu) to cloud, darken
opinar to think; to express an opinion
oponerse (*irreg.*) (*p.p.* **opuesto**) **a** to oppose; to resist
opuesto/a (*p.p. of* **oponer**) opposite; opposed
oración sentence (*gram.*)
orador(a) speaker
orden *m.* order
ordenador *m.* computer
ordenar to put in order; to classify
oreja ear
orgulloso proud
oriente *m.* east
origen *m.* origin; **dar** (*irreg.*) **origen** to bring about
originarse to originate, have its origin
orilla (*river*) bank
oro gold
ortografía spelling, orthography
oscilar to vary, fluctuate
oscurecer (zc) to darken, become dark
oscuro dark
oso bear
otorgar (gu) to grant
otro *pron.* other (one); another (one); *adj.* other; another; **otra vez** again; **por otra parte** on the

other hand; **por otro lado** on the other hand
oveja sheep
oyente *m., f.* listener

P

pa' (*colloquial for prep.* **para**) to, toward
pacer (zc) to graze, pasture
paciencia patience; **tenes** (*irreg.*) **paciencia** to be patient
paciente *n. m., f.* patient
padrastro stepfather
padre *m.* father
pagar (gu) to pay; to afford
página page
pago payment
país *m.* country
paisaje *m.* landscape, scenery
paja straw
pájaro bird
palabra word
paliar (palío) to alleviate
pálido pale
pan *m.* bread
panadería bakery
panela *flat loaf made of unrefined sugarcane*
pantalla screen
pantalón *m., s.* trousers; **pantalones vaqueros** jeans
pañuelo handkerchief
papa potato
papel *m.* paper; role; **desempeñar un papel** to play a role
par *m.* pair; **a la par que** as well as
para *prep.* for; in order to; toward; to; **para que** *conj.* so that
parábola parable
parado standing (up)
paráfrasis *f. inv.* paraphrase
paraguas *m. inv.* umbrella
paraíso paradise
parar to stop
parecer (zc) to seem; **al parecer** apparently; **parecerse a** to resemble
parecido *n.* resemblance, similarity; *adj.* similar; **tener** (*irreg.*) **parecido con** to bear a resemblance to
pared *f.* wall
pareja pair; couple
pariente *m., f.* relative
parloteo chatter
parque *m.* park
párrafo paragraph
parte *f.* part; **buena parte** large part; **formar parte (de)** to be

part or member of; to make up; **la mayor parte** most; **por otra parte** on the other hand; **por parte de** + *person* on the *person's* side; **por todas partes** everywhere

participio participle (*gram.*)

particular private; particular; special

partida: punto de partida starting point

partido match, game; (political) party

partir to set off; **a partir de** as of, from (*date*)

pasado *n.*, *adj.* past

pasaje *m.* passage; ticket

pasajero/a passenger

pasar to happen; to spend; to come in; to pass; **pasarse a** to go into

pasatiempo pastime, hobby

pasear to go for a walk, ride

paseo walk, stroll

pasillo hall, hallway

pasividad *f.* passiveness

paso step; passing; **al paso de** at the same pace as; **dar** (*irreg.*) **el primer paso** to take the first step

pastilla pill, tablet

pata leg (*of an animal*)

patente *n. m.* patent; *adj.* evident, clear

patinar en línea to roller blade

patria native country

patrocinar to sponsor

patrón, patrona boss; *m.* pattern

pauta guideline

pavo turkey

pecho chest (*anat.*); **de pecho** face down

pedir (i, i) to ask for

pegar (gu) to stick; to paste (*text*)

peinado *adj.* groomed

película movie, film

peligro danger; **poner** (*irreg.*) **en peligro** to endanger

peligroso dangerous

pelo hair

pelota ball

pena shame; **valer** (*irreg.*) **la pena** to be worthwhile

pendiente: estar (*irreg.*) **pendiente (de)** to be on the lookout (for)

pensamiento thought

pensar (ie) to think; **pensar** + *inf.* to plan, intend to (*do something*)

pensión boarding house; pension

peor *adj.*, *adv.* worse

pepa pellet

pequeñez *m.* smallness

pequeño small, little

percibir to perceive, sense

perder (ie) to lose; **perderse** to get lost

pérdida loss

perdonar to forgive

perfil *m.* profile

perfilar to shape, outline

perico parakeet

periódico newspaper

periodista *m.*, *f.* journalist

periodístico journalistic

perjudicar (qu) to harm

perjudicial detrimental, harmful

perjuicio prejudice

permanecer (zc) to remain, stay

perplejo perplexed

perro *n.* dog; *adj.* lousy, bloody; **perro esquimal** Husky

perseguir (i, i) (g) to pursue

personaje *m.* character (*lit.*)

persona person; **ciertas personas** some people

personal *m.* personnel; **datos personales** personal data

perspicaz (*pl.* **perspicaces**) sharp, perspicacious

pertenecer (zc) to belong

pesadilla nightmare

pesado heavy

pesar to weigh; **a pesar de** in spite of; **pese a** in spite of

pésimo awful, terrible

peso weight

petróleo oil, petroleum

petrolero *adj.* oil

picada bite

picar (qu) to bite

picor *m.* itch

pie *m.* foot; **al pie de la letra** to the letter, literally; **de pie** standing up

piedad *f.* compassion

piel *f.* skin

pierna leg

piloso *adj.* hair

pimpinela pimpernel

pino pine (tree)

pintar to paint

pío cheep, chirp

pionero/a pioneer

piquete *m.* bite

pisada footstep, footprint

pisar to step on

piscina swimming pool

pista clue; trail, track

pistola gun, pistol

pitido whistling, whistle

pizarra chalkboard

placer *m.* pleasure

plagiar to copy; to plagiarize

planchar to iron

planificación planning

plano position; plan

plantear to pose, raise (*a question*)

plantilla form, template

plato plate, dish

playa beach

plazo period (*of time*); **a corto plazo** in the short term

plebeyo/a commoner

pleno full

pluma feather; pen

pluscuamperfecto pluperfect (*gram.*)

población population

poblado village, town

poblador(a) settler

pobre *n. m.*, *f.* poor person; *adj.* poor

pobreza poverty

poco *n.* a little bit; a short while; *adj.* little; not much; not many; few; *adv.* little; **poco a poco** little by little; ususual; **poco después** soon after; **poco frecuente** uncommon; **por si fuera poco** and to top it all

poder *n. m.* power; **poder adquisitivo** purchasing power

poder (*irreg.*) to be able to

poderoso powerful

poesía poetry

policía *m.*, *f.* policeman, policewoman; *f.* police (force)

policíaco: novela policíaca detective story

política policy; *s.* politics

político/a *n.* politician; *adj.* political

pollo chicken

polo pole

polvo dust

poner (*irreg.*) (*p.p.* **puesto**) to put; **poner al descubierto** to expose, reveal; **poner alto a** to put a stop to; **poner atención** to pay attention; **poner de manifiesto** to disclose, reveal; **poner de relieve** to emphasize; **poner en evidencia** to demonstrate; **poner en marcha** to start, get going; **poner en peligro** to endanger; **poner énfasis** to emphasize; **poner por escrito** to write out; **ponerse** + *adj.* to become + *adj.*; **ponerse a** + *inf.* to start to (*do something*); **ponerse bien** to get better; **pongamos por caso** for example; let's say

poniente *m.* west

por for; by; through; because of; **acabar por** + *inf.* to end up (*doing something*); **dar por** to assume, consider; **dar por sentado** to take for granted; **ir** (*irreg.*) **por buen/mal camino** to be on the right/wrong track; **poner por escrito** to write out; **pongamos por caso** let's say; for example; **por ciento** per cent; **por cuenta propia** on one's own account; **por desgracia** unfortunately; **por encima de** above, over; **por ejemplo** for example; **por el contrario** on the contrary; **por escrito** in writing; **por falta de** for want of, lack of; **por fin** finally; **por igual** equally; **por lo general** in general; **por lo menos** at least; **por lo pronto** to begin with; **por lo tanto** therefore; **por medio de** by means of; **por otra parte** on the other hand; **por otro lado** on the other hand; **por parte de** + *person* on the *person's* side; **por separado** separately; **por si fuera poco** and to top it all; **por suerte** fortunately; **por supuesto** of course; **por todas partes** everywhere; **por último** finally; **por un lado** on the one hand; **quedar por** + *inf.* to remain to be + *p.p.*

¿por qué? why?

porcentaje *m.* percentage

porro *n.* joint

porta- *prefix denoting holder, carrier, bearer*

portátil *m.* laptop

poseedor(a) owner, holder, possessor

poseer to possess

positivo positive; **saldo positivo** surplus

posterior subsequent

postura position, stance

potencia power

potente strong, powerful

practicante *m., f.* person who uses or does something

precio price

precipitado premature; hasty

precipitarse to rush, throw oneself

precisar to specify

preciso exact, precise; necessary; clear

predecir (*irreg.*) (*p.p* **predicho**) to predict

predicado predicate (*gram.*)

pregunta question; **hacer** (*irreg.*) **preguntas** to ask questions

preguntarse to wonder; to ask oneself

premiar to award a prize

premio prize; **Gran Premio** Grand Prix

prender to turn on (*a light*)

prensa press

preocupación worry, concern

preocuparse por to worry about

prerredacción pre-writing

presenciar to see; to witness

presentar to present; to show

preservativo condom

presión pressure

prestado borrowed; **tomar prestado** to borrow

préstamo loan

prestar to lend; **prestar atención** to pay attention; **prestarse** to lend itself, be appropriate

prestigio prestige

presuponer (*irreg.*) (*p.p.* **presupuesto**) to presuppose

presupuesto budget

pretender to try, seek; to aspire to

prevalecer (zc) to prevail

prevenir (*irreg.*) to prevent

previsión forecast

prima: materia prima raw material

primer, primero first; **dar** (*irreg.*) **el primer paso** to take the first step

primordial fundamental

principal main, chief, principal

príncipe *m.* prince

principesco princely

principiante *m., f.* beginner

principio beginning; principle; **a principios de** at the beginning of; **al principio** in the beginning

prisa *n.* rush, hurry; **de prisa** in a hurry

privado private

probar (ue) to prove; to try; to taste

proceder *m.* behavior

procedimiento procedure

procurar to make sure

profesorado faculty

profundidad *f.* depth

profundo deep; profound

programación programming

promedio average

promesa promise

prometer to promise

promoción advertisement

pronombre *m.* pronoun (*gram.*)

pronóstico forecast

pronto soon; **de pronto** suddenly; **por lo pronto** to begin with; **tan pronto como** as soon as

propagación spreading

propensión inclination, tendency

propio (one's) own; himself, herself, itself, etc.; **por cuenta propia** on one's own account

proponente *m., f.* proposer

proponer (*irreg.*) (*p.p.* **propuesto**) to propose, suggest

proporcionar to give, supply, furnish

propósito purpose, intention

propuesto/a (*p.p. of* **proponer**) proposed

protagonizar (c) to play the lead in

provecho *n.* benefit; **sacar (qu) provecho de** to benefit from

provechoso beneficial, profitable

proveer (y) (*p.p.* **proveído, provisto**) to provide, supply

próximo next; near

proyectar to project; to show

proyecto project

proyector *m.* projector; **proyector de diapositivas** slide projector

prueba proof; exam, test; **corrección de pruebas** proofreading

publicidad *f.* advertising

publicitario *adj.* advertising; **anuncio publicitario** advertisement

público *n.* audience; *adj.* public; **asistencia pública** welfare

pueblo town; people

puente *m.* bridge

puerta door

puesta: puesta de sol sunset; **puesta en escena** staging

puesto *n.* position, job; (*p.p. of* **poner**) put; on; **puesto que** since

Pulgarcito Tom Thumb

pulir to polish

pulmón *m.* lung

punta tip (*of a tail*)

punto point; **estar** (*irreg.*) **a punto de** + *inf.* to be about to (*do something*); **hasta el punto de** to the point of; **punto de partida** starting point; **punto de vista** point of view

puñado handful

pureza purity

Q

quedar to remain, stay; to be located; **quedar en ridículo** to make a fool of oneself; **quedar**

por + *inf.* to remain to be +
p.p.; **quedarse con** to keep, take;
quedarse dormido to fall asleep
quehacer *m.* chore, task
quejumbroso whining, complaining
quemante burning
quemarse to burn up
querer (*irreg.*) to want; to love;
querer decir to mean; **sin querer** unintentionally
querido dear
queso cheese
quien who, whom
quirófano operating theatre
quitar to take away, remove
quizá(s) maybe, perhaps

R

rabo tail
ración portion, helping
radicar (qu) en to derive from
raíz (*pl.* **raíces**) root
rama branch
rápido fast, quick
raptor(a) kidnapper, abductor
raro strange; rare, uncommon;
rara vez rarely, seldom
rasgo trait, characteristic
raspadura *flat loaf made of unrefined sugarcane*
ratería thieving
ratón *m.* mouse
raza race
razón *f.* reason; **tener** (*irreg.*)
razón to be right
razonable reasonable
razonamiento reasoning; train of
thought
reaccionar to react
real royal; real
realizar (c) to do, carry out; to
execute; **realizarse** to be realized, be fulfilled
rebelarse to rebel, revolt
rebeldía rebelliousness
rebotar to bounce (*a check*)
rebuscamiento affectation
rebutear to reboot (*computer*)
recado message
recaer (*irreg.*) **sobre** to fall on
recalcar (qu) to stress, emphasize
recaudar to collect (*money*)
recelo suspicion, distrust
receptor(a) receiver
rechazar (c) to reject
rechinar to squeal
rechoncho chubby
recién newly, recently; **recién
nacido** newborn

reciente recent
recoger (j) to pick up; to gather,
collect
recolección collection, gathering
recompensar to reward
reconocer (zc) to recognize; to
admit
recontar (ue) to recount
recopilar to compile
recordar (ue) to remember; to
remind
recorrer to traverse, cover
recreo recreation
recto straight
recuerdo memory; souvenir
recurrir a to resort to, have
recourse to
recurso resource
red *f.* network; worldwide web
redacción composition
redactar to write; to draft; to edit
redactor(a) journalist
redondo round
reemplazar (c) to replace
reflejar to reflect; to reveal
reflejo reflection
reflexionar to reflect, think about
reforzamiento reinforcement
reforzar (ue) (c) to reinforce
refresco soft drink, refreshment
regalar to give as a gift
regalo gift
regar (ie) (gu) to water (*plants*)
registro registry
regla rule
regordete chubby, plump
regresar to return
regreso *n.* return
reina queen
reinar to reign
reino kingdom
reivindicación claim, demand
reja grating
rejuvenecimiento rejuvenation
relacionarse con to relate, connect
with
relámpago (flash of) lightning
relatar to tell
relato narrative
relevamiento *n.* study
relieve: poner (*irreg.*) **de relieve**
to emphasize
relleno full; stuffed
reloj *m.* clock; watch
reluciente shining
remar to row
remedio solution; remedy
Renacimiento Renaissance
rendimiento yield, output
rendirse (i, i) to give in

rentable profitable
renunciar to renounce, give up
reparo: no tener (*irreg.*) **reparos
en** + *inf.* to not hesitate to (*do
something*)
repartir to distribute
repasar to review
repaso review
repente: de repente suddenly
reportaje *m.* report
reposar to rest
requerir (*irreg.*) to require
requisito requirement
resaltar: hacer (*irreg.*) **resaltar** to
emphasize
rescatar to rescue
resecar (qu) to dry
reseco very dry
reseña review (*of a play or film*)
residencia estudiantil dormitory
respaldar to support
respecto: al respecto in this respect; **con respecto a, respecto
a** with regard to
respetar to respect
respetuoso respectful
respirar to breathe
respuesta answer, response
restante remaining
resuelto/a (*p.p. of* **resolver**) resolved
resultado result
resultar to turn out (to be); to
prove to be
resumen *m.* summary; **en resumen**
in short
resumido: en resumidas cuentas
in short; in a word
resumir to summarize, sum up
retirarse to withdraw
retoque *m.* touch up
retratar to portray, depict
retrato portrait
retroalimentación feedback
retroceder to go back
retrógrado reactionary
reunión meeting; gathering
reunir (reúno) to gather together,
assemble; to collect; **reunirse** to
meet
reventar (ie) to burst, explode
revestido de coated with
revisar to revise; to check
revista magazine
rey *m.* king
rezar (c) to pray
rico rich
ridículo ridiculous; **quedar en
ridículo** to make a fool of oneself
riego irrigation, watering
riendas reins

riesgo risk
rigidez *f.* rigidity, stiffness
rima rhyme
rincón *m.* corner
río river; **río abajo** downstream
riqueza wealth
risa laughter; **dar** (*irreg.*) **risa** to make laugh
risueño smiling, laughing
rivalidad *f.* rivalry
robar to steal
rodar to film; to turn
rodear to surround
rogar (gu) to pray
rojo red
rol *m.* role
romper (*p.p.* **roto**) to break
ron *m.* rum
ropa clothing
rostro face
rotativa rotary press
roto/a (*p.p. of* **romper**) broken
rotulado labeled
rozar (c) to touch, rub against
rubio blond
rueda wheel
ruido noise
rujido roar
rumbo direction, course; **rumbo a** toward, in the direction of
ruso/a *n., adj.* Russian
ruta route, way

S

sábana bedsheet
sabedor de aware of
saber (*irreg.*) to know; **saber** + *inf.* to know how to (*do something*)
sabor *m.* taste, flavor
saborear to taste
sabroso tasty
sacar (qu) to take out; to get; **sacar conclusiones** to draw conclusions; **sacar fotos** to take pictures; **sacar provecho de** to benefit from
sacudir to shake
sagrado sacred
sal *f.* salt
sala room
saldo positivo surplus
salinidad *f.* salinity, saltiness
salir (*irreg.*) to leave; to go out; to come out; to appear; **salir adelante** to get ahead
salón (*m.*) **de clase** classroom
saltar to jump
salud *f.* health
saludable healthy

saludar to greet
saludos best wishes
salvar to save, rescue
salvo except
sangre *f.* blood
sanitario bathroom
sano healthy
santo *n., adj.* saint
sastre: traje (*m.*) **sastre** tailor-made suit
satisfacer (*irreg.*) (*p.p.* **satisfecho**) to satisfy
satisfecho/a (*p.p. of* **satisfacer**) satisfied
sazón *f.* peak
seco dry; **hacer** (*irreg.*) **un golpecito seco** to click
sed *f.* thirst; **apagar la sed** to quench one's thirst; **tener** (*irreg.*) **sed** to be thirsty
seda silk
sedante soothing, calming
seguida: en seguida right away
seguidor(a) follower
seguimiento pursuit
seguir (i, i) (g) to go on, carry on; to follow; **seguir** + *ger.* to continue, keep on (*doing something*); **seguir adelante** to keep going
según according to
seguridad *f.* security
seguro sure
selva desert
semana week; **fin** (*m.*) **de semana** weekend
sembrado cultivated land
semejante similar, alike; such, of that kind
semejanza similarity
semilla seed
sempiterno everlasting
sencillez *f.* simplicity
sencillo simple
seno breast
sensato sensible
sensorial sensory
sentado: dar (*irreg.*) **por sentado** to take for granted
sentarse (ie) to sit down
sentido sense; **tener** (*irreg.*) **sentido** to make sense
sentimiento feeling
sentir (ie, i) to feel; to sense; **sentir ilusión** to look forward to; **sentirse** to feel, be
señal *f.* sign
señalar to point out
señor man; gentleman
señora lady; woman; ma'am

separado separated; **por separado** separately
sequía drought
ser (*irreg.*) to be; *n. m.* being; **es decir** that is to say; **llegar (gu) a ser** to become; **o sea** that is; **por si fuera poco** and to top it all; **ser humano** human being; **ser verdad** to be true
serie *f. s.* series
serpentear to wind
serpiente *f.* snake
servicio service; **cuarto de servicio** utility room
servilismo servility
servir (i, i) to serve; to be useful; **no servir de nada** to be worthless; **servir de** to serve as, act as; **servirse de** to use, make use of
sexual: acoso sexual sexual harassment
siembra sowing, planting
siempre always
siglo century
significado meaning
significar (qu) to mean
significativo meaningful
siguiente following
sílaba syllable
silvestre wild; rural, rustic
similitud *f.* similarity
simpático nice
simpatizar (c) to get along well
sin without; **sin embargo** however; **sin fuerzas** without energy; **sin lugar a dudas** without a doubt; undoubtedly; **sin querer** unintentionally
sinnúmero infinite number
sino but, except; **sino que** but
síntoma symptom
sintonizar (c) to tune in
siquiera: ni siquiera not even
sitio place, site; **sitio web** website
soberbio arrogant
sobrado abundant
sobre about, on, upon, on top of; **recaer** (*irreg.*) **sobre** to fall on; **sobre todo** especially, above all
sobreentender (ie) to assume, take for granted
sobrepasar to exceed
sobresaliente outstanding, excellent
sobresalir (*irreg.*) to excel
sobrevivir to survive
sol *m.* sun; **puesta de sol** sunset
soler (ue) + *inf.* to be accustomed to; to be in the habit of (*doing something*)

solicitante *m., f.* applicant
solicitud *f.* application
solidez *f.* strength; solidity
solo *adj.* alone; only; single
sólo *adv.* only, just; **sólo que** only, but
soltero single, unmarried
sombrío somber; dark, gloomy
someterse to undergo
sometido subjected
sometimiento submission; subjection
somnolencia drowsiness
sonar (ue) to ring; to sound; **¿le suena?** does this sound familiar?
sonido sound
sonreír (i, i) (sonrío) to smile
sonrisa smile
soñar (ue) con to dream about
sopesar to weigh
sorprendente surprising
sorprender to surprise
sorpresa surprise
sospechar to suspect
sospechoso suspicious
sostener (*irreg.*) to sustain, support, hold up; to defend
suave soft
subir to climb; to rise; to get in
subproducción underproduction
subrayado underlined
subvención subsidy, grant
subyacente underlying
suceder to happen, occur
suceso event, happening
sucio dirty
sueldo salary
suelo floor; ground
sueño dream; **tener (*irreg.*) sueño** to be sleepy
suerte *f.* luck; **por suerte** fortunately; **tener (*irreg.*) suerte** to be lucky
suficiente enough
sufrimiento suffering
sufrir to suffer; **sufrir horrores** to suffer terribly
sugerencia suggestion
sugerir (ie, i) to suggest
Suiza Switzerland
sujeto subject
sumamente extremely, highly
sumergido submerged, immersed
superar to surpass, exceed; to overcome
superautopista superhighway
superficie *f.* surface
superior top, upper; greater; higher
supermercado supermarket
superpoblación overpopulation

superpoblado overpopulated
superponer (*irreg.*) (*p.p.* superpuesto) to put before
superpotencia superpower
suponer (*irreg.*) (*p.p.* supuesto) to suppose
supuesto supposition; **por supuesto** of course
surcar (qu) to cut through
surgir (j) to arise
suscitar to stir up, provoke
suspenso failing grade
sustanciar to substantiate
sustantivar to use as a noun
sustantivo noun
sustituir (y) substitute
susto fright, scare
sutil subtle

T

tabla list; table, index; **tabla de materias** table of contents
tableta slab, tablet
tachar to cross out, eliminate; to blame
tacto (sense of) touch; tact
tal such, such a; **con tal de que** provided that; **fulano de tal** so-and-so; **¿qué tal... ?** how do you find . . . ?; **tal como** just as; **tal vez** perhaps; **un tal** someone called
talentoso talented
tallo stem
tamaño size
tampoco neither, not either
tan as; so; such (a); **tan... como** as . . . as; **tan pronto como** as soon as
tanteo test, trial
tanto so many; so much; **en tanto** while; **por lo tanto** therefore; **tanto... como** both . . . and . . .
taquiónico tachyonic (*from* tachyon, *theoretical particle that travels faster than the speed of light*)
tardar + *period of time* + **en** + *inf.* to take (*period of time*) to (*do something*)
tarde *n. f.* afternoon; *adv.* late
tardío late, tardy
tarea task, homework
tarreo LAN party
tasa rate
taxativo restricted
taza cup
teatral theatrical
teatro theater
techo roof, ceiling

tecla key (*of a keyboard*)
tejedor(a) weaver
tejer to weave
tela cloth
telaraña spider web
telefonista *m., f.* switchboard operator
teléfono móvil cell phone
televisivo *adj.* television; **medios televisivos** television
tema *m.* subject, topic; theme
temático thematic, topic
temblar (ie) to tremble
temer to fear
temor *m.* fear
temporada season
temprano early
tender (ie) to lay; **tender a** to have a tendency to
tendero/a shopkeeper
tener (*irreg.*) to have; **no tener fundamento** to be unfounded; **no tener reparos en** + *inf.* to not hesitate to (*do something*); **tener... años** to be . . . years old; **tener confianza (en)** to be confident (in); **tener cuidado** to be careful; **tener edad** to be old enough; **tener en común** to have in common; **tener en cuenta** to keep in mind; **tener en mente** to keep in mind; **tener éxito** to be successful; **tener importancia** to be important; **tener lugar** to take place; **tener miedo** to be afraid; **tener paciencia** to be patient; **tener parecido con** to bear a resemblance to; **tener que** + *inf.* to have to (*do something*); **tener que ver con** to have to do with; **tener razón** to be right; **tener sed** to be thirsty; **tener sentido** to make sense; **tener sueño** to be sleepy; **tener suerte** to be lucky
tentar (ie) to tempt, entice
terciado placed diagonally
terminación ending
terminar to end, finish; **terminar** + *ger.* to end up (*doing something*)
término term; word; expression
ternura tenderness
terreno land, ground, terrain
tez *f.* complexion
tiempo time; weather; tense (*gram.*); **a tiempo** on time
tienda store
tierno tender
tierra earth; land; soil
tildar to criticize

timidez *f.* shyness
tímido shy
tío/a uncle, aunt
tipo type, kind; guy, fellow
tira cómica comic strip
tirón *m.* attraction, appeal
titulación title
titular to call; **titularse** to be called
título title; (university) degree
tobillo ankle
tocar (qu) to touch; to knock
todavía still; yet
todo *adj.* all; entire, whole; every; **a todas horas** always; **en todo caso** in any case; at any rate; **en todo momento** at any moment; **por todas partes** everywhere; **sobre todo** especially, above all
tomar to take; to drink; **tomar apuntes** to take notes; **tomar en cuenta** to consider, to take into account; **tomar (una) decisión** to make a decision; **tomar medidas** to take steps; **tomar prestado** to borrow; **tomar un bocado** to have a bite to eat; **tomar un trago** to have a drink; **tomar una copa** to have a drink
tonelada ton
tonto silly, stupid
toparse to meet
tope: fecha tope deadline
toque *m.* touch
torno: en torno a around, about
toronja grapefruit
torre *f.* tower
trabajador(a) worker
trabajar to work; **trabajar de** to work as
trabajo work; **trabajo de investigación** research paper
trabalenguas *m. inv.* tongue twister
traducción translation
traducir (zc) to translate
traer *(irreg.)* to bring
tragar (gu) to swallow
trago drink; **tomar un trago** to have a drink
traje *m.* suit; **traje sastre** tailor-made suit
trama plot
trampa trap
tranquilo calm
transbordador shuttle
transcurrir to pass, go by
transcurso course, passage of time
trapo rag
tras after
trasero *adj.* back, rear
trasladar to move, transfer

trastorno upset, disorder
tratado treaty
tratar to treat; to discuss; **tratar de** + *inf.* to try to (*do something*); **tratarse de** to be a question of
trato treatment
través: a través de through, across
travieso mischievous
trayecto trip
trayectoria trajectory, path
traza appearance
tren *m.* train
trenza braid
tribunal *m.* court
trigo wheat
triplicar (qu) to triple
tripulado manned
triste sad
tristeza sadness
triunfal triumphant
triunfar to triumph
triunfo triumph
trozo piece, bit
trueno thunder

U

ubicarse (qu) to be situated
últimamente lately
último last; **para la última hora** for the last minute; **por último** finally
único only; unique
unir to join, unite
usuario/a user
útil useful
utilidad *f.* usefulness; profit
utilitario: auto utilitario utility vehicle
utilizar (c) to use; to utilize

V

vaca cow
vacilar to hesitate
vacío *adj.* empty
vacuna vaccine
vacunar to vaccinate
vagar (gu) to wander
vago lazy
valer *(irreg.)* to be worth; **valer la pena** to be worthwhile; **valerse de** to use, make use of
valiente brave, daring
valioso valuable
valla billboard
valle *m.* valley
valor *m.* value
valorar to value
valorizar (c) to value

vano vain
vaquero *n.* cowboy; *adj.* cowboy; denim; **pantalones vaqueros** jeans
variar (varío) to vary
varios several
varón *m.*, *adj.* male
vasco/a *n.*, *adj.* Basque
vecino/a *n.* neighbor; *adj.* neighboring
vejez *f.* old age
velocidad *f.* speed
veloz (*pl.* **veloces**) swift, quick
vencer (z) to defeat
vendar to bandage
vendedor(a) salesperson
vender to sell
veneno poison
venenoso poisonous
venganza revenge
vengarse (gu) de to take revenge on
venir *(irreg.)* to come; **no venir al caso** to be beside the point; **venir al caso** to be relevant
venta sale; **a la venta** for sale
ventaja advantage
ventajoso advantageous
ventana window
ver *(irreg.)* (*p.p.* **visto**) to see; **a ver** let's see; **tener** *(irreg.)* **que ver con** to have to do with; **verse abocado a** to be heading for; **verse abocado al fracaso** to be doomed to failure
veranear to spend the summer
veraneo summer holiday
verano summer
verdad *f.* truth; **de verdad** really, truly; **ser** *(irreg.)* **verdad** to be true; **¿verdad?** right?
verdadero true, real
verde green
verdura vegetable
verter (ie) to pour
vertiginoso dizzying
vestido dress
vestir (i, i) to dress; **vestirse** to get dressed
vez (*pl.* **veces**) time; **a la vez** at the same time; **a su vez** in turn; **a veces** sometimes; **alguna vez** ever; **cada vez más** more and more; **cada vez menos** less and less; **de vez en cuando** sometimes; **en vez de** instead of; **otra vez** again; **rara vez** rarely, seldom; **tal vez** maybe, perhaps; **una vez** once
vía *n.* way, manner

viajar to travel
viaje *m.* trip; **agente** (*m., f.*) **de viajes** travel agent; **hacer** (*irreg.*) **un viaje** to take a trip
viajero/a traveler
víbora viper, snake
vicio vice
vida life
videncia clear-sightedness
vidente *m., f.* seer, soothsayer
videocasetera VCR
videojuego video game
viejo/a *n.* old man, old woman; *adj.* old
viento wind; **molino de viento** windmill
vientre *m.* belly
vietnamita *n., adj.* Vietnamese
vigencia validity
vigente in force
vigilar to watch
villancico Christmas carol
vincular to relate, connect, link
vínculo link, bond

vino wine
violación rape
virreinato viceroyalty
virtud *f.* virtue
visitante *m., f.* visitor
vista sight; **a la vista** visible; **punto de vista** point of view
visto/a (*p.p. of* **ver**) seen
vitalicio: de cargo vitalicio tenure
viudo/a *n.* widower, widow; *adj.* widowed
vivienda housing
vivir to live
vivo vivid
vocablo word
vocal *f.* vowel
volante *adj.* flying
volar (ue) to fly
voluntad *f.* will, wish; **de buena voluntad** willingly
voluntario/a volunteer
volver (ue) (*p.p.* **vuelto**) to return, go back; **volver a** + *inf.* to (*do*

something) again; **volverse** to become
voz *f.* (*pl.* **voces**) voice; **en voz alta** aloud
vuelo flight
vuelto/a (*p.p. of* **volver**) returned

X

xenofobia fear or hatred of foreigners

Y

ya already; now; **ya es hora** it's time; **ya no** no longer; **ya que** since

Z

zambullirse to dive, plunge
zanahoria carrot
zapato shoe

About the Authors

Guadalupe Valdés is Professor of Spanish and Portuguese and Professor of Education at Stanford University. She works in the areas of Sociolinguistics and Applied Linguistics, and has published numerous articles in one of her concentrations, the teaching of Spanish to both monolingual speakers of English and bilingual Hispanics. Professor Valdés is the author of four Spanish-language textbooks, two of which focus on teaching Spanish to bilingual Hispanics. She served as a member of the Task Force on National Standards in Foreign Language Education and is currently a member of the editorial boards of several journals, including *Modern Language Journal, Bilingual Review,* and *Hispanic Journal of the Behavioral Sciences.*

Trisha Dvorak is an Associate Director with Educational Outreach at the University of Washington. She has coordinated elementary language programs in Spanish and taught courses in Spanish language and foreign language methodology. Dr. Dvorak received her Ph.D. in Applied Linguistics from the University of Texas at Austin. She has published books and articles on aspects of foreign language learning and teaching, and is co-author of the ***Pasajes*** program, a series of texts for second-year college students.

Thomasina Pagán Hannum is a retired Spanish teacher. She currently works as a Consultant on Language Testing with the Bilingual Unit of the State Education Department of New Mexico, and she frequently presents workshops on writing in the language classroom. She received her MATS from the University of New Mexico and is a co-author or contributing writer for several Spanish-language textbooks.

Grateful acknowledgement is made for use of the following:

Photo credits: Page 1 © BananaStock/JupiterImages; **4** © Cameron/Corbis; **14** © Photomondo/Digital Vision/Getty Images; **19** (left) © Larry Lorusso/Index Stock Imagery, (right) © Jacques Copeau/Getty Images; **24** © Dynamic Graphics/JupiterImages; **37** © Flat Earth Images; **44** (left to right) © Steve Thornton/Corbis, © Jacques M. Chenet/Corbis, © Cat Gwynn/Corbis; **68** © Keith Brofsky/Getty Images; **113** © Dennis Degnan/Corbis; **128** © Keith Gunnar/Photo Researchers, Inc.; **166** Royalty-Free/CORBIS; **215** © Steve Dunwell/Getty Images

Realia: Page 45 From <u>Composición through Pictures</u> by J. B. Heaton, 1966. Reprinted with permission of Addison Wesley Longman, United Kingdom; **46** © Joaquín Salvador Lavado (QUINO) Esto No Es Todo, Ediciones de La Flor, 2001; **47** © Joaquín Salvador Lavado (QUINO) Humano Se Nace, Ediciones de La Flor, 1991; **49** Peanuts: © United Feature Syndicate, Inc.; **52** © Joaquín Salvador Lavado (QUINO) Toda Mafalda, Ediciones de La Flor, 1993; **81** FOR BETTER OR FOR WORSE © 2001 Lynn Johnston Productions. Dist. By Universal Press Syndicate. Reprinted with permission. All rights reserved; **97** © Joaquín Salvador Lavado (QUINO) Cuánta Bondad, Ediciones de La Flor, 1999; **120** Used courtesy of Mark Litzler; **126** © GEC Inc./Dist. by United Feature Syndicate, Inc.; **130** © Jef Mallett/Dist. by United Feature Syndicate, Inc.; **131** © Joaquín Salvador Lavado (QUINO) Cuánta Bondad, Ediciones de La Flor, 1999; **132** © Revista <u>Muy Interesante;</u> **183** © Joaquín Salvador Lavado (QUINO) Cuánta Bondad, Ediciones de La Flor, 1999; **196** Kerzo/Eugene

Readings: Page 6 Museum of Cultural History, University of Oslo. Used with permission; **41** 5 de Septiembre digital; **55** Valencia, Pablo and Susan Cameron Bacon, <u>En marcha.</u> Copyright © 1983 by Houghton Mifflin Company. Used with permission; **78** Emprendedores. Used with permission; **85** Clarín. Used with permission; **92** © Revista <u>Muy Interesante;</u> **98** Reprinted with permission of <u>Ser Padres Hoy;</u> **121** Reprinted with permission of <u>Geomundo;</u> **133** Reprinted with permission of Revista <u>Muy Interesante;</u> **135** Copyright © 1997 by <u>Hispanic Magazine;</u> **145** Reproduced from the UNESCO Courier. http://www.unesco.org/courier/2001_07/sp/doss32.htm; **171** Reprinted from <u>Américas,</u> a bimonthly magazine published by the General Secretariat of the Organization of American States in English and Spanish; **173** <u>Semana;</u> **187** Clarín. Used with permission; **189** EFE; **243** Reprinted with permission of Revista <u>Muy Interesante;</u> **268** Juan Rulfo "¿No oyes ladrar los perros?" from <u>El llano en llamas.</u> © Herederos de Juan Rulfo, 2007